Droemer
Knaur®

HOTELS FÜR
KENNER UND LIEBHABER

Klein, aber fein

Frankreich

Aus dem Englischen übersetzt
von Renate Zeltner

Droemer Knaur

Herausgeber *Andrew Duncan*
Aktualisierung *Nicola Davies*
Design *Mel Petersen*
Übersetzung *Renate Zeltner*
Redaktion *Dr. Alex Klubertanz*

4., aktualisierte Ausgabe 1997

Umschlaggestaltung: Atelier ZERO, München
Satzarbeiten: Fischer, Lehner & Partner, München
Druck: G. Canale & C. Spa. Turin
Printed in Italy

ISBN 3-426-26455-2

Inhalt

Einleitung

In diesem Hotelführer stellen wir eine Auswahl an Hotels vor, die das Reisen in Frankreich angenehmer machen oder zu einem besonderen Erlebnis werden lassen. In der ersten Ausgabe hatten wir 300 reizvolle *auberges, châteaux, moulins* und *chalets* ausgewählt. In dieser erweiterten Neuausgabe sind nun 360 Hotels beschrieben, von denen 120 im Bild gezeigt werden. Das war nur möglich durch die vollständige Neugliederung des Bandes.

Die wichtigsten Änderungen dieser Neuausgabe betreffen Paris und die Kapitel über den Süden des Landes. In diesen Bereichen wurden 1996 umfangreiche neue Recherchen gemacht, weil demnächst auch die Bände *Paris* und *Südfrankreich* in der Reihe HOTELS FÜR KENNER UND LIEBHABER erscheinen. Sie sollen mit Detailinformationen über diese wichtigen Landesteile den vorliegenden Band sinnvoll ergänzen.

Klein, aber fein

Es gibt wirklich nur wenige *echte* kleine und feine Hotels. Im Gegensatz zu anderen Hotelführern ist Größe für uns ein wesentliches Kriterium, und so haben die von uns ausgesuchten Hotels selten mehr als 15 Zimmer. Wenn ein Hotel über mehr Zimmer verfügt, dann muß es zumindest die *Atmosphäre* eines intimeren Hauses besitzen, um in unseren Führer aufgenommen zu werden.

Die Bettenzahl ist für uns wichtiger als für andere Hotelführer. Denn wir meinen, daß nur ein kleines Hotel seinen Gästen einen wirklich herzlichen Empfang bereiten kann und seine Gäste nicht nur als zahlende Kunden sieht. Was wir unter persönlichem Empfang verstehen, zeigen wir Ihnen weiter unten im Text. Im Gegensatz zu anderen Führern ignorieren wir Hotels, die viel zu bieten haben, aber eben nur Hotels sind. Die von uns ausgesuchten Unterkünfte sind auf ihre Weise immer etwas Besonderes.

Wir meinen, daß wir eine weitaus klarere Vorstellung als andere Hotelführer von dem haben, was etwas Besonderes ist und was nicht. Und wir glauben, daß wir diese Kriterien konsequenter anwenden als andere. Wir haben ein kleines Team von Gutachtern, die vom verantwortlichen Redakteur ausgewählt wurden und gründlich studiert haben, was wir wollen. Wir heißen Leserberichte sehr willkommen, doch sie stellen nicht unsere Hauptinformationsquelle dar.

Außerdem – *last, but not least* – sind wir unabhängig. Kein Hotel hat für die Aufnahme in unseren Führer bezahlt.

Auswahlkriterien
● Eine attraktive und vorzugsweise ruhige Lage.
● Ein entweder ansprechendes, interessantes oder historisches Gebäude oder zumindest ein Haus mit besonderer Persönlichkeit.

Einleitung

● Im Idealfall suchen wir nach einem großzügigen Haus, das aber menschliche Dimensionen nicht übersteigen soll. Wir suchen nicht nach Hotels, die sich einzig auf ihre Grandeur berufen und nur noch Respekt einflößen.
● Die Einrichtung muß harmonisch und geschmackvoll ausfallen, die Möbel und die gesamte Anlage sollten komfortabel und gepflegt wirken. Besonders gefallen uns interessante Antiquitäten, die benutzt und nicht einfach nur bewundert werden dürfen.
● Die Besitzer und das Personal müssen engagiert und mit Verstand bei der Sache sein, einen persönlichen Empfang bereiten, ohne jedoch aufdringlich zu wirken.

Ganzseitige Einträge
Wir entdecken nur selten alle von uns gewünschten Eigenschaften in einem Hotel vereint. Doch unsere wärmsten Empfehlungen – auf einer ganzen Seite mit Abbildung – lassen kaum eine dieser Eigenschaften vermissen.

Halbseitige Einträge
Lassen Sie die halbseitigen Einträge nicht unbeachtet. Dort finden Sie sehr nützliche Adressen: Bei *allen* handelt es sich um unverfälschte, kleine und entzückende Hotels, keinesfalls jedoch um Lückenbüßer. Man kann nicht auf jeder Seite ein Spitzenhotel präsentieren.

Im Hotel zu Hause
Wir widmen viele ganzseitige Einträge den Hotels, die die Atmosphäre eines Privathauses vermitteln, aber zugleich sehr professionell geführt werden. Für die Hotelbesitzer stellt dies einen schwierigen Balanceakt dar. Doch wenn das Konzept aufgeht, dann bietet es unserer Ansicht nach die schönste Form von Gastlichkeit. Wer mehrmals in solchen Privathäusern gewohnt hat, wird in der Regel selbst berühmten Luxushotels den Rücken kehren. Außerdem müssen diese Hotels nicht teuer sein. Wir stellen Ihnen natürlich auch teure Häuser vor, aber Sie werden oft günstige Hotels finden, die dieselbe Atmosphäre, wenn auch auf einem anderen Niveau bieten.

Auswahl
Kein Hotel hat für die Aufnahme in diesen Führer bezahlt. Die Auswahl wurde ausschließlich aufgrund unabhängiger Recherchen und Begutachtungen getroffen.

Schlechte Erfahrungen
Von den französischen Hotels sind wir grundsätzlich sehr angetan. Wir sehen aber auch ihre Mängel. Nachfolgend eine Liste von potentiellen Mißständen:
Falsch gebucht Sie bestellen ein Zimmer, leisten sogar eine

Einleitung

Anzahlung und stellen dann fest, daß man sie gar nicht erwartet. Wenn man Sie nicht unterbringen kann, sondern Sie in ein anderes Haus am Ort schickt, liegt der Verdacht nahe, daß hier kein Irrtum, sondern Absicht vorliegt.

Durchgelegenes Bett Vielfach wird versäumt, den Zustand aller Gästebetten regelmäßig zu kontrollieren. Ob jeder Hotelbesitzer weiß, daß er ab und zu einmal in den Betten seines eigenen Hotels schlafen sollte? Nur dann kann er nämlich seine alten Matratzen rechtzeitig austauschen.

Langweiliges Frühstück Franzosen legen aufs Frühstück keinen großen Wert, doch die Hoteliers sollten wissen, daß vielen Gästen ein guter Start in den Tag wichtig ist.

Zweitklassiges Essen bei Voll- oder Halbpension Bevor Sie Voll- oder Halbpension buchen, sollten Sie sicher gehen, daß Sie auswählen können. Andernfalls bekommen Sie vielleicht das billigste Menü.

Fensterloses Gartenzimmer In vielen ländlichen Hotels werden die Gäste in einstöckigen Pavillons untergebracht, deren Glastüren zum Garten oder Schwimmbad gehen. Oft kann das Zimmer nur durch diese Tür gelüftet werden, die manch einer aber nachts nicht gern offenläßt.

Schwierigkeiten für Vegetarier Vegetarische Ernährung ist in Frankreich nicht sehr verbreitet. Viele Köche, Kellner und Besitzer kleiner Hotels sind nur schwer davon zu überzeugen, daß Vegetarier keine Spinner sind, die nichts als Ärger machen.

Bedrückender Speisesaal Meist in Hotels, die nicht mehr so klein sind, daß der Besitzer persönlich etwas Stimmung verbreiten könnte, andererseits aber auch nicht so groß sind, daß die Anzahl der Gäste allein schon eine angenehme Atmosphäre schafft.

Schulmeistermentalität Leute, die ein kleines Hotel eröffnen, sollten vorher vielleicht einen psychologischen Eignungstest machen. Dabei könnten sie herausfinden, ob sie so flexibel und tolerant sind, daß sie auf die Eigenheiten ihrer Gäste eingehen können. Manche Hoteliers können das nämlich nicht.

Saloppe Atmosphäre An einer nicht gerade preiswerten Adresse (die dann nicht aufgenommen wurde) empfing uns ein junger Mann in Jeans (was ja noch in Ordnung wäre) und Socken (was einfach nicht geht).

Preise

Lesen Sie sich die Erläuterungen zu unseren Preisangaben auf Seite 10 und 11 genau durch. Um unangenehme Überraschungen zu vermeiden, sollten Sie bei der Buchung noch einmal genau nachfragen. Hotels ändern ihre Preise, manchmal ergeben sich saisonale oder sonstige Unterschiede zu den Angaben in unserem Führer.

Einleitung

Wie man einen Beitrag findet

Die Einträge in diesem Führer sind nach geographischen Gesichtspunkten gegliedert. Das Land ist in drei Hauptabschnitte eingeteilt: Nord-, Zentral-, Südfrankreich. Innerhalb dieser Abschnitte gibt es Regionen, die teilweise aus mehreren Departements bestehen. Auf Seite 5 sind die Regionen aufgelistet.

Jeder regionale Abschnitt ist systematisch gegliedert:

● Zuerst die Einführung in die Region, ein Überblick, in dem (wenn der Platz ausreicht) die touristischen Besonderheiten behandelt sind. Unter der Überschrift »Anwärter« sind Hotels genannt, die gute Aussicht auf spätere Aufnahme haben. Die Adressen können vielleicht nützlich sein, wenn das gewünschte Hotel voll ist oder man keine Empfehlung für ein anderes Haus in dieser Gegend hat. Berichte über diese Hotels sind besonders willkommen.

● Anschließend die ganzseitigen Einträge für die jeweilige Region, alphabetisch nach Städten geordnet. Meist sind das die Hotels, die wir besonders gut bewerten.

● Schließlich die Kurzeinträge (jeweils eine Viertelseite) der Region, ebenfalls alphabetisch nach Städten geordnet. Sie sind meist nicht so reizvoll wie die ganzseitigen, doch in jedem Fall einen Besuch wert; viele gehören bereits zu den Anwärtern auf ganzseitige Einträge.

Wer ein Hotel in einer bestimmten Region sucht, sollte auf die Überschriften oben auf den Seiten achten oder auf den Karten (im Anschluß an die Einleitung) nachsehen, um die richtige Seite zu finden. Die Karten zeigen nicht nur den Ortsnamen, sondern auch die Seitenzahl des Eintrags.

Um ein bestimmtes Hotel oder ein Hotel in einem bestimmten Ort zu finden, sehen Sie in den Registern nach; hier sind die Einträge alphabetisch nach Hotelnamen **und** Ortsnamen aufgeführt.

Wie man einen Beitrag richtig liest

Über jedem Eintrag steht in einem farbigen Balken der Name des Ortes, in dem das Hotel liegt, dazu ein charakterisierender Hinweis über das Haus.

Informationskästen

Informationen über jedes Hotel sind schematisch zusammengefaßt; die folgende Erklärung bezieht sich auf ganzseitige Einträge. Kurzeinträge bieten weniger Informationen.

Unter **Tel**. findet man jeweils die vollständige zehnstellige Telefonnummer; auch **Fax**-Nummern sind jetzt angegeben.

Unter **Lage** bekommen Sie Informationen über das Gelände und Parkmöglichkeiten, aber auch Hinweise zur Anfahrt. Viele hier aufgenommene Hotels liegen recht entlegen; deshalb ist eine genaue Karte nützlich, um den Weg zu finden.

Einleitung

Unter **Mahlzeiten** erfahren Sie, welche Mahlzeiten angeboten werden.

Die **Preise** beziehen sich auf das Zimmer. Wir geben normalerweise die zu erwartenden Zimmerpreise an, und zwar vom billigsten Einzelzimmer in der Vor- oder Nachsaison bis zum teuersten Doppelzimmer in der Hauptsaison. Wenn das Frühstück im Preis enthalten ist, sagen wir das dazu, sonst wird der Frühstückspreis separat genannt. Die Preise verstehen sich inklusive aller Steuern und Bedienungsgelder. Wir nennen Ihnen nach Möglichkeit stets die aktuellen Preise, doch manchmal fallen die Preise allein schon wegen der Inflation höher aus als angegeben. Bedenken Sie auch, daß die Besitzer von Hotels und Pensionen ihre Preise von einem Jahr zum anderen um mehr als die Inflationsrate erhöhen können. Erkundigen Sie sich deshalb bei der Buchung ganz genau nach den Kosten.

Zimmer An dieser Stelle schildern wir Ihnen nur die »technische Ausstattung«, nicht aber das Dekor oder kostenlose Getränke und Toilettenartikel.

Anlage Hier zählen wir die Gesellschaftsräume auf und im Anschluß daran die Außen- und Sportanlagen, die entweder direkt zum Hotel gehören oder in unmittelbarer Nähe liegen. Einrichtungen in der Umgebung, die aber nicht direkt zum Hotel gehören (z.B. ein Golfplatz), sind hier nicht berücksichtigt, werden aber u.U. unter der Rubrik **Umgebung** direkt im Anschluß an den Haupttext erwähnt, wo Sie auch Angaben zu Sehenswürdigkeiten in der Gegend finden.

Kreditkarten Wir verwenden folgende Abkürzungen:
AE American Express
DC Diners Club
MC MasterCard/Eurocard
V   Visa / Barclaycard / Bank Americard / Carte Bleue usw.

Der letzte Eintrag im Informationskasten ist dem Namen der **Besitzer** oder, wenn das Haus nicht von den Besitzern selbst geführt wird, dem **Manager** gewidmet.

Spezialbegriffe

»Selbstversorger« bedeutet, daß die Hotelgäste wie in einer Ferienwohnung eine Kochnische oder eine kleine Küche zur Verfügung haben und sich ihre Mahlzeiten selbst zubereiten können.

»Sonderpreise« o.ä. weisen auf Vergünstigungen hin, die das Hotel unter gewissen Umständen gewährt: Meist gelten sie für einen Aufenthalt von bestimmter Dauer in der Nebensaison.

Leserberichte

Anschrift für Leserbriefe
Duncan Petersen Publishing Ltd.
31 Ceylon Road
London W14 OYP
England

Checkliste
Bitte schreiben Sie die Informationen über jedes
Hotel auf ein eigenes Blatt; geben Sie auf jedem Blatt
Ihren Namen und die Adresse an.
Besonders wertvoll sind Ihre Hinweise für uns, wenn
sie maschinengeschrieben und entsprechend geglie-
dert sind:

Name des Hotels
Stadt oder Dorf, in dem es steht oder zu dem es gehört
Anschrift mit Postleitzahl
Datum und Dauer Ihres Aufenthaltes
Beschreibung von Gebäude und Lage
Aufenthaltsräume
Gästezimmer und Bäder
Komfort (Betten, Sitzgelegenheiten, Heizung, Licht,
Heißwasser)
Zustand und Pflege
Atmosphäre, Empfang, Service
Küche
Preis-Leistungs-Verhältnis

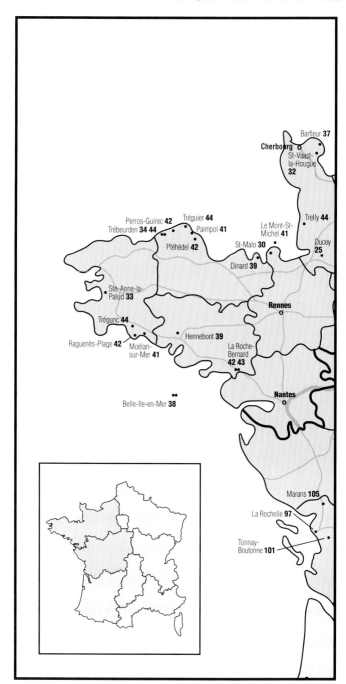

Barfleur **37**

Cherbourg

St-Vaast-
la-Hougue
32

Trelly **44**

Perros-Guirec **42**   Tréguier **44**
Trébeurden **34 44**   Paimpol **41**

Le Mont-St-
Michel **41**

Pléhédel **42**

St-Malo **30**

Ducey
25

Dinard **39**

Ste-Anne-la-
Palud **33**

Rennes

Trégunc **44**

Hennebont **39**

Raguenès-Plage **42**   Moëlan-
sur-Mer **41**

La Roche-
Bernard
42 43

Nantes

Belle-Ile-en-Mer **38**

Marans **105**

La Rochelle **97**

Tonnay-
Boutonne **101**

Orientierungskarten

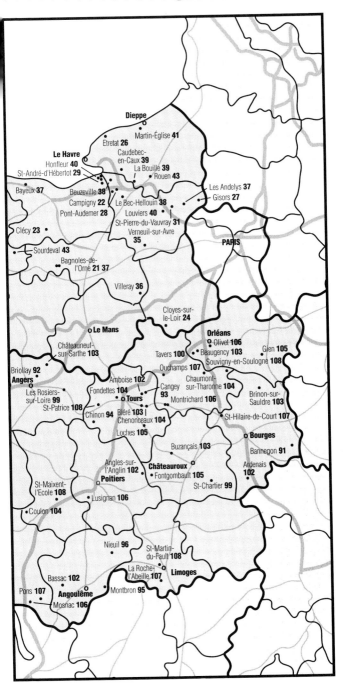

Dieppe

Martin-Église **41**

Etretat **26**

Le Havre
Honfleur **40**
St-André-d'Hébertot **29**

Caudebec-
en-Caux **39**
La Bouille **39**
Rouen **43**

Bayeux **37**

Beuzeville **38**
Campigny **22**
Pont-Audemer **28**

Le Bec-Hellouin **38**
Louviers **40**
St-Pierre-du-Vauvray **31**
Verneuil-sur-Avre **35**

Les Andelys **37**
Gisors **27**

Clécy **23**

Sourdeval **43**

Bagnoles-de-
l'Orne **21 37**

PARIS

Villeray **36**

Cloyes-sur-
le-Loir **24**

Le Mans

Orléans
Olivet **106**

Châteauneuf-
sur-Sarthe **103**

Tavers **100**
Beaugency **103**
Gien **105**

Briollay **92**
Angers

Ouchamps **107**
Souvigny-en-Sologne **108**

Amboise **102**
Fondettes **104**
Tours

Cangey
93

Chaumont-
sur-Tharonne **104**

Brinon-sur-
Sauldre **103**

Les Rosiers-
sur-Loire **99**
St-Patrice **108**

Chinon **94**
Bléré **103**
Chenonceaux **104**

Montrichard **106**

St-Hilaire-de-Court **107**

Loches **105**

Buzançais **103**

Bourges

Barinegon **91**

Angles-sur-
l'Anglin **102**
Poitiers

Châteauroux
Fontgombault **105**

Ardenais
102

St-Maixent-
l'Ecole **108**

St-Chartier **99**

Lusignan **106**

Coulon **104**

Nieuil **96**
St-Martin-
du-Fault **108**

Bassac **102**
La Roche-
l'Abeille **107**
Limoges

Pons **107**
Angoulême
Montbron **95**

Mosnac **106**

Orientierungskarten

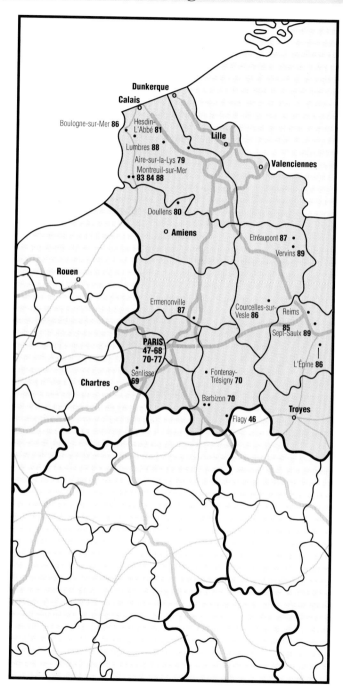

Dunkerque

Calais

Boulogne-sur-Mer **86**

Hesdin-
L'Abbé **81**

Lille

Lumbres **88**

Aire-sur-la-Lys **79**
Montreuil-sur-Mer
83 84 88

Valenciennes

Doullens **80**

Amiens

Etréaupont **87**

Vervins **89**

Rouen

Ermenonville
87

Courcelles-sur-
Vesle **86**

Reims

85
Sept-Saulx **89**

PARIS
**47-68
70-77**

L'Épine **86**

Senlisse
69

Chartres

Fontenay-
Trésigny **70**

Barbizon **70**

Troyes

Flagy **46**

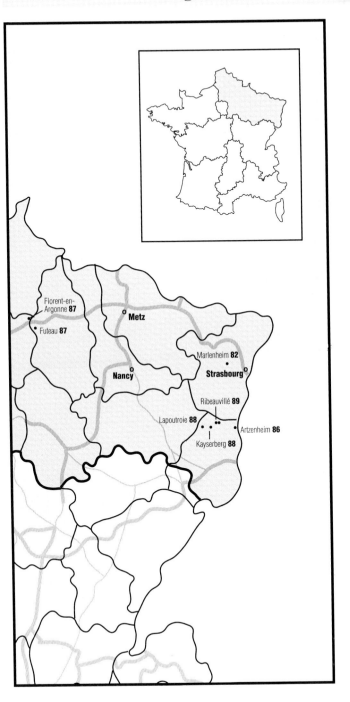

Florent-en-
Argonne **87**

Futeau **87**

Metz

Marlenheim **82**

Nancy

Strasbourg

Ribeauvillé **89**

Lapoutroie **88**

Artzenheim **86**

Kayserberg **88**

Orientierungskarten

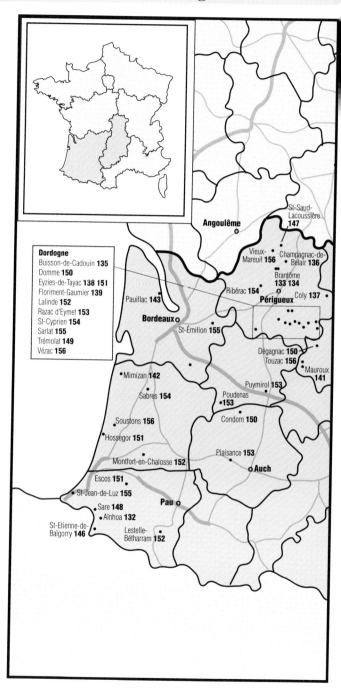

Dordogne
Buisson-de-Cadouin **135**
Domme **150**
Eyzies-de-Tayac **138 151**
Floriment-Gaumier **139**
Lalinde **152**
Razac d'Eymet **153**
St-Cyprien **154**
Sarlat **155**
Trémolat **149**
Vézac **156**

St-Saud-Lacoussière **147**
Angoulême
Vieux-Mareuil **156**
Champagnac-de-Belair **136**
Brantôme **133 134**
Ribérac **154**
Périgueux
Coly **137**
Pauillac **143**
Bordeaux
St-Émilion **155**
Dégagnac **150**
Touzac **156**
Mauroux **141**
Mimizan **142**
Puymirol **153**
Sabres **154**
Poudenas **153**
Soustons **156**
Condom **150**
Hossegor **151**
Plaisance **153**
Montfort-en-Chalosse **152**
Auch
Escos **151**
St-Jean-de-Luz **155**
Pau
Sare **148**
Aïnhoa **132**
St-Etienne-de-Baïgorry **146**
Lestelle-Bétharram **152**

Orientierungskarten

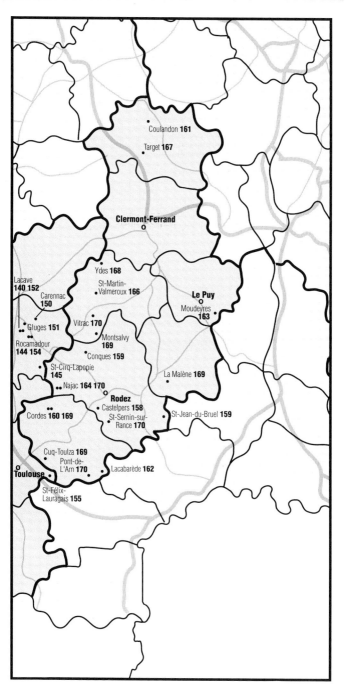

Orientierungskarten

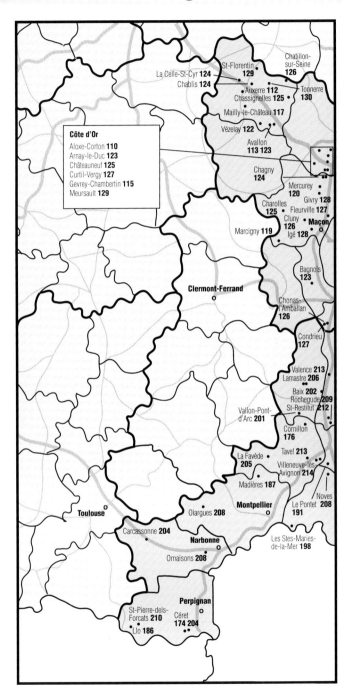

Chatillon-sur-Seine **126**

St-Florentin **129**

La Celle-St-Cyr **124**
Chablis **124**

Auxerre **112** — Tonnerre **130**
Chassignelles **125**

Mailly-le-Château **117**

Vézelay **122**

Avallon **113 123**

Chagny **124**

Côte d'Or
Aloxe-Corton **110**
Arnay-le-Duc **123**
Châteauneuf **125**
Curtil-Vergy **127**
Gevrey-Chambertin **115**
Meursault **129**

Mercurey **120**
Givry **128**

Charolles **125**
Fleurville **127**
Cluny **126**
Mâcon
Marcigny **119**
Igé **128**

Bagnols **123**

Clermont-Ferrand

Chonas-Amballan **126**

Condrieu **127**

Valence **213**
Lamastre **206**
Baix **202**
Rochegude **209**
St-Restitut **212**

Vallon-Pont-d'Arc **201**

Cornillon **176**

La Favède **205**
Tavel **213**
Villeneuve-lès-Avignon **214**

Madières **187**

Noves

Toulouse
Montpellier
Le Pontet **191**

Olargues **208**

Carcassonne **204**
Narbonne
Les Stes-Maries-de-la-Mer **198**

Ornaisons **208**

Perpignan

St-Pierre-dels-Forcats **210**
Céret **174 204**
Llo **186**

18

Orientierungskarten

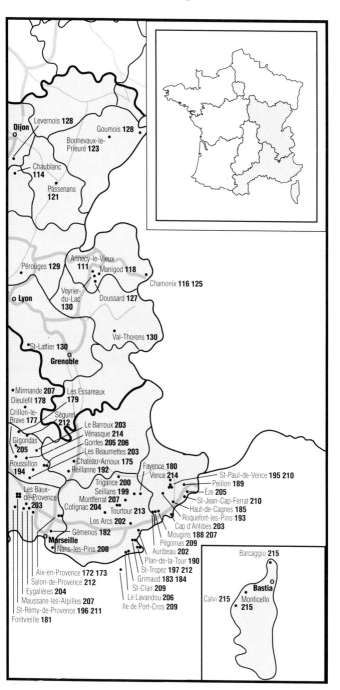

Dijon
Levernois **128**
Goumois **128**
Bonnevaux-le-Prieuré **123**
Chaublanc **114**
Passenans **121**

Pérouges **129**
Annecy-le-Vieux **111**
Manigod **118**
Chamonix **116 125**
Veyrier-du-Lac **130**
Doussard **127**
Lyon
Val-Thorens **130**
St-Lattier **130**
Grenoble

Mirmande **207**
Dieulefit **178**
Les Essareaux **179**
Crillon-le-Brave **177**
Ségurel **212**
Le Barroux **203**
Vénasque **214**
Gordes **205 206**
Les Beaumettes **203**
Gigondas **205**
Roussillon **194**
Chateau-Arnoux **175**
Reillanne **192**
Fayence **180**
Vence **214**
St-Paul-de-Vence **195 210**
Trigance **200**
Peillon **189**
Seillans **199**
Èze **205**
Les Baux-de-Provence **203**
Montferrat **207**
St-Jean-Cap-Ferrat **210**
Cotignac **204**
Tourtour **213**
Haut-de-Cagnes **185**
Roquefort-les-Pins **193**
Les Arcs **202**
Cap d'Antibes **203**
Gémenos **182**
Mougins **188 207**
Marseille
Pégomas **209**
Nans-les-Pins **208**
Auribeau **202**
Plan-de-la-Tour **190**
Aix-en-Provence **172 173**
St-Tropez **197 212**
Salon-de-Provence **212**
St-Clair **209**
Grimaud **183 184**
Eygalières **204**
Maussane-les-Alpilles **207**
Le Lavandou **206**
St-Rémy-de-Provence **196 211**
Ile de Port-Cros **209**
Fontvieille **181**

Barcaggio **215**
Bastia
Calvi **215**
Monticello **215**

19

Nordwesten

Einführung in die Region

In den Nordwesten kommen vor allem Gäste aus Großbritannien. Für sie bietet sich die Normandie mit ihren üppigen Obstgärten und glücklichen Kühen sogar als Ausflugsziel fürs Wochenende an. Und wer von England aus weiter in den Süden will, benutzt zum Übersetzen meist die Häfen der Normandie. Eine Reise wert ist auch die Bretagne mit ihrer aufregenden Küste und dem stürmischen Klima. Und an der Grenze zwischen beiden Regionen liegt das spektakulärste Reiseziel Frankreichs: Mont-St-Michel.

Anwärter im Nordwesten

Agneaux, Château d'Agneaux (02)33576588; gediegenes kleines Landhaus, bestens möbliert.

Balisne, Moulin de Balisne (02)32320348; schön restaurierte Mühle, gut eingerichtet; große Rasenflächen.

Bazouges, Hostellerie de Mirwault (02)43071317; angenehmes Logis; Gärten mit Mayenne-Blick.

Bénouville, La Pommeraie (02)31446243; bekanntes Restaurant mit modernen Zimmern in einem Neubau.

Brélidy, Château de Brélidy (02)96956938; streng wirkendes, kleines Landhaus in friedlicher Lage.

Concarneau, Le Galion (02)98973016; behagliches Restaurant mit sauberen modernen Zimmern im Haus gegenüber.

Creully, Hostellerie Saint-Martin (02)31801011; Haus mit Fensterläden am Dorfplatz mit schönem Restaurant und preiswerten Gerichten.

Honfleur, Hostellerie Lechat (02)31892385; hübsch renovierter Gasthof mit gewagter Farbgebung; Lage im Zentrum, Parken schwierig.

Lisieux, La Ferme des Poiriers Roses (02)31647214; prachtvoll ausgestattetes Fachwerkhaus in schönem Garten für Übernachtung und köstliches Frühstück.

Mür-de-Bretagne, Auberge Grand'Maison (02)96285110; Restaurant (mit Stern) mit Zimmern – chic, aber nicht unbedingt geschmackvoll.

Percy, La Voisinière (02)33611847; zwei ländliche Häuschen mit hübschen Zimmern in schönem Blumengarten mit Teich.

Pleugueneuc, Château de la Motte Beaumanoir (02)99694601; elegant eingerichtetes Château in prächtigem Gelände.

Plouharnel, Les Ajoncs d'Or (02)97523202; steinernes Häuschen in schattigem Garten mit Blumen.

Plozevet, Moulin de Brenizenec (02)98913033; traditionell eingerichtete alte Mühle in waldigem Gelände.

Pluherlin, Château de Talhouet (02)97433472; etwas düster wirkendes, gut ausgestattetes Schloß (B&B) aus dem 16./17. Jh. mit Rasenflächen.

Pornichet, Hôtel Sud Bretagne (02)40116500; ruhiges, luxuriöses Strandhotel mit schönem Garten, nicht weit vom Strand.

Roscoff, Le Brittany (02)98697078; hübsch eingerichtetes steinernes Landhaus mit reizendem Restaurant und Schwimmbad im Haus.

St-Briac-sur-Mer, Manoir de la Duchée (02)99880002; kleines, abgelegenes, gut möbliertes Landhaus (B&B).

St-Pierre-de-Plesguen, Le Petit Moulin du Rouvre (02)99738584; geschickt restaurierte Mühle (17. Jh.) an kleinem See.

Nordwesten

Ländliches Hotel, Bagnoles-de-l'Orne

Manoir du Lys

Daß vor einigen Jahren noch 12 weitere Zimmer hinzugekommen sind (außerdem ein Schwimmbad im Freien), kann unsere Begeisterung für dieses Fachwerk-Jagdhaus im normannischen Stil mit Geranien rundherum und auf den Balkonen nicht mindern. Nachdem es lange Zeit nicht genutzt wurde, haben die Quintons das Hotel 1985 wiedereröffnet; aus dieser Zeit stammen auch die meisten Neuerungen. Das neue Gebäude wirkt sehr harmonisch und hat wunderschöne Zimmer, alle sind geräumig und gut ausgestattet, haben elegante Möbel, die weit über den normalen Standard in Frankreich hinausgehen. Die meisten Zimmer haben Balkons und Blick auf den Garten.

Marie-France herrscht über den reizenden Speiseraum mit hohen Fenstern zum Garten; hier genießt man, was die vorzügliche Küche des Sohnes Franck zu bieten hat; sie ist bodenständig und doch auch modern. Bei schönem Wetter wird draußen gegessen. Es gibt auch eine blanke kleine Bar/Aufenthaltsraum mit offenem Kamin und einem Flügel (Freitagabend Musik).

Die Quintons organisieren Pilzwochenenden, an denen bis zu 120 Pilzarten in den umliegenden Wäldern gesammelt werden. **Umgebung:** Andaines-Wälder – Wandern, Reiten, Radfahren.

La Croix Gauthier, Route de Juvigny, 61140 Bagnoles-de-l'Orne
Tel.: (02)33378069
Fax: (02)33300580
Lage: inmitten offener Landschaft im Wald von Andaines
Mahlzeiten: Frühstück, Mittag- und Abendessen
Preise: Zimmer 300-780 FF; Menüs 135-265 FF
Zimmer: 20 Doppelzimmer, 19 mit Bad, 1 mit Dusche, 3 Suiten, alle mit Telefon, TV

Anlage: Salon, Bar; Billard, Tennisplatz, Swimmingpool
Kreditkarten: AE, DC, MC, V
Kinder: willkommen; Spezialmenü 80 FF
Behinderte: keine speziellen Einrichtungen
Tiere: Hunde nur auf den Zimmern erlaubt, 35 FF
Geschlossen: 6. Jan. bis 14. Febr.; Restaurant So abend, zwischen Nov. und Ostern Mo
Besitzer: Marie-France und Paul Quinton

Nordwesten

Ländliches Hotel, Champigny

Le Petit Coq aux Champs

Das strohgedeckte Anwesen mit eigenem Hubschrauberlande-platz liegt ruhig zwischen Weiden und ausgedehnten Wäldern im Risletal; eine reizvolle Zuflucht, in der es kein bißchen steif zugeht. Das Haus ist auf faszinierende Weise anspruchsvoll und bodenständig zugleich.

Das Gebäude stammt vorwiegend aus dem 19. Jahrhundert und besteht aus zwei Flügeln und einem geräumigen Anbau dazwischen. Im Stil ist das Ganze keineswegs einheitlich; im großen Aufenthaltsraum findet man moderne Rattanmöbel, der Speiseraum mit seinem riesigen offenen Kamin ist mit antiken Stücken möbliert. Im Neubau gibt es eine gemütliche Piano-Bar. Alle Zimmer sind unterschiedlich möbliert und ausgestattet, manche in leuchtenden Farben, andere etwas gedämpfter; keines ist besonders groß.

Jean-Marie, der nach mehreren Jahren in renommierten Pariser Hotels in seine Heimat zurückgekehrt ist, legt beim Essen Wert auf hübsche Präsentation und Bodenständigkeit; er kümmert sich auch um Kleinigkeiten – mit Erfolg, wie man sieht.
Umgebung: Angeln, Golf; Pont-Audemer – Fachwerkhäuser, Kirche Saint-Ouen; Honfleur (30 km) – alter Hafen.

Champigny, 27500 Pont-Audemer
Tel. & Fax: (02)32410419
Lage: in offener Landschaft, 6 km s von Pont-Audemer in Gärten mit großem Parkplatz
Mahlzeiten: Frühstück, Mittag- und Abendessen
Preise: Zimmer 460-720 FF; Frühstück 57 FF; Menüs 185-310 FF
Zimmer: 12 Doppelzimmer (4 mit Einzelbetten); 1 Familienzimmer, 1 Suite, alle Zimmer mit Bad, Zentralheizung, Telefon, TV, Fön
Anlage: Lounge, 4 Speiseräume, Bar, Swimmingpool
Kreditkarten: AE, DC, MC, V
Kinder: sehr willkommen
Behinderte: Speiseräume und 8 Zimmer im Erdgeschoß
Tiere: willkommen
Geschlossen: nie
Besitzer: Fabienne Desmonts und Jean-Marie Huard

Nordwesten

Umgebaute Mühle, Clécy

Hostellerie du Moulin du Vey

Die Mühle steht in einer der reizvollsten Landschaften dieser Region; hier hat der Fluß Orne sich ein großartiges Tal zwischen den grünen Hügeln gegraben. Vom Fährhafen Caen ist das Haus leicht zu erreichen, es eignet sich also gut für eine Übernachtung auf dem Hin- oder Rückweg.

Das Gebäude selbst, aber auch die Gartenanlagen sind gut gepflegt, es gibt eine hübsche Uferterrasse, wo man etwas essen und trinken kann, und dahinter einen Garten. Die liebevoll zubereiteten und angerichteten Mahlzeiten werden im halbgetäfelten, etwas scheunenartig wirkenden Restaurant serviert, zu dem man vom Hauptgebäude aus über den Hof geht; die preiswerteren Menüs sind wirklich günstig. Die Ausstattung der bequemen Zimmer ist schlicht, hat aber doch einen Hauch von Eleganz, die Preise sind angemessen. Es gibt auch Zimmer in einer 400 m entfernten Dependance (Manoir de Placy) und in einem 3 km vom Haupthaus gelegenen friedlichen, kleinen Haus im gotischen Stil am anderen Ende des Dorfes mit prächtigem Garten (Relais de Surosne).

Umgebung: Normannische Schweiz; Thury-Harcourt (10 km) – Schloßruine; Falaise (30 km) – Burg.

Le Vey, 14570 Clécy
Tel.: (02)31697108
Fax: (02)31691414
Lage: 2 km ö von Clécy und 35 km s von Caen; Flußterrasse und Parkplatz
Mahlzeiten: Frühstück, Mittag- und Abendessen
Preise: Zimmer 390-520 FF; Menüs 138-360 FF
Zimmer: 17 Doppelzimmer (7 mit Einzelbetten), alle mit Bad; 2 Familienzimmer, 1 mit Bad, 1 mit Dusche; alle Zimmer mit Zentralheizung und Telefon, TV
Anlage: Speiseraum, TV-Zimmer, Bankettsaal, Konferenzraum
Kreditkarten: AE, DC, MC, V
Kinder: werden akzeptiert
Behinderte: keine speziellen Einrichtungen
Tiere: erlaubt, nicht aber im Speiseraum
Geschlossen: Dez. und Jan.
Besitzer: Denise Leduc

Nordwesten

Landgasthof, Cloyes-sur-le-Loir

Le St-Jacques

Hat der alte Postgasthof, der seit Jahren einen Ruf als Gourmet-Restaurant hat, sein Ziel aus den Augen verloren? Verlorengegangen ist ihm jedenfalls sein Michelin-Stern, wie es einer unserer Leser schon vor längerer Zeit prophezeit hatte. Er bemängelte auch den unfreundlichen Empfang und ein sehr mittelmäßiges Zimmer. Andere schrieben, daß sie zufrieden waren; wir haben eine Schwäche für dieses Haus. Schauen Sie sich also um, bevor Sie buchen, und teilen Sie uns Ihre Eindrücke mit.

Der Speiseraum mit Blick über den Garten ist gemütlich und familiär. Bei schönem Wetter werden die Mahlzeiten unter Bäumen im Garten serviert, der sich bis zum kleinen Loir hinzieht. Die Zimmer (nach hinten mit Blick zum Garten) sind mit gediegenen Kirschenholzmöbeln und aparten Stoffen ausgestattet.

Umgebung: Châteaudun (10 km) – Herrensitz; Vendôme – La Trinité, Porte St Georges; Beaugency (45 km) – Brücke, Bergfried

Place du Marché aux Œufs
28220 Cloyes-sur-le-Loir
Tel.: (02)37984008
Fax: (02)37983263
Lage: im Dorf 28 km nö von Vendôme; Garten und Parkplatz
Mahlzeiten: Frühstück, Mittag- und Abendessen
Preise: Zimmer 360-480 FF; Suite 680 FF; Frühstück 50 FF, Menüs 170 FF
Zimmer: 22 Doppelzimmer, 18 mit Bad, 4 mit Dusche (5 mit Einzelbetten); 1 Familienzimmer; alle Zimmer mit Zentralheizung, Telefon, TV
Anlage: Speiseraum, Lounge, Bar
Kreditkarten: MC, V
Kinder: willkommen
Behinderte: Lift
Tiere: erlaubt auf den Zimmern und im Speiseraum
Geschlossen: Nov. bis März
Besitzer: Eric Thureau

Nordwesten

Dorfhotel, Ducey

Auberge de la Sélune

Wir haben nur positive Berichte über dieses prachtvolle Hotel bekommen, doch wir stellen fest, daß der Quell der Begeisterung allmählich versiegt. Vielleicht war mancher Leser abgeschreckt, weil wir dringend eine frühzeitige Buchung empfohlen haben. Dabei ist das Haus wirklich sein Geld wert und in der Hauptsaison oft ausgebucht. Sie sollten es jedoch einmal versuchen.

Es ist schwer zu sagen, ob die Führung des Hauses oder das Essen mehr zu loben ist; beides ist wirklich erstklassig. Alles ist hübsch gestaltet und makellos sauber; es gibt flauschige Handtücher und jede Menge heißes Wasser, gestärktes Leinen und gesunde Betten. Die Küche von Jean-Pierre Girres ist ausgezeichnet; besonders geschätzt werden Gerichte mit Fisch und anderen Meeresfrüchten und die Patisserie. Der hübsche, geräumige Speiseraum ist auch bei Einheimischen beliebt. Es kann eine Weile dauern, bis man das Essen bekommt, doch man versäumt ja hier nichts. Josette Girres ist herzlich, aber nicht redselig. Das Hotel liegt an der Straße, deshalb ist das Parken schwierig. Als Entschädigung gibt es einen Garten hinten am Fluß Sélune.

Umgebung: Lachsfischen (Sélune); Avranches (10 km) – Museum; Le Mont-St-Michel (15 km)

2 Rue St-Germain
50220 Ducey
Tel.: (02)33485362
Fax: (02)33489030
Lage: am Fluß im Dorf an der N 176, 11 km sö von Avranches; kleiner Garten
Mahlzeiten: Frühstück, Mittag- und Abendessen
Preise: Zimmer 270-290 FF; Frühstück 40 FF; Menüs 80-200 FF
Zimmer: 19 Doppelzimmer, alle mit Bad (5 mit Einzelbetten); 1 Einzelzimmer; 1 Familienraum mit Bad; alle Zimmer mit Zentralheizung, Telefon und auf Wunsch TV
Anlage: Lounge, Bar, Konferenzraum; Lachsfischen
Kreditkarten: DC, MC, V
Kinder: angenehm
Behinderte: keine speziellen Einrichtungen
Tiere: nicht erlaubt
Geschlossen: Mitte Januar bis Mitte Februar
Besitzer: Jean-Pierre Girres

Nordwesten

Strandhotel, Étretat

Le Donjon

Für einen Kurzurlaub an der normannischen Küste (ohne Kinder) war dieses ungewöhnliche kleine Hotel unsere Lieblingsbleibe. Nach jüngsten Berichten stehen aber inzwischen Service und Küche in keinem Verhältnis mehr zu den hohen Preisen.

Die ehrwürdige Burg liegt auf einem Hügel und besitzt einen unterirdischen Geheimkanal zum Meer. Heute liegt sie innerhalb der grünen Vororte von Etretat. Im Innern ist alles hell und freundlich und von Madame Abo-Dib mit Pariser Eleganz ausgestattet. Der Speiseraum mit Kerzenlicht und Spiegeln ist besonders stimmungsvoll. Um den mustergültig gepflegten kleinen Swimmingpool stehen Sonnenschirme und Liegen. Doch die geschmacklichen Qualitäten der Besitzerin erweisen sich vor allem in den acht Zimmern; jedes ist anders, jedes ist exquisit ausgestattet. Das größte ist fast rund und mutet mit schwarzen Chintz-Draperien und riesigem Spiegel fernöstlich an. Die Bäder sind geräumig und in elegantem Weiß gehalten; vier haben einen Whirlpool.

Die Speisekarte bietet den Hausgästen viele Möglichkeiten, sie können aber auch à la carte essen; ausgezeichnet ist das *Menu du Gentleman* mit vier Gängen. Berichte erwünscht.

Umgebung: Étretat – Klippen; Fécamp (17 km) – Benediktiner-Brennerei.

Chemin de Saint Clair
76790 Étretat
Tel.: (02)35270823
Fax: (02)35299224
Lage: auf einem Hügel hinter dem Ort, 28 km n von Le Havre; Garten; Parkplatz
Mahlzeiten: Frühstück, Mittag- und Abendessen
Preise: DB&B 600-800 FF; Menüs 130-260 FF
Zimmer: 10 Doppelzimmer, 9 mit Bad (5 mit Whirlpool); 1 mit Dusche
alle Zimmer mit Zentralheizung, Telefon, TV
Anlage: Speiseraum, Salon; Swimmingpool
Kreditkarten: AE, V
Kinder: werden aufgenommen
Behinderte: Zugang schwierig
Tiere: erlaubt
Geschlossen: nie
Besitzerin: Mme Abo-Dib

Nordwesten

Schloßhotel, Gisors

Château de la Râpée

»Eine angenehme Bleibe, wenn auch die Ausstattung, etwa die Teppiche an den Wänden, etwas eigenartig wirkt«, so lautet ein Bericht über das neogotische Landhaus aus dem 19. Jh. Was die Teppiche angeht, hätten wir vielleicht vorwarnen sollen; doch sie sind, ebenso wie die Trophäen, auf den Eingangsbereich beschränkt. Alles andere an diesem großartig angelegten, aber in der Ausführung bescheidenen Haus ist weniger exzentrisch.

Das Château liegt am Ende eines in Bazincourt abzweigenden, ausgefahrenen Waldwegs. Im Haus hat man den Originalzustand sorgfältig erhalten. Die Aufenthaltsräume sind zwar etwas düster, doch sonst wirkt die Einrichtung mit alten Möbeln und guten Reproduktionen wirklich freundlich. Einige der großen, ruhigen Zimmer mit ihren antiken Möbeln und knarrenden Fußböden sind recht stattlich und bieten schöne Ausblicke, andere kommen einem recht übertrieben vor.

Das Essen ist Pascal und Philippe Bergeron ein besonderes Anliegen; es gibt klassische Gerichte, die gelegentlich von der regionalen Küche beinflußt sind, aber manchmal auch recht originelle Kreationen.

Umgebung: Gisors – Schloß; Jouy-sous-Thelle (25 km) – Kirche

Bazincourt-sur-Epte, 27140 Gisors
Tel.: (02)32551161
Lage: in offener Landschaft, 4 km nw von Gisors; kleiner Park mit großem Parkplatz
Mahlzeiten: Frühstück, Mittag- und Abendessen
Preise: Zimmer 425-525 FF; Appartement 750 FF, Menüs 165-215 FF
Zimmer: 13 Doppelzimmer, 11 mit Bad, 2 mit Dusche (5 mit Einzelbetten); 2 zu einem Appartement zusammenge-faßte Zimmer; alle Zimmer mit Telefon
Anlage: Lounge, 2 Speiseräume, Bar, Konferenzraum
Kreditkarten: AE, DC, V
Kinder: nach Absprache
Behinderte: keine besonderen Einrichtungen
Tiere: nur kleine erlaubt
Geschlossen: Febr. und Mitte bis Ende Aug.; Restaurant Mi
Besitzer: M. und Mme Bergeron

Nordwesten

Stadtgasthof, Pont-Audemer

Auberge du Vieux Puits

Pont-Audemer wurde im letzten Krieg zwar stark zerstört, doch es hat sich seine reizvolle historische Altstadt bewahrt, auch wenn gesichtslose Vorstädte sie immer mehr einengen. Die Auberge du Vieux Puits ist mit seinen Balken und den bleiverglasten Fenstern ein wahres Juwel. Die gewundenen Holztreppen, dunklen Balkendecken und das viele Kupfer- und Zinngeschirr sorgen für eine mittelalterlich anmutende Atmosphäre.

Jacques Foltz und seine liebenswürdige Frau haben durch schlichte, zurückhaltende Ausstattung das alte Bauwerk optimal genutzt. Der kleine, behagliche Salon und die Speisezimmer sind mit schönen alten Möbeln ausgestattet, überall stehen frische Blumen. Drei Zimmer im alten Gebäude wurden zu einem Familienappartement umgestaltet; die übrigen drei sind klein, haben aber viel Charme. Auf der anderen Seite des friedlichen Hofes mit seinen vielen Blumen steht der Neubau mit sechs weiteren Zimmern, die modern und gut ausgestattet sind und durchaus ins Bild passen. J. Foltz betrachtet sein Haus eher als ein Restaurant mit Gästezimmern und freut sich, wenn seine Gäste auch bei ihm essen. Angesichts der Qualität seiner Küche und der interessanten Gerichte der Saison auf der Speise- und Menükarte ist das gewiß keine Zumutung.

Umgebung: Fachwerkhäuser, Kirche von St-Ouen, der kanalisierte Fluß Risle; Honfleur (25 km)

6 Rue Notre-Dame-du-Pré
27500 Pont-Audemer
Tel.: (02) 32410148
Lage: fast im Zentrum der Stadt; kleiner Garten und Parkplatz
Mahlzeiten: Frühstück, Mittag- und Abendessen
Preise: Zimmer 270-430 FF; Menüs 200-310 FF
Zimmer: 12 Doppelzimmer (4 mit Einzelbetten), 7 mit Bad, 4 mit Dusche, 11 mit Telefon

Anlage: Speiseräume, Bar/Lounge
Kreditkarten: MC, V
Kinder: willkommen; spezielle Mahlzeiten
Behinderte: 2 Zimmer im Erdgeschoß, speziell eingerichtet
Tiere: im Speiseraum erlaubt
Geschlossen: Mitte Dez. bis Ende Jan.; Mo abend, Di außerhalb der Hauptsaison
Besitzer: Jacques und Hélène Foltz

Nordwesten

Landgasthof, St-André-d'Hébertot

Auberge du Prieuré

Die Millets haben ihr ländliches Haus in den letzten Jahren so weit ausgebaut, daß wir etwas besorgt sind, ob sie nicht zu weit gegangen sind, ob zuviel Unternehmungsgeist diesen Zufluchtsort nicht auch gefährden könnte?

Das reizende, kleine Hotel mit seinen mächtigen Steinmauern und dem steilen Dach ist ein ehemaliges Pfarrhaus aus dem 13. Jahrhundert. Im Innern herrschen Balkendecken, Steinwände, ländliche antike Möbel und warme Farben vor. Der Speiseraum mit schwarzweißem Steinboden und schweren, blank polierten Holztischen ist erstaunlich groß. An einem Ende stehen Sessel um den offenen Kamin. In dem gemütlichen Aufenthaltsraum oben gibt es Bücher und Spiele; daneben ein Billardzimmer. Die Zimmer im Haupthaus wirken sehr gediegen; die im Dachgeschoß sind zwar etwas düsterer als die im ersten Stock, aber auch sehr geräumig. Etwa die Hälfte der Gästezimmer befindet sich in dem neuen, aber sehr schön angepaßten Anbau. Den üppigen Garten mit dem geheizten Schwimmbad umgeben Obstgärten und Wiesen. Die Küche von Madame Millet ist traditionell, es gibt eine Karte der mittleren Preisklasse und ein teureres Menü.
Umgebung: Pont-l'Évêque; Honfleur (15 km); Deauville (20 km)

St-André-d'Hébertot
14130 Pont l'Évêque
Tel.: (02)31640303
Fax: (02)31641666
Lage: Bei der Dorfkirche, s der N 175, 7 km ö von Pont-l'Évêque, Garten; Privatparkplatz
Mahlzeiten: Frühstück, Mittag- und Abendessen
Preise: Zimmer 310-840 FF; Frühstück 60 FF; Mahlzeiten 145-320 FF
Zimmer: 13 Doppelzimmer (5 mit Einzelbetten), 11 mit Bad; Zentralheizung, Telefon; Fön, TV, Radio
Anlage: Billardzimmer, Bibliothek, Swimmingpool
Kreditkarten: MC, V
Kinder: willkommen; Spezialmahlzeiten
Behinderte: Erdgeschoßzimmer
Tiere: 30 FF Aufpreis
Geschlossen: nie; Restaurant Mi
Besitzer: M. und Mme Millet

Nordwesten

Stadthotel, St-Malo

La Korrigane

Jean-Maurice Marchon hat diese hübsche Villa aus der Zeit der Jahrhundertwende 1992 übernommen, doch sein Stil ist erhalten geblieben. Man genießt es, in diesem elegant möblierten Haus weilen zu können. Die Zimmer sind ganz individuell ausgestattet, es gibt bequeme Sessel, schöne Lampen, Spiegel und Bilder. Die beiden Aufenthaltsräume sind sehr behaglich; frühstücken kann man in dem hübschen kleinen Garten. Ein wunderbarer Ort für einen Zwischenstop (allerdings ohne Kinder); leider gibt es kein Restaurant und keinen Ausschank.

Umgebung: Smaragdküste; Château du Bosq (10 km); Dinan

39 Rue Le Pomellec, 35400 St-Malo
Tel.: (02)99816585
Fax: (02)99822389
Lage: im Südteil der Stadt, nahe des Hafens; Gärten und eigener Parkplatz
Mahlzeiten: Frühstück
Preise: Zimmer 450-800 FF; Frühstück 55 FF
Zimmer: 10 Doppelzimmer, alle mit Einzelbetten, Bad oder Dusche; alle Zimmer mit Zentralheizung, TV, Telefon
Anlage: 2 Aufenthaltsräume
Kreditkarten: AE, DC, MC, V
Kinder: willkommen
Behinderte: keine speziellen Einrichtungen
Tiere: Hunde erlaubt (50 FF)
Geschlossen: nie
Besitzer: Jean-Maurice Marchon

Nordwesten

Hotel am Fluß, St-Pierre-du-Vauvray

Hostellerie St-Pierre

Wir haben das ungewöhnliche Hotel am Ufer der Seine immer als idealen Zwischenstop betrachtet, es wird gut geführt und liegt nicht weit von der Autobahn Paris–Rouen entfernt. Das Haus ist eine Mischung aus einem modernen Bau mit dreieckigem Grundriß und einem Eckturm und dem typisch normannischen Fachwerk. Das klingt zwar kurios, aber ein Besuch lohnt sich.

Nicht zuletzt auch wegen der Küche, die einiges zu bieten hat: Sie ist klassisch und dabei doch leicht und bekömmlich, die Zutaten sind von bester Qualität, vor allem Fische und Meeresfrüchte; das beweist das große Becken mit Langusten und anderem Getier im etwas überladenen Speiseraum, durch dessen Panoramafenster man auf die Seine sieht. Die wenigen Aufenthaltsräume, die es sonst noch gibt, wirken eher solide als elegant. Die üppige barocke Dekoration ist nicht jedermanns Geschmack. Die Zimmer aber sind bequem und gut ausgestattet, viele haben einen Balkon zum Fluß. (Fragen Sie nach dem Turmzimmer mit Balkendecke und Himmelbett; es vermittelt den reizvollsten Eindruck von diesem exzentrischen Hotel.) Sehr erholsam ist es im Garten, der sich bis zum Flußufer hinzieht. In diesem Familienbetrieb legt man offenbar Wert auf freundlichen Service.
Umgebung: Louviers – Kirche Notre-Dame; Acquigny (10 km) – Château; Gaillon (15 km) – Château; Giverny (30 km)

Chemin des Amoureux
27430 St-Pierre-du-Vauvray
Tel.: (02)32599329
Fax: (02)32594193
Lage: am Rande des Dorfes;
8 km ö von Louviers an der
Seine; Gärten und Parkplatz
Mahlzeiten: Frühstück, Mittag- und Abendessen
Preise: DB&B 550-645 FF;
Menüs 195-295 FF
Zimmer: 14 Doppelzimmer
(4 mit Einzelbetten), alle mit
Bad; alle Zimmer mit Zentralheizung, Telefon, TV, die
meisten mit Minibar
Anlage: Speiseraum, Lounge
Kreditkarten: V
Kinder: willkommen
Behinderte: Lift
Tiere: bei Aufpreis erlaubt
Geschlossen: 12. Nov. bis 20.
Dez. und 2. Jan. bis 13. März;
Restaurant Di Mittag
Besitzer: Familie Potier

Nordwesten

Strandhotel, St-Vaast-la-Hougue

Hotel de France et des Fuchsias

»Der Garten ist noch genauso schön wie die Fuchsien; und der Wintergarten, in dem wir eine denkwürdige, wunderbar angerichtete Mahlzeit genossen haben, sieht wirklich bezaubernd aus; das Personal ist freundlich und hilfsbereit.« Soweit der neueste Bericht über das seit Jahren bei vielen Reisenden als Zwischenhalt beliebte Hotel, die mit der Fähre von Cherbourg nach England oder zurück fahren.

Hauptattraktion ist das Restaurant; die Gäste sind begeistert von den vorzüglichen Gerichten mit Fischen und Meeresfrüchten und den Produkten vom Bauernhof der Familie Brix. Auf der Weinkarte stehen auch halbe Flaschen und gute, preiswerte Schoppenweine; die Bedienung ist nett und flink, die Atmosphäre herzlich, das gilt für den Speiseraum ebenso wie für den Wintergarten, der kürzlich neu ausgestattet wurde.

Ganz am Ende des Gartens steht ein zum Hotel gehörendes, kürzlich umgebautes Stadthaus, in dem die Zimmer größer sind und die Ausstattung eleganter ist als in den schlichten Räumen des Hotels. Hier gibt es auch eine Suite für zwei oder drei Personen und ein Zimmer im Erdgeschoß.

Umgebung: Museum, Festungsbauten; Strände der Normandie

18 Rue Maréchal Foch
50550 Saint-Vaast-la-Hougue
Tel.: (02)33544226
Fax: (02)33434679
Lage: in ruhiger Straße nahe Fischer- und Yachthafen; Garten
Mahlzeiten: Frühstück, Mittag- und Abendessen
Preise: Zimmer 150-500 FF; Menüs 78 FF (nur wochentags) 125-260 FF (am Wochenende)
Zimmer: 33 Doppelzimmer, 28 mit Bad, 2 mit Dusche; alle Zimmer mit Zentralheizung, Telefon, TV
Anlage: Speiseraum, Salon
Kreditkarten: AE, DC, MC, V
Kinder: willkommen; Kindermahlzeiten
Behinderte: Zugang nur zum Speiseraum möglich
Tiere: werden toleriert
Geschlossen: Anfang Jan. bis Ende Febr.; Restaurant Mo, Mitte Mai bis Mitte Sept.
Besitzer: Mme Brix

Nordwesten

Strandhotel, Ste-Anne-la-Palud

Hôtel de la Plage

Ein richtiges Strandhotel, denn der weite, weiße Sandstrand liegt direkt vor der Haustür. Aber es ist alles andere als ein schlichtes Stranddomizil. Obwohl die Preise für den gehobenen Standard der Kette Relais & Châteaux nicht zu hoch sind, übersteigen sie doch das Budget der meisten Familien mit Kindern. Kinder sind zwar, wie überall in Frankreich, willkommen, aber es gibt keine besonderen Einrichtungen für sie.

Das Hotel bietet außer der herrlich friedlichen Lage, dem schönen Schwimmbad und Tennisplatz vor allem eine vorzügliche Küche, die zu den besten der Bretagne gehört und natürlich auf Meeresfrüchte spezialisiert ist (1 Michelin-Stern, 2 Gault-Millau-Hauben). Innerhalb der perfekt gepflegten Anlagen gibt es eine hübsche Bar in einem strohgedeckten Häuschen. Mme Le Coz und ihr Personal sorgen für eine herzliche Atmosphäre; die Bedienung ist manchmal etwas langsam, aber immer freundlich und kümmert sich auch um Kleinigkeiten. Die Zimmer sind bequem, die Ausstattung allerdings im traditionell französischen Dekor; von manchen hat man eine prachtvolle Aussicht (sie sollten rechtzeitig gebucht werden).

Umgebung: Strand; Locronan (10 km) – Stadtplatz; Quimper

Ste-Anne-la-Palud
29127 Plonévez-Porzay
Tel.: (02)98925012
Fax: (02)98925654
Lage: in offener Landschaft, 4 km w von Plonévez und 25 km nw von Quimper; Garten und großer Parkplatz
Mahlzeiten: Frühstück, Mittag- und Abendessen
Preise: Zimmer: 800-1300 FF; Frühstück 70 FF
Zimmer: 20 Doppelzimmer (10 mit Einzelbetten), 2 Einzelzimmer, 4 Familienzimmer, 4 Suiten, alle mit Bad; alle Zimmer mit Zentralheizung, TV, Telefon, Minibar
Anlage: Lounge, Speiseraum, Bar, Konferenzraum
Kreditkarten: AE, DC, MC, V
Kinder: willkommen
Behinderte: Lift
Tiere: werden akzeptiert, aber nicht im Speiseraum
Geschlossen: Mitte Nov. bis April
Besitzer: M. Le Coz

Nordwesten

Strandhotel, Trébeurden

Ti Al-Lannec

Die Preise in dem hübschen Hotel an der »rosa Granitküste« der Bretagne sind seit der 1. Auflage beträchtlich gestiegen. Doch die Berichte sind noch genauso begeistert. Die Gäste werden verwöhnt, und man kommt auch bestens mit Familien zurecht, die in dieser Strandregion Urlaub machen.

Das Haus thront hoch über dem Meer, ein Fußweg führt zum Strand hinunter; von der nach Süden gelegenen Terrasse genießt man den herrlichen Blick auf die Bucht von Lannion. Das Hotel ist unglaublich komfortabel und vermittelt doch eine private Atmosphäre. Die Zimmer sind hübsch ausgestattet, hell, luftig und gemütlich, mit frischen Blumen und Büchern, überall gibt es kleine Tische und Tischlampen. Manche haben eine Veranda. Vom Speiseraum mit den steinernen Wänden und der üppigen Dekoration blickt man aufs Meer hinaus; die Tischwäsche ist frisch und gestärkt. Der behagliche Aufenthaltsraum ist mit alten und neuen Möbeln eingerichtet, überall stehen Zimmerpflanzen. Danielles Küche ist »nach wie vor köstlich«, der Service 5 Sterne wert, und Kinder sind herzlich willkommen.

Umgebung: Perros-Guirec (15 km) – großer Badeort; Tréguier (30 km)

Allée de Mezo-Guen, BP 3
22560 Trébeurden
Tel.: (02)96150101
Fax: (02)96236214
Lage: in baumbestandenem Areal über dem Badeort, 10 km nw von Lannion
Mahlzeiten: alle
Preise: Zimmer 620-1080 FF; Mittagessen 108 FF; Abendmenüs 185-390 FF; Kinderessen 92 FF
Zimmer: 20 Doppelzimmer, 2 Einzel-, 7 Familienzimmer; alle mit Bad, TV, Telefon
Anlage: 2 Salons, Bar, Billard, Beauty-Center, Sauna
Kreditkarten: AE, MC, V
Kinder: willkommen; vorgezogene Mahlzeiten, Babysitter
Behinderte: Lift; einige Zimmer mit Spezialtoiletten
Tiere: auf den Zimmern bei Aufpreis erlaubt
Geschlossen: 15. Nov. bis 15. März
Besitzer: Danielle und Gérard Jouanny

Nordwesten

Landhaus-Hotel, Verneuil-sur-Avre

Le Clos

Das Le Clos bleibt eines unserer französischen Lieblingshotels der gehobenen Klasse; zum einen ist es auch für normale Sterbliche noch erschwinglich, zum anderen wirkt es weder protzig noch hochgestochen wie andere Schloßhotels in Frankreich.

Das Hotel liegt am Rande des netten, kleinen Städtchens Verneuil in einer ruhigen Nebenstraße, allerdings in Sicht- und Hörweite einer belebten Umgehungsstraße. Der etwas seltsame, um die Jahrhundertwende entstandene Bau mit seiner auffallend gemusterten Ziegelfassade liegt in einem Gelände mit Bäumen, Kriechweiden und gepflegten Rasenflächen, auf das man von der Terrasse hinabblickt. Im Haus selbst ist alles von exquisiter Qualität: hübsche, etwas altmodische Korbstühle, Tischtücher aus schwerem Leinen und riesige Blumengebinde im Speiseraum; im Salon reizende Sessel, Draperien aus Chintz in den Zimmern und überall dicke Teppiche (sogar in den luxuriösen Bädern). Die Zimmer sind hell und luftig und sehr individuell ausgestattet. Die Küche ist nicht überragend, bietet aber professionell und mit Geschmack zubereitete klassische Gerichte.

Umgebung: Kirche La Madeleine (Flamboyant-Turm); Château Pin au Haras (40 km) – Gestüt; Chartres – Kathedrale

98 Rue de la Ferté-Vidame
27130 Verneuil-sur-Avre
Tel.: (02)32322181
Fax: (02)32322136
Lage: am Stadtrand, 56 km nw von Chartres und 39 km sw von Évreux; Gärten
Mahlzeiten: alle
Preise: Zimmer 550-800 FF; Suiten 900 FF; Appartements 950-1100 FF; DB&B 775-925 FF; Frühstück 80 FF
Zimmer: 4 Doppelzimmer, 2 Suiten; 4 Appartements; alle mit Bad/Whirlpool, Telefon, Sat-TV
Anlage: 2 Speiseräume, Bar, Lounge, Tennis, Whirlpool
Kreditkarten: AE, DC, MC, V
Kinder: willkommen
Behinderte: keine speziellen Einrichtungen
Tiere: werden aufgenommen
Geschlossen: Mitte Dez. bis Mitte Jan.; Restaurant Mo, ausgenommen Ferienzeit
Besitzer: Patrick und Colette Simon

Nordwesten

Umgebaute Mühle, Villeray

Moulin de Villeray

Die am Rand der Region Perche gelegene herrliche alte Mühle, die dem Verfall preisgegeben war, bevor sie von den Vorbesitzern in mehr als 20 Jahren allmählich restauriert wurde, haben die Eelsens 1992 übernommen.

Man kann das Haus heute nicht mehr als eine ländliche Herberge bezeichnen, aber das Mühlrad ist noch da und das Gelände so bezaubernd wie eh und je; die Mühle liegt gleich neben dem reißenden Fluß Huisne am Rande eines netten Dorfes mit Steinhäusern und roten Dächern in ländlicher Umgebung. Die Mitgliedschaft in der Kette Relais et Silence erscheint gerechtfertigt (was nicht immer der Fall ist), auch wenn die Preise inzwischen das Niveau von Relais & Château erreicht haben.

Ein großer Teil der hohen, weißgetünchten Mühle ist nicht nur restauriert, sondern neu gebaut. Aber das Herz des Ganzen, das Restaurant, hat noch seine alten Balken, den riesigen Kamin – und den Blick auf das Mühlrad. Das »ausgezeichnete« Essen ist sicher ein Gewinn für die Umgebung. Der übrige Bau mit dem Salon, wo man sich zu einem Drink trifft, und die Zimmer wurden kürzlich neu ausgestattet. Es gibt eine angenehme Terrasse, dahinter den großen, erholsamen Landschaftsgarten, der bis zum Fluß reicht, und dann die Weite der Landschaft.

Umgebung: Nogent – Bauwerke aus Gotik und Renaissance; Chartres (55 km) – Kathedrale; Alençon (55 km) – berühmte Spitzen

Villeray, 61110 Condeau
Tel.: (02)33733022
Fax: (02)33733828
Lage: am Fuß des Dorfes, 10 km nw von Nogent; Garten und Parkplatz
Mahlzeiten: Frühstück, Mittag- und Abendessen
Preise: Zimmer 480-950 FF; Suite 1150 FF; Frühstück 70 FF; Menüs 130-300 FF; B&B Mai-Sept.
Zimmer: 16 Doppelzimmer, alle mit Bad und Dusche

(3 mit Einzelbetten); 2 Suiten; alle Zimmer mit Telefon und Minibar
Anlage: Salon, Speiseraum, Bar; Swimmingpool
Kreditkarten: AE, DC, V
Kinder: willkommen
Behinderte: geeigneter Zugang zum Restaurant
Tiere: erlaubt, sofern angeleint
Geschlossen: nie
Besitzer: Christian und Muriel Eelsen

Nordwesten

Hotel am Fluß, Les Andelys

Hôtel de la Chaîne d'Or

Dieses alte, prachtvoll an der Seine gelegene Gasthaus hat, seit es aus dem Führer herausgenommen wurde, einen großen Aufschwung genommen. Von dem Restaurant und den ganz unterschiedlichen Zimmern hat man einen schönen Blick auf den Fluß. Die Küche ist besser geworden und bietet jetzt wirklich Qualität.

■ 27 Rue Grande, 27700 Les Andelys (Eure) **Tel.:** (02)32540031 **Fax:** (02)32540568 **Mahlzeiten:** Frühstück, Mittag- und Abendessen **Preise:** Zimmer 395-740 FF; Frühstück 65 FF, Mittagessen 138 FF, Menüs 230-298 FF **Zimmer:** 11, alle mit Bad, Zentralheizung, Telefon, TV **Kreditkarten:** AE, MC, V **Geschlossen:** Anfang Jan. bis Anfang Febr.; Restaurant letzte Augustwoche

---

Badehotel, Bagnoles-de-l'Orne

Bois Joli

Die Gattis, die das kleine, hohe Gebäude aus dem 19. Jh. vor acht Jahren übernommen haben, sind nach neuesten Berichten jetzt richtig in ihrem Element: reizende, luftige Zimmer, sehr gute Küche, bester Service, günstiger Preis; angenehmer Garten bis zum nahen Wald.

■ 12 Avenue Philippe du Rozier, 61140 Bagnoles-de-l'Orne (Orne) **Tel.:** (02)33379277 **Fax:** (02)33370756 **Mahlzeiten:** Frühstück, Mittag- und Abendessen **Preise:** Zimmer 195-495 FF; Menüs 115-295 FF **Zimmer:** 20, alle mit Bad, Zentralheizung, Telefon; einige mit Sat-TV **Kreditkarten:** AE, DC, MC, V **Geschlossen:** nie; Restaurant Jan.

Stadthotel, Barfleur

Le Conquérant

Der schöne, graue Steinbau aus dem 17. Jh., einen Steinwurf vom Hafen entfernt, bietet Reisenden eine friedliche Rast und lädt mit dem großen Garten, den frisch renovierten Zimmern auch zum längeren Verweilen ein. Im *salon de thé* gibt es köstliche Crêpes.

■ 16–18 Rue St-Thomas Becket, 50760 Barfleur (Manche) **Tel.:** (02)33540082 **Fax:** (02)33546525 **Mahlzeiten:** Frühstück, Tee, leichte Abendessen **Preise:** Zimmer 200-350 FF; Frühstück 25-45 FF, kleine Abendmahlzeit 75-98 FF **Zimmer:** 16, alle mit Bad oder Dusche, Telefon; einige mit Sat-TV **Kreditkarten:** MC, V **Geschlossen:** Mitte Nov.–Mitte Febr.

Stadthotel, Bayeux

Hôtel d'Argouges

»Bequem, ruhig, liebenswerte Menschen«, lautet der letzte telegraphische Bericht über das Haus aus dem 18. Jh. Der Aufenthaltsraum wirkt etwas steif, der Garten ist klein; die Zimmer (einige im Anbau jenseits des Hofs) sind verschieden groß und traditionell eingerichtet; kein Restaurant.

■ 21 Rue St-Patrice, 14400 Bayeux (Calvados) **Tel.:** (02)31928886 **Fax:** (02)31926916 **Mahlzeiten:** Frühstück **Preise:** Zimmer 280-420 FF; Suiten 480 FF; Frühstück 39 FF **Zimmer:** 25, alle mit Bad oder Dusche, Zentralheizung, Telefon, Minibar **Kreditkarten:** AE, DC, MC, V **Geschlossen:** nie

Nordwesten

Dorfgasthof, Le Bec-Hellouin

Auberge de l'Abbaye

Der schöne, typisch normannische Gasthof wirkt mit seinen Steinfußböden, rauhen Steinwänden und blanken Möbeln schlicht und einladend. Die Zimmer sind freundlich und rustikal, es gibt regionale Kost mit Äpfeln, Most und viel Sahne.

■ Le Bec-Hellouin, 27800 Brionne (Eure) **Tel.:** (02)32448602 **Fax:** (02)32463223 **Mahlzeiten:** Frühstück, Mittag- und Abendessen **Preise:** Zimmer 390-580 FF; Halbpension 400 FF; Frühstück 40 FF, Menüs 130-250 FF **Zimmer:** 11, alle mit Bad, Zentralheizung, Telefon **Kreditkarten:** MC, V **Geschlossen:** Restaurant Mo abend und Di Nov. bis April

---

Strandhotel, Belle-Île-en-Mer

Le Clos Fleuri

Ein neues, schlicht-elegantes Hotel im Grünen, 600 m von Le Palais, dem Haupthafen der Belle-Île entfernt, 45 km mit der Fähre von Quiberon. Die Verpflegung ist so frisch wie die Ausstattung, mit Mahlzeiten nach den Wünschen der Gäste; Brunch statt Frühstück möglich.

■ Bellevue, Route de Sanzon, Le Palais, 56360 Belle-Île-en-Mer (Morbihan) **Tel.:** (02)97314545 **Fax:** (02)97314557 **Mahlzeiten:** Frühstück oder Brunch, Mittag- und Abendessen **Preise:** Zimmer 470-570 FF; Suiten 580 FF; Frühstück 45 FF, Brunch 75 FF; Menü ca. 150 FF **Zimmer:** 20, alle mit Bad, Zentralheizung, Telefon, Kabel-TV **Kreditkarten:** AE, DC, MC, V **Geschlossen:** nie

---

Landhotel, Belle-Île-en-Mer

La Désirade

Ein zufriedener Gast machte uns auf die Anlage, eine Art »Hotel-Dorf«, aufmerksam: eine Gruppe neuer Häuser im Stil der Gegend um ein beheiztes Schwimmbad (wo man bei gutem Wetter frühstücken kann). Stilvoll schlichte Ausstattung der Zimmer.

■ 56360 Belle-Île-en-Mer (Morbihan) **Tel.:** (02)97317070 **Fax:** (02)97318963 **Mahlzeiten:** Frühstück, Abendessen **Preise:** Zimmer 430-550 FF; Frühstück 60 FF, Menü 200 FF **Zimmer:** 26, alle mit Bad, Zentralheizung, Telefon, TV, Fön **Kreditkarten:** AE, DC, MC, V **Geschlossen:** Jan., Febr.

Stadthotel, Beuzeville

Cochon d'Or et Petit Castel

Ein Besitzer, zwei kleine Hotels, die sich an der Hauptstraße gegenüberliegen. Im Petit Castel gibt es einfache, aber hübsche Zimmer; das Cochon d'Or hat billigere, etwas altmodische Zimmer und bietet weniger Komfort. Das Essen ist überdurchschnittlich und preiswert.

■ Place du Général-de-Gaulle, 27210 Beuzeville (Eure) **Tel.:** (02)32577046 (Cochon) (02)32577608 (Petit Castel) **Fax:** (02)32422570 **Mahlzeiten:** Frühstück, Mittag- und Abendessen **Preise:** Zimmer 205-335 FF; Frühstück 35 FF, Menüs 82-240 FF **Zimmer:** 20, alle mit Bad oder Dusche, Zentralheizung, Telefon; einige mit TV **Kreditkarten:** MC, V **Geschlossen:** Mitte Dez. bis Mitte Jan.

Nordwesten

Le Saint-Pierre

Schickes, gutgehendes Restaurant mit Zimmern an der Seine und hohen, aber angemessenen Preisen. Auffallend moderne Ausstattung, vor allem im luftigen Speiseraum mit Blick auf den Fluß. Erstklassige, professionelle Küche; Zimmer fast alle zum Fluß.

■ La Bouille, 76530 Grand Couronne (Seine-Maritime) **Tel.:** (02)35180101 **Fax:** (02)35181276 **Mahlzeiten:** Frühstück, Mittag- und Abendessen **Preise:** Zimmer 280-350 FF; Menüs 180-260 FF **Zimmer:** 7, alle mit Bad oder Dusche, Zentralheizung, Telefon, TV **Kreditkarten:** AE, DC, MC, V **Geschlossen:** So abend und Mo

---

Le Normandie

Freundliches, gutgeführtes Hotel, etwas langweilig im Stil, aber in schöner Lage an der Seine. Einfache, aber bequeme Zimmer, viele mit Blick auf den Fluß. Liebevoll zubereitete Mahlzeiten zu angemessenem Preis.

■ 19 Quai Guilbaud, 76490 Caudebec-en-Caux (Seine-Maritime) **Tel.:** (02)35962511 **Fax:** (02)35966815 **Mahlzeiten:** Frühstück, Mittag- und Abendessen **Preise:** Zimmer 210-360 FF; Frühstück 35 FF; Menüs 59-190 FF **Zimmer:** 16, alle mit Bad oder Dusche, Zentralheizung, Telefon, TV **Kreditkarten:** AE, DC, MC, V **Geschlossen:** Febr.

Roche Corneille

Der hohe Bau im Château-Stil mitten in Dinard wurde kürzlich von den jetzigen Besitzern in flottem, selbstbewußtem Stil erneuert und wird gut und aufmerksam geführt. Es gibt viele frische Blumen und flauschige Badetücher. Restaurant nebenan.

■ 4 Rue G Clemenceau, 35800 Dinard (Ille-et-Vilaine) **Tel.:** (02)99461447 **Fax:** (02)99464080 **Mahlzeiten:** Frühstück **Preise:** Zimmer 280-600 FF; Frühstück 50 FF; Menüs 93-240 FF **Zimmer:** 28, alle mit Bad, Zentralheizung, Telefon, TV **Kreditkarten:** AE, MC, V **Geschlossen:** Mitte Nov. bis Mitte März

---

Château de Locguénolé

Ein holländischer Leser empfahl dieses kultivierte Landhaus mit Blick auf die Bucht von Le Blavet. Herrliche Zimmer, großzügige Räume, vorzügliche Küche (Michelin-Stern). Spazierwege, Tennis, Fahrräder, großes Schwimmbad, Sauna und Türkisches Bad.

■ Route de Port-Louis en Kervignac, 56700 Hennebont (Morbihan) **Tel.:** (02)97762904 **Fax:** (02)97768235 **Mahlzeiten:** Frühstück, Mittag- und Abendessen **Preise:** Zimmer 660-1480 FF; Frühstück 82 FF; Menüs 190-480 FF **Zimmer:** 22, alle mit Bad, Zentralheizung, Telefon, TV; die meisten mit Fön **Kreditkarten:** AE, DC, MC, V **Geschlossen:** Anfang Jan. bis Anfang Febr.

Nordwesten

Landhotel, Honfleur

La Chaumière

In einem friedlichen Obstgarten mit Seeblick (Zugang zum Strand) steht der typisch normannische Holzbau, der einen behaglichen, entspannenden Aufenthalt verspricht. Die Zimmer sind geschmackvoll und bequem möbliert; gediegene Regionalküche.

■ Route du Littoral, Vasouy, 14600 Honfleur (Calvados) **Tel.:** (02)31816320 **Fax:** (02)31895923 **Mahlzeiten:** Frühstück, Mittag- und Abendessen **Preise:** Zimmer 990-1350 FF; Frühstück 75 FF, Menüs 180-380 FF **Zimmer:** 9, alle mit Bad, Zentralheizung, Telefon, TV, Minibar, Fön **Kreditkarten:** AE, MC, V **Geschlossen:** nie; Restaurant Di und Mi Mittag

---

Landhotel, Honfleur

La Ferme Saint-Siméon

Der Familie Boelen gehörten auch das Chaumière und das Manoir du Butin. Das schöne alte Bauernhaus war ein Lieblingsplatz der Impressionisten und ist immer noch eine stille Oase. Traditionelle, aber doch innovative Küche; große Weinkarte. Schwimmbad im Haus, Sauna, Dampfbad, Solarium. Berichte erwünscht.

■ Rue Adolphe-Marais, 14600 Honfleur (Calvados) **Tel.:** (02) 3331892361 **Fax:** (02) 3331894848 **Mahlzeiten:** Frühstück, Mittag- und Abendessen **Preise:** Zimmer 990-1970 FF; Appartements 2300-3510 FF; Menüs 240-550 FF **Zimmer:** 26, 16 Appartements, alle mit Bad oder Dusche, Telefon **Kreditkarten:** AE, MC, V **Geschlossen:** nie

---

Landhotel, Honfleur

Le Manoir du Butin

Die Familie Boelen hat mit dem Manoir du Butin einen weiteren Treffer in der Hotellerie gelandet. Diese Unterkunft ist ein typisch normannisches Haus in ruhiger Lage. Rustikale Balkendecken, viel poliertes Holz und offene Kamine sorgen für Gemütlichkeit. Im attraktiven Speisesaal wird authentische normannische cuisine angeboten.

■ Phare du Butin, 14600 Honfleur (Calvados) **Tel.:** (02)31816300 **Fax:** (02)31895923 **Mahlzeiten:** Frühstück, Abendessen **Preise:** Zimmer 640-1970 FF; Menüs 128-265 **Zimmer:** 9, alle mit Bad oder Dusche, Zentralheizung, Telefon, TV, Minibar **Kreditkarten:** AE, MC, V **Geschlossen:** Restaurant Mo und Di Mittag

---

Landhotel, Louviers

La Haye-le-Conte

Kleines, freundliches Landhaus, das zu sportlicher Aktivität einlädt: Pétanque, Golf, Tennis und Wanderwege in der Nähe. Die luftigen Zimmer sind behaglich. Speisenangebot von Meeresfrüchten bis Fleisch. Weitere Hinweise erwünscht.

■ 4 Route de la Haye-le-Conte, 27400 Louviers (Eure) **Tel.:** (02)32400040 **Fax:** (02)32250385 **Mahlzeiten:** Frühstück, Mittag- und Abendessen **Preise:** Zimmer 250-470 FF; Frühstück 45 FF, Menüs 100-190 FF, Kinderteller 70 FF; bei 3 Übernachtungen 10% Ermäßigung **Zimmer:** 16, alle mit Bad, Telefon, Sat-TV **Kreditkarten:** AE, DC, MC, V **Geschlossen:** Mitte Dez. bis Ende März; Restaurant Mo und Di Mittag

Nordwesten

Auberge du Clos Normand

Ein schlichter alter Bau aus gemusterten Ziegeln und Holz mit Blumengarten, dahinter der Fluß. Die Zimmer im Nebengebäude sind hübsch und bequem. Das Essen ist typisch normannisch (fett und alkoholreich). Viel Lob in jüngstem Bericht.

■ 22 Rue Henri IV, Martin-Église, 76370 Neuville-lès-Dieppe (Seine-Maritime) **Tel.:** (02)35044034 **Fax:** (02)35044849 **Mahlzeiten:** Frühstück, Mittag- und Abendessen **Preise:** Zimmer 300-470 FF; Frühstück 38 FF; DB&B 350-445 FF **Zimmer:** 8, alle mit Bad oder Dusche, Zentralheizung, Telefon, TV **Kreditkarten:** AE, MC, V **Geschlossen:** Mitte Nov. bis Mitte Dez.; Restaurant Mo, Di

Les Moulins du Duc

Das Hauptgebäude des Hotels war früher eine Mühle; die gut ausgestatteten Zimmer befinden sich in den auf dem Gelände verteilten zweistöckigen Häuschen. Frühstück gibt es auf der Terrasse am Teich. Das Urteil über die Küche:»absolut köstlich«; Schwimmbad im Haus.

■ 29116 Moëlan-sur-Mer (Finistère) **Tel.:** (02)98396073 **Fax:** (02)98397556 **Mahlzeiten:** Frühstück, Mittag- und Abendessen **Preise:** Zimmer 440-805 FF, Suiten 1100-1300 FF; Frühstück 55 FF, Menüs 150-350 FF, für Kinder 60 FF **Zimmer:** 27, alle mit Bad oder Dusche, Telefon, TV, Minibar **Kreditkarten:** AE, DC, MC, V **Geschlossen:** Mitte Jan. bis März

Auberge Saint-Pierre

Das beste der Hotels, die an der Hauptstraße von Frankreichs berühmtestem Touristenort aufgereiht sind. Der Speiseraum wirkt rustikal, die Zimmer (teils im Anbau mit vielen Treppen) sind geschmackvoll und bequem ausgestattet. Netter Service, einfache, gute Küche.

■ BP 16, 50116 Le Mont-St-Michel (Manche) **Tel.:** (02)33601403 **Fax:** (02)33485982 **Mahlzeiten:** Frühstück, Mittag- und Abendessen **Preise:** Zimmer 480-890 FF; Frühstück 50 FF, Abendessen 120-180 FF **Zimmer:** 20, alle mit Bad oder Dusche, Zentralheizung, Telefon, TV, Fön **Kreditkarten:** AE; V **Geschlossen:** von Dez. bis Febr.

Le Repaire de Kerroc'h

Hübsches Haus aus dem 18. Jh. in beneidenswerter Lage über dem Hafen von Paimpol. Geschmackvoll möbliert, gut ausgestattet, Bäder luxuriös. Ausgezeichnetes Frühstück. Neuer Chefkoch ist Louis Le Roy (Michelin-Stern). Zufriedene Berichte.

■ 29 Quai Morand, Port de Plaisance, 22500 Paimpol (Côtes-d'Armor) **Tel.:** (02)96205013 **Fax:** (02)96220746 **Mahlzeiten:** Frühstück, Mittag- und Abendessen **Preise:** Zimmer 290-580 FF; DB&B 790 FF (für 2 Personen); Frühstück 50 FF, Menüs 115-365 FF **Zimmer:** 13, alle mit Bad, Telefon, TV, Minibar **Kreditkarten:** MC, V **Geschlossen:** Jan. bis Mitte Febr.

Nordwesten

Villa am Meer, Perros-Guirec

Le Sphinx

Vom großen Haus über den Klippen hat man eine herrliche Aussicht auf die rosa Granitküste; der Speiseraum sowie die schönsten der geschmackvollen Zimmer sind mit Blick auf das Meer. Freundlicher Service, solide Küche, absolut ungestörte Nachtruhe.

■ Chemin de la Messe, 22700 Perros-Guirec (Côtes-d'Armor) **Tel.:** (02)96232542 **Fax:** (02)96912613 **Mahlzeiten:** Frühstück, Mittag- und Abendessen **Preise:** Zimmer 510-560 FF; Frühstück 45 FF, Menüs 130-290 FF **Zimmer:** 20, alle mit Bad oder Dusche, Zentralheizung, Telefon, Wecker, TV **Kreditkarten:** AE, MC, V **Geschlossen:** Jan. bis Mitte Febr.

Schloßhotel, Pléhédel

Château de Coatguélen

Eine entspannte, freundliche Atmosphäre herrscht in dem Schloß aus dem 19.Jh. Gut geeignet für Familien: Spielzimmer, Sportmöglichkeiten (u.a. eigener Golfplatz) und Wanderwege. Elegante Zimmer und Bäder.

■ Pléhédel, 22290 Lanvollon (Côtes-d'Armor) **Tel.:** (02)96553340 **Fax:** (02)96223767 **Mahlzeiten:** Frühstück, Mittag- und Abendessen **Preise:** Zimmer 450-950 FF; Frühstück 55 FF, Menüs 100-380 FF **Zimmer:** 17 (14 mit Bad, 3 mit Dusche), Zentralheizung, TV **Kreditkarten:** AE, DC, V **Geschlossen:** nie

---

Strandhotel, Raguenès-Plage

Chez Pierre

Ganz unprätentiöses Familienhotel mit solider Regionalküche (vorwiegend Meeresfrüchte). Prächtige Familienzimmer im modernen Anbau des Haupthauses (Jahrhundertwende) mit Einzelbetten auf der oberen und Doppelbetten auf der unteren Etage. Großer Garten; für Kinder frühes Abendessen.

■ Raguenès-Plage, 29139 Névez (Finistère) **Tel.:** (02)98068106 **Fax:** (02)98066209 **Mahlzeiten:** Frühstück, Mittag- und Abendessen **Preise:** Zimmer 185-410 FF; Frühstück 32 FF, Menüs 100-270 FF, für Kinder 75 FF **Zimmer:** 14 mit Dusche, 7 Einzelzimmer, alle mit Telefon **Kreditkarten:** MC, V **Geschlossen:** Okt. bis März

---

Landgasthof, La Roche-Bernard

Auberge Bretonne

Essen spielt in dem kleinen, einladenden Gasthof die Hauptrolle; die Leute kommen von weither, um bei Jacques Thorel (2 Michelin-Sterne) zu speisen. Prachtvoller Keller. Hübsche, ländliche Zimmer. Speiseraum rund um den Gemüsegarten.

■ 2 Place Duguesclin, 56130 La Roche-Bernard (Morbihan) **Tel.:** (02)99908000 **Fax:** (02)99909500 **Mahlzeiten:** Frühstück, Mittag- und Abendessen **Preise:** Zimmer 480-1400 FF; Frühstück 80 FF, Menüs 150-450 FF **Zimmer:** 8, alle mit Zentralheizung **Kreditkarten:** AE, MC, V **Geschlossen:** Mitte Nov. bis Anfang Dez.; 2 Wochen im Jan.

Nordwesten

Auberge des Deux Magots

In dem etwas düster wirkenden Steinhaus aus dem 17. Jh. ist man herzlich willkommen. Die Möbel des eleganten Speiseraums und der Zimmer sind zwar nachgemacht, passen aber zur hübschen Gesamtausstattung. Preiswerte Gerichte der Regionalküche.

■ 1 Place du Bouffay, 56130 La Roche-Bernard (Morbihan) **Tel.:** (02)99906075 **Fax:** (02)99908787 **Mahlzeiten:** Frühstück, Mittag- und Abendessen **Preise:** Zimmer 280-320 FF, Familienzimmer 380-480 FF; Frühstück 35 FF, Menüs 80-320 FF, für Kinder 50 FF **Zimmer:** 14, alle mit Bad oder Dusche, Telefon, Sat-TV **Kreditkarten:** MC, V **Geschlossen:** Restaurant So abend und Mo, außer an langen Wochenenden

---

Manoir du Rodoir

Das schlichte, von einem englischen Ehepaar geführte Haus wird vor allem von Golfern bevorzugt, die auf den guten Plätzen der südlichen Bretagne spielen wollen. Aber mit seiner friedlichen Waldlage, der entspannten Atmosphäre und vorzüglichen Küche sagt das Haus auch anderen Gästen zu.

■ Rte de Nantes, 56130 La Roche-Bernard (Morbihan) **Tel.:** (02)99908268 **Fax:** (02)99907622 **Mahlzeiten:** Frühstück, Mittag- und Abendessen **Preise:** Zimmer 350-490 FF, Suiten 800-950 FF; Frühstück 52 FF, DB&B 385-485 FF; Menüs 95-235 FF **Zimmer:** 26, alle mit Bad oder Dusche, Zentralheizung, Telefon, TV **Kreditkarten:** AE, MC, V **Geschlossen:** 1 Woche im Nov., 1 Woche im Dez.

Hôtel de la Cathédrale

Dieses alte, weitläufige Fachwerkhaus liegt nahe der Kathedrale am Ende einer Fußgängerzone. Die meisten schmucken Zimmer wurden nach und nach renoviert. Kein Restaurant im Haus, aber viele Gasthäuser ringsum. »Freundlicher Service, passables Frühstück.«

■ 12 Rue St-Romain, 76000 Rouen (Seine-Maritime) **Tel.:** (02)35715795 **Fax:** (02)35701554 **Mahlzeiten:** Frühstück **Preise:** Zimmer 270-355 FF; Frühstück 35 FF **Zimmer:** 24, alle mit Bad oder Dusche, Zentralheizung, Telefon, TV **Kreditkarten:** MC, V **Geschlossen:** nie

---

La Maurandière

In der Frühstückspension werden Wohn- und Speisezimmer der Mme Dupart mitbenutzt. Vor zehn Jahren wurde das reizende Bauernhaus in idyllischer Lage restauriert. Große, hübsch eingerichtete Zimmer. Im Sommer Frühstück im Garten.

■ 50150 Sourdeval (Manche) **Tel.:** (02)33596544 **Mahlzeiten:** Frühstück **Preise:** Zimmer 210 FF mit Frühstück **Zimmer:** 4, alle mit Bad oder Dusche, Zentralheizung **Kreditkarten:** MC **Geschlossen:** nie

Nordwesten

Landhotel, Trébeurden

Manoir de Lan-Kerellec

Obwohl Mitglied der Kette Relais & Château, ist man hier gar nicht hochgestochen; der schöne, gastliche Familiensitz steht zwischen Bäumen hoch über dem felsigen Ufer. Von allen Zimmern genießt man den Meeresblick. Sehr erholsam.

■ 22560 Trébeurden (Côtes-d'Armor) **Tel.:** (02)96235009 **Fax:** (02)96236688 **Mahlzeiten:** Frühstück, Mittag- und Abendessen **Preise:** Zimmer 500-2000 FF; Frühstück 70 FF, Menüs 140-350 FF **Zimmer:** 20, alle mit Bad, Zentralheizung, Telefon, TV **Kreditkarten:** AE, DC, MC, V **Geschlossen:** Mitte Nov. bis Mitte März; Restaurant nur Mo und Di Mittag außerhalb der Saison

---

Landhotel, Tréguier

Kastell Dinec'h

Über das hübsche alte Bauernhaus in einem Garten mit Bäumen gibt es begeisterte Berichte. Die Zimmer sind recht klein (weniger schön im Stalltrakt), aber bequem und elegant ausgestattet. »gutes« bis »ausgezeichnetes« Essen; geheiztes Schwimmbad.

■ Rte de Lannion, 22220 Tréguier (Côtes-d'Armor) **Tel.:** (02)96924939 **Fax:** (02)96923402 **Mahlzeiten:** Frühstück und Abendessen **Preise:** Zimmer 400-490 FF; Frühstück 55 FF; Menüs 120-310 FF **Zimmer:** 14, alle mit Zentralheizung, Telefon **Kreditkarten:** MC, V **Geschlossen:** Jan. bis Mitte März, letzte 2 Okt.-Wochen; Di abend und Mi außerhalb der Saison

---

Landhotel, Trégunc

Les Grandes Roches

Von der Straße sieht es wie andere schlichte Unterkünfte aus, doch in den weiten Blumengärten stehen hübsch hergerichtete landwirtschaftliche Gebäude mit einigen Zimmern. »Bequem, ruhig, freundlich und preiswert.« Was will man mehr?

■ Route des Grandes Roches, 29910 Trégunc (Finistère) **Tel:** (02)98972997 **Fax:** (02)98502919 **Mahlzeiten:** Frühstück, Abendessen; Mittagessen am Wochenende und an Feiertagen **Preise:** Zimmer 250-550 FF; Frühstück 45 FF; DB&B 290-450 FF, Menüs 98-250 FF **Zimmer:** 21, alle mit Bad oder Dusche, Zentralheizung, Telefon **Kreditkarten:** MC, V **Geschlossen:** Mitte Dez. bis Mitte Jan., Febr. an Feiertagen; Restaurant Mitte Nov. bis Ende März

---

Landgasthof, Trelly

La Verte Campagne

Pascal Bernou, der das Bauernhaus aus dem 18. Jh. von seinem früheren Chef gekauft hat, hat den damals angepeilten Michelin-Stern bekommen. Die Küche ist ausgezeichnet, die Bedienung manchmal langsam. Reizvolle, aber verschieden große Zimmer im Hauptgebäude; der Anbau ist weniger komfortabel.

■ Hameau Chevalier, 50660 Trelly (Manche) **Tel.:** (02)33476533 **Fax:** (02)33473803 **Mahlzeiten:** Frühstück, Mittag- und Abendessen **Preise:** Zimmer 260-380 FF, Menüs 140-350 FF **Zimmer:** 7, alle mit Zentralheizung, Telefon **Kreditkarten:** MC, V **Geschlossen:** 3 Wochen im Jan.; Restaurant So abend und Mo außerhalb der Saison

Ile-de-France

Einführung in die Region

Wir haben Paris und die umliegenden Departements der Ile de France zusammengefaßt, weil das vielen Besuchern entgegenkommt. Wer in dieser Gegend unterwegs ist und übernachten will, möchte vielleicht lieber außerhalb der Stadt bleiben. Wem es um Sehenswürdigkeiten oder einen romantischen Zwischenstop geht, der ist wahrscheinlich lieber im Herzen des Geschehens. Eine Übernachtung in Paris hat ebenso ihre Reize wie eine ländliche Bleibe, von der aus man die Stadt erkundet.

In Paris ist alles sehr nahe beieinander, deshalb spielt für viele Besucher die Lage des Hotels keine große Rolle, außer wenn sie die meiste Zeit z.B. im Louvre verbringen wollen. Doch was Atmosphäre und Charme der einzelnen Viertel angeht, gibt es große Unterschiede. Es empfiehlt sich deshalb, ein wenig Information über die verschiedenen Arrondissements einzuholen. Die ein- oder zweistelligen Ziffern am Ende der Pariser Postleitzahlen bezeichnen das Arrondissement (75006 bedeutet z.B. 6. Arrondissement).

Die Arrondissements sind, beginnend im Zentrum am rechten Seineufer (Norufer), im Uhrzeigersinn numeriert. Interessant sind vor allem die Innenstadtbereiche.

Das 1. Arrondissement ist die noble Gegend zwischen Place de la Concorde über den Louvre bis nach Les Halles; hier sind einige Hotels empfohlen. Nur eines (Gaillon Opéra) befindet sich im 2., und zwar nördlich, etwas weiter weg von der Seine; im 3. ist keines angegeben. Doch dann geht es wieder auf den Fluß zu, im 4. sind mehrere Hotels angegeben, und zwar im neubelebten Marais, östlich vom Centre Pompidou, und um Notre Dame. Auf der anderen Seite bilden das 5., 6. und 7. Arrondissement das linke Ufer mit dem Boulevard St. Germain als Hauptachse. Zwischen dem Jardin des Plantes im Osten und dem Eiffelturm im Westen liegen die meisten der genannten kleinen Hotels. Im 8., wieder auf der anderen Flußseite im Bereich der Champs-Elysées, sind gleich mehrere Hotels empfohlen. Außerhalb des Zentrums liegt der Schwerpunkt der Einträge im 9., 17. und 18. Arrondissement (Montmartre).

Pariser Telefonnummern
Wenn Sie von Paris aus eine Pariser Nummer wählen, lassen Sie die (01) weg. Von außerhalb muß sie aber mitgewählt werden. Beim Anruf aus der französischen Provinz wird eine 16 vorgewählt; dasselbe gilt auch für Anrufe aus Paris in die Provinz.

Bewerber in Paris
Paris, Relais Christine (01)43267180; preiswerte und bequeme Unterkunft in altem Kloster; Hof und Garten.
Paris, Hôtel Left Bank (01)43540170; gemütliches Hotel voll schöner Antiquitäten in bester Lage.
Paris, Hôtel Lido (01)42662737; bequemes, üppig ausgestattetes Hotel in der Nähe der Madeleine.
Paris, Hôtel du Panthéon (01)43543295; Hochglanz-Lobby, Frühstücksraum mit Gewölbe, saubere Zimmer.
Paris, Pavillon de la Reine (01)42779640; komfortables altes Haus mit viel Atmosphäre in bester Lage.
Paris, Hôtel Pergolèse (01)40679677; hypermodernes Design hinter strenger, klassischer Fassade.

Ile-de-France

Umgebaute Mühle, Flagy

Hostellerie du Moulin

In den letzten Jahren gab es viele positive Berichte von Besuchern dieser so fantasievoll umgebauten Mühle, die nur eine Stunde von Paris entfernt ist. Deshalb wollen wir ausführlicher darüber berichten.

Das Anwesen mit Tischen auf der Wiese am Fluß, der immer noch das Mühlrad dreht, ist wirklich idyllisch. Jenseits des gepflegten Gartens sind die Getreidefelder, von denen bis in die 50er Jahre das Korn kam, das in der Mühle gemahlen wurde. Die schweren Balken, Mühlräder und Flaschenzüge bilden den Blickfang im gemütlichen Aufenthaltsraum; die nach Getreidesorten benannten Zimmer sind so kurios, wie man es in einem solchen Haus erwarten kann. Es gibt genügend Platz, aber die Räume sind niedrig, so daß manche Gäste nur gebückt gehen können.

Das Essen ist gut, aber ein bißchen abenteuerlich; der letzte Bericht klang nicht ganz so begeistert. Da viele Engländer hierher kommen, ist die Karte zweisprachig. Claude Scheidecker ist seit mehr als 20 Jahren ein reizender Gastgeber, der für eine behagliche Atmosphäre sorgt. Die Preise sind erstaunlich günstig.

Umgebung: Schloß Fontainebleau; Sens (40 km) – Kathedrale

2 Rue du Moulin, 77940 Flagy
Tel.: (01) 60966789
Fax: (01) 60966951
Lage: im Dorf, 23 km sö von Fontainebleau, 10 km w von Montereau, Parkplatz
Mahlzeiten: Frühstück, Mittag- und Abendessen
Preise: Zimmer 260-500 FF; Frühstück 50 FF; Menüs 180-240 FF
Zimmer: 7 Doppelzimmer mit Bad; 3 Familienzimmer mit Bad; alle Zimmer mit Telefon

Anlage: Speiseraum, Bar, Salon; Fischen
Kreditkarten: AE, DC, MC, V
Kinder: willkommen
Behinderte: Zugang zum Speiseraum leicht, zu den Zimmern schwierig
Tiere: erlaubt
Geschlossen: 14.-26. Sept., Weihnachten, Anfang Jan.; So abend und Mo (ausgenommen einige Feiertage; geschlossen Mo abend und Di)
Besitzer: Claude Scheidecker

Ile-de-France

Stadthotel, Paris

Hôtel de l'Abbaye

Wenn wir Punkte zu vergeben hätten, bekäme dieses Haus gewiß die höchste Punktzahl. Es gibt kaum etwas zu bemängeln, wenn man davon absieht, daß die Standardzimmer recht klein sind (und im Vergleich mit den Aufenthaltsräumen noch kleiner wirken). Wer sich's leisten kann, sollte ein größeres Zimmer nehmen. Eines im Erdgeschoß hat sogar eine eigene Terrasse, ebenso die vier Doppel-Appartements. Buchen Sie rechtzeitig, denn das Haus ist meistens voll.

Gleich als wir das geschickt umgestaltete ehemalige Kloster betraten, fühlten wir uns gut aufgehoben. Das Hotel ist bekannt für seinen aufmerksamen, aber unaufdringlichen Service; das höfliche Personal ist sehr um die Gäste bemüht. Die Aufenthaltsräume sind gemütlich und dabei chic: einladende Sitzgruppen, Sofas und Sessel mit hübschen Stoffen bezogen, riesige Tischlampen und viele frische Blumen. Bei kühlem Wetter brennt das Kaminfeuer. Der Frühstücksraum/Bar muß einer der hübschesten von Paris sein. Die Einrichtung ist konservativ, an den Wänden hübsches Gitterwerk, reizende Vorhänge an den französischen Fenstern, durch die man in den großen Innenhofgarten mit Brunnen blickt. Das Haus ist wirklich sein Geld wert.
Umgebung: Jardin de Luxembourg; Blvd Saint-Germain

10 Rue Cassette, 75006 Paris
Tel.: (01)45443811
Fax: (01)45480786
Lage: unweit der Kreuzung mit der Rue de Meziers; Parken bei Saint-Sulpice; Metro Saint-Sulpice
Mahlzeiten: Frühstück
Preise: 900-1950 FF, inkl. Frühstück
Zimmer: 42 Doppelzimmer mit Bad; 4 Doppel-Appartements; alle Zimmer mit Telefon, TV, Klimaanlage, Fön
Anlage: 2 Salons, Frühstücksraum/Bar, Innenhofgarten
Kreditkarten: AE, MC, V
Kinder: willkommen
Behinderte: 2 Zimmer im Erdgeschoß
Tiere: nicht erlaubt
Geschlossen: nie
Besitzer: M. & Mme Lafortune

Ile-de-France

Stadthotel, Paris

Hôtel d'Angleterre

Eines der ruhigsten, behaglichsten und reizendsten kleinen Hotels in Paris; es liegt in einem Gebäude, das früher einmal die britische Botschaft beherbergte. 1783 weigerte sich Benjamin Franklin, es zur Unterzeichnung des Friedens von Paris zu betreten, weil hier sozusagen britisches Territorium war. So sind ihm die schönen Räume mit *trompe-l'œil*-Wandgemälden und der hübsche, stille Innenhofgarten entgangen.

Eine Atmosphäre von Ruhe und Weite herrscht in den Aufenthaltsräumen wie in den Zimmern, die ganz unterschiedlich, aber alle geräumig, elegant und komfortabel sind. Einer unserer Prüfer wohnte hier in einem Luxuszimmer mit dem größten und nobelsten Bad, das er je gesehen hatte (Vorbild dafür war das Ritz in London). Ein anderes Bad hat eine handbemalte Einrichtung, wobei das Becken in einen prachtvollen Waschtisch eingelassen ist. Ein Paar berichtet, daß sie im kleinsten Zimmer untergebracht waren, das zwar ein Doppelbett hat, aber meist als Einzelzimmer genutzt wird. So konnten sie das schöne Ambiente und den Service für wenig Geld genießen. Allerdings wurden sie an der Rezeption recht hochnäsig behandelt; die Managerin hingegen war sehr liebenswürdig.

Umgebung: Blvd Saint-Germain; Musée d'Orsay

44 Rue Jacob, 75006 Paris
Tel.: (01)42603472
Fax: (01)42601693
Lage: in der Rue de Jacob zwischen Rue Bonaparte und Rue Saints-Pères; Parken am Blvd Saint-Germain; Metro Saint-Germain-des-Près
Mahlzeiten: Frühstück
Preise: 600–1400 FF; Frühstück 50 FF
Zimmer: 24 Doppelzimmer mit Bad; 3 Appartements; alle mit Telefon, Kabel-TV, Klimaanlage, Fön, Safe
Anlage: Salon, Frühstücksraum, Bar, Innenhofgarten
Kreditkarten: AE, DC, MC, V
Kinder: willkommen
Behinderte: keine speziellen Einrichtungen
Tiere: nicht erlaubt
Managerin: Mme Michèle Blouin

Ile-de-France

Stadthotel, Paris

Hôtel de Banville

Das Haus aus den 30er Jahren bietet eine glückliche Kombination von Stil, Komfort und Mittelklasse-Preisen. Auch für Autofahrer günstig: Von der Périphérique ist der Boulevard Berthier leicht zu finden, und es gibt kaum Parkprobleme.

Die üppigen Blumenkästen und der helle Jugendstilbau – das Werk eines berühmten Architekten – wirken vielversprechend. Und man wird nicht enttäuscht, alles ist geschmackvoll, wenn nicht luxuriös. Im Empfang gibt es einen eleganten Sitzbereich mit Bar, wo abends oft ein Pianist spielt; ein weiterer gemütlicher Raum (mit antiken Möbeln und bequemen Sofas) kann abgeteilt werden – für Pariser Verhältnisse wirklich üppig.

Im Frühstücksraum herrscht Gartenatmosphäre. Helle Möbel und Dekorationen in den Zimmern geben den Räumen Weite; Antiquitäten, Blumenarrangements und mit Bedacht gewählte Details lassen alles sehr persönlich wirken. Die Schallisolierung ist gut, das Personal besonders freundlich. Das Haus wäre links der Seine gewiß viel teurer.

Umgebung: Arc de Triomphe; Champs-Elysées; Palais de Congrès.

166 Blvd Berthier, 75017 Paris
Tel.: (01) 42677016
Fax: (01) 44404277
Lage: Zubringerstraße vom Hauptboulevard, n des Arc de Triomphe; Parkmöglichkeit am Blvd Berthier, Parkhaus Metro Porte de Champerret
Mahlzeiten: Frühstück
Preise: Zimmer 635-922 FF; Frühstück 50 FF
Zimmer: 39 Doppelzimmer,

33 mit Bad, 6 mit Dusche; 2 Dreibett-, 1 Familienzimmer; alle mit Bad, Telefon, Klimaanlage, TV, Fön, Safe
Anlage: Bar, Salon, Lift
Kreditkarten: AE, MC, V
Kinder: willkommen
Behinderte: keine speziellen Einrichtungen
Tiere: erlaubt
Geschlossen: nie
Besitzerin: Mme Lambert

Ile-de-France

Stadthotel, Paris

Hôtel de la Bretonnerie

Das wirklich vornehme, mit viel Liebe und Stilgefühl umgebaute Stadthaus aus dem 17. Jh. liegt zwar mitten im malerischen und jetzt sehr in Mode gekommenen Marais, doch die Straße nahe dem Centre Pompidou ist recht heruntergekommen, die Gegend etwas unsicher. Im Innern aber ist alles still und friedlich.

Die Einrichtung wurde den massiven Holzdecken im ganzen Haus angepaßt (manches ist alt, anderes nachgemacht). Die kleinen Frühstücks- und Wohnräume mit lichten Steingewölben, eisernen Lampen, farbigen Dekorationen und glänzenden Steinfußböden vermitteln mittelalterliche Atmosphäre. Die Zimmer – hübsch, bequem und erstaunlich geräumig – sind ganz unterschiedlich. In manchen stehen die Betten erhöht, auf einer Art Galerie über dem Wohnbereich. Alle haben blitzblanke, moderne Bäder, so daß es den Gästen an nichts fehlt.

Vom freundlichen Personal wird man herzlich empfangen, selbst wenn alle Gäste auf einmal eintreffen.

Umgebung: Hôtel de Ville; Centre Pompidou; Les Halles

22 Rue Ste-Croix-de-la-Bretonnerie, 75004 Paris
Tel.: (01) 48877763
Fax: (01) 42772678
Lage: zwischen Rue des Archives und Rue Vielle du Temple; Parkplatz nahe dem Hôtel de Ville, Métro St-Paul/Hôtel de Ville/Rambuteau
Mahlzeiten: Frühstück
Preise: Zimmer 630-1100 FF; Frühstück 48 FF

Zimmer: 27 Doppelzimmer, 3 Familienzimmer; alle mit Bad, Telefon, TV, Fön, Safe
Anlage: Frühstücksraum, Lift
Kreditkarten: MC, V
Kinder: willkommen
Behinderte: keine speziellen Einrichtungen
Tiere: nicht erlaubt
Geschlossen: 4 Wochen Ende Juli/Aug.
Besitzer: M. Sagot

Ile-de-France

Stadthotel, Paris

Hôtel Degrés de Notre-Dame

Die meisten kleinen Hotels in Paris haben keinen Speiseraum; dieses macht eine Ausnahme. Es ist ein Familienbetrieb, wie man ihn in der französischen Provinz, aber kaum in der Stadt findet, ein Restaurant mit Zimmern. Das Restaurant wirkt wie eine schlichte Auberge, und entsprechend einfache Gerichte werden angeboten. Man kann hier auch jederzeit das Frühstück einnehmen: ganz frisches Brot, frisch gepreßten Orangensaft und guten Kaffee.

Das hölzerne Treppenhaus (Koffer werden vom Personal hinaufgetragen) ist mit Wandbildern geziert und führt zu den Zimmern mit Balkendecken, hübschen Holzmöbeln und Spiegeln, die preiswert, aber gut ausgestattet sind. Von einigen genießt man den Blick auf Notre-Dame; die Zimmer nach vorn sind die größten, haben Dreifachfenster (außer dem im 1. Stock). Besonders hübsch ist Nr. 24 mit einem großen Schreibtisch in der Mitte. Ganz anders das ausgebaute Dachgeschoß, das Japaner am liebsten mögen. Hier gibt es modernes Dekor, eine private Bar und ein riesiges Bad. Die Zimmer sind blitzsauber und mit frischen Blumen geschmückt (sonst eine Seltenheit in Paris).
Umgebung: Notre-Dame; Sainte-Chapelle; Musée de Cluny

10 Rue des Grands Degrés
75005 Paris
Tel.: (01) 43258838
Fax: (01) 40469534
Lage: winziger Platz an der Kreuzung mit der Rue Fréderic-Sauton; Parkplatz an der Place Maubert; Metro Saint-Michel
Mahlzeiten: Frühstück, Mittag- und Abendessen
Preise: 380-500 FF; Frühstück 30 FF; Menüs am Abend 67-145 FF
Zimmer: 10 Doppelzimmer mit Bad; alle mit Telefon, Fax/Modem-Anschluß, TV
Anlage: Restaurant, Bar
Kreditkarten: V
Kinder: willkommen
Behinderte: nicht geeignet
Tiere: erlaubt
Geschlossen: nie
Besitzer: M. Tahir

Ile-de-France

Hôtel Duc de St-Simon

Das luxuriöse Hotel liegt in einer eleganten Straße, etwas abseits vom Boulevard St-Germain. Zuerst blickt man durch zwei Paar französische Fenster jenseits des hübschen Hofs ins Innere des Hauses, das höchst einladend aussieht; es gibt einen schön möblierten, wohnlichen Salon mit privater Atmosphäre, auf die der schwedische Besitzer Wert legt, elegante, behagliche, individuell gestaltete Zimmer ohne jeden Schönheitsfehler. Die Zimmer mit Einzelbetten sind größer als die mit Doppelbetten. Überall sieht man prachtvolle Stoffe, prächtige Möbel, alte Spiegel und wohldurchdachte Farben. Besonders originell ist der mit Kelims ausgekleidete Lift.

Das weißgetünchte Haus aus dem 19. Jh. grenzt rückseitig an ein Gebäude des 18. Jh., das auch zum Hotel gehört; zwischen beiden liegt ein winziger, versteckter Garten, wo man auch frühstücken kann (oder in einer intimen Kellerbar). Das Personal ist nett und höflich. Der Hausprospekt weist darauf hin, daß es ganz in der Nähe zwei berühmte Cafés gibt (das Deux Magots und das Flore). Die Preise sind hoch, aber doch angemessen, vor allem im Vergleich mit anderen Hotels dieser Kategorie; Gun Karin Lalisse leitet das Haus mit viel Charme und Schwung.

Umgebung: Hôtel des Invalides, Musée d'Orsay, Rodin-Museum

14 Rue de St-Simon, 75007 Paris
Tel.: (01)44392020/Reservierung (01)42200752
Fax: (01)45486825
Lage: Zwischen Blvd St-Germain und Rue de Grenelle; Metro Rue du Bac/Solférino
Mahlzeiten: Frühstück, leichte Gerichte
Preise: 1025-1850 FF; Frühstück 70 FF

Zimmer: 29 Doppelzimmer, 28 mit Bad, 1 mit Dusche; 5 Suiten; alle Zimmer mit Telefon, Safe
Anlage: 2 Salons, Bar, Lift
Kreditkarten: keine
Kinder: willkommen
Behinderte: keine speziellen Einrichtungen
Tiere: nicht erwünscht
Geschlossen: nie
Besitzer: M. Lindqvist

Ile-de-France

Stadthotel, Paris

Hôtel Eber

Jean Marc Eber ist so bemüht wie immer um sein kleines Hotel, das er in den späten 80er Jahren übernahm, nachdem er ein Jahrzehnt in einem Pariser 4-Sterne-Hotel gearbeitet hat.

Das unauffällige Haus im Stil der Jahrhundertwende in einem ruhigen Wohnbezirk unweit der Champs Elysées, ganz in der Nähe des Parc Monceau, wird gut geführt und ist hübsch ausgestattet. M. Eber verbindet Herzlichkeit mit Professionalität und liebt das Besondere. Die Aufenthaltsräume sind winzig, aber gemütlich: ein kleiner, wohnlicher Bereich unweit der Rezeption und ein hübscher kleiner Hof. Hier wie dort, aber auch auf dem Zimmer kann man frühstücken. Die Zimmer sind unterschiedlich in Größe, Gestaltung und Preis; unser Prüfer hatte auch einen kleinen Wohnraum und eine zusätzliche Dusche. Einige sind sehr hoch, andere ziemlich klein, doch alle wirken dank neutraler Farben und elegant geblümter Vorhänge sehr hübsch. Das schönste Zimmer mit eigener Terrasse liegt ganz oben; zur Pariser Modewoche wohnen hier wichtige Leute der Modebranche. Motto des Hauses: »Fühlen Sie sich wie zu Hause« – genau das Richtige nach einem anstrengenden Pariser Tag.
Umgebung: Parc Monceau, Arc de Triomphe, Champs-Elysées

18 Rue Léon Jost, 75017 Paris
Tel.: (01)46226070
Fax: (01)47630101
Lage: in einem Wohngebiet nahe den Champs-Elysées; Parkplatz an der Rue de Courcelles; Metro Courcelles
Mahlzeiten: Frühstück
Preise: Zimmer 610-660 FF, Suiten 1000-1300 FF; Frühstück 50 FF
Zimmer: 18 Doppelzimmer (3 mit Einzelbetten) mit Bad; alle Zimmer mit Zentralheizung, Kabel-TV, Telefon, Minibar, Fön
Anlage: einige Zimmer mit Wohnecke
Kreditkarten: AE, DC, MC, V
Kinder: willkommen
Behinderte: keine speziellen Einrichtungen
Tiere: erlaubt
Geschlossen: nie
Besitzer: Jean Marc Eber

Ile-de-France

Hôtel Ermitage

Nur eine nüchterne Tafel an der Wand weist darauf hin, daß sich hier ein Hotel befindet. Zuerst kommt man in einen kleinen Empfangsraum in Gold und Creme, an den sich eine dunkelblaue Halle mit rotem Teppichboden und vielen Teppichen darauf anschließt. Von der Rezeption aus sieht man eine reizende Küche mit lothringischem Fayence-Ofen (hier wird das Frühstück angerichtet, das man im Zimmer serviert bekommt); dahinter eine kleine Terrasse. Im Erdgeschoß gibt es auch noch ein altmodisches Gesellschaftszimmer mit grünen Samtvorhängen, vielen Antiquitäten und Fotos. Das Hotel hat aber noch weitere Überraschungen zu bieten; sie beginnen in der Halle und setzen sich an den Wänden nach oben, an Türen, Glaspaneelen, Rahmen fort: die reizvoll schattierten Wandbilder und Malereien des Künstlers Du Buc; die Szenen vom Montmarte in der Rezeption hat er als alter Mann 1986 gemalt.

Das freundliche, nostalgische Ambiente ist eine Schöpfung von Maggie Canipel, der reizenden *patronne*. Die Zimmer mit ihrem altväterlichen Charme sind groß und hell, haben Blumentapeten, Spitzengardinen und große *armoires*. Im Erdgeschoß liegt die schattige Terrasse mit Blick auf den Osten von Paris. Die Bäder sind klein, viele haben eine Mini-Wanne mit Dusche.
Umgebung: Sacré Cœur, Place du Tertre

24 Rue Lamarck
75018 Paris
Tel.: (01)42647922
Fax: (01)42641033
Lage: am Ostende der Rue Lamarck, unweit von Sacré Cœur; Parkplatz in einer nahen Privatgarage; Metro Lamarck Caulaincourt
Mahlzeiten: Frühstück
Preise: 330–680 FF, inkl. Frühstück

Zimmer: 12 Doppelzimmer, 1 Familienzimmer; 11 Zimmer mit Bad und Dusche; alle mit Telefon, Fön
Anlagen: Salon
Kreditkarten: keine
Kinder: willkommen
Behinderte: 2 Zimmer im Erdgeschoß
Tiere: erlaubt
Geschlossen: nie
Besitzerin: Maggie Canipel

Ile-de-France

Stadthotel, Paris

Hôtel de Fleurie

Ein zu Recht beliebtes, geradezu musterhaftes Hotel mit viel Charme, Schwung und modernem Komfort. Familie Marolleau, die früher die bekannte Brasserie Balzar im Quartier Latin betrieb, hat es vor sieben Jahren renovieren lassen. Es verbindet gepflegtes Aussehen (eine hübsche, abends elegant beleuchtete Fassade mit Statuen in den Nischen) mit viel Behaglichkeit. Genauso wollen es die tatkräftigen Besitzer – Eltern und zwei Söhne – führen; alles ist frisch, sauber und gepflegt.

In der Rezeption mit Terrakottaboden fällt sofort ein herrlicher Fayence-Ofen auf, den Madame Marolleau auf dem Flohmarkt von Saint-Antoine aufgetrieben hat. Im anschließenden Salon mit Balkendecke und Teilen der alten Mauern gibt es eine intime Bar und kleine Tische mit provenzalischen Tischtüchern. Der Frühstücksraum im Untergeschoß, wo ein üppiges Frühstück serviert wird, ist geschickt beleuchtet und genauso gemütlich.

Auch die Zimmer mit ihren hübschen, gebauschten Vorhängen, holzgetäfelten Wänden und Grastapeten, Stilmöbeln und bequemen Betten sind sehr freundlich. Überall stehen frische Blumen. Die Bäder in rosa Marmor sind gut ausgestattet, es gibt dicke Handtücher auf geheizten Ständern und Bademäntel.
Umgebung: Saint-Sulpice, Jardin de Luxembourg

32 Rue Grégoire-de-Tours
75006 Paris
Tel.: (01) 43295981
Fax: (01) 43296844
Lage: zwischen Blvd Saint-Germain und Rue des Quatre-Vents; Parkplatz in der Rue l'Ecole de Médecine; Metro Mabillon, Odéon
Mahlzeiten: Frühstück
Preise: 650-1200 FF; Frühstück 50 FF

Zimmer: 29; alle mit Bad oder Dusche; alle mit Telefon, TV, Fax/Modem-Anschluß, Klimaanlage, Minibar, Fön, Safe
Anlage: Salon, Bar, Frühstücksraum, Lift
Kreditkarten: AE, DC, MC, V
Behinderte: keine speziellen Einrichtungen
Tiere: keine
Geschlossen: nie
Besitzer: Familie Marolleau

Ile-de-France

Hôtel du Jeu de Paume

Wir stellen nicht weniger als vier Hotels in der wunderschönen Rue Saint-Louis-en-l'Ile vor; während alle anderen gemütlich sind, besticht dieses vor allem durch seine Originalität.

Wie der Name verrät, befand sich auf dem Gelände ein *jeu-de-paume*-Platz aus dem 17. Jh.; damals war das »Palmenspiel«, ein Vorläufer von Tennis, in Mode. Als die Hotelbesitzer es vor zehn Jahren gekauft hatten, war es ein heruntergekommenes Kaufhaus. M. Prache ist Architekt und hat das Geheimnis des Gebäudes gelüftet, indem er seinen Kern von unten bis hinauf ins Dach freilegte. Dabei kamen die alte Fachwerkkonstruktion und die Hängeböden um einen zentralen Brunnen ans Licht. Der Eindruck von Licht und Transparenz wird noch durch den gläsernen Lift und die Glasbalustraden um die oberen Geschosse verstärkt. Die dicken Steinmauern und Balken vermitteln den Eindruck von Rustikalität. Der Sitzbereich gleich beim Eingang mit Ledersofas, gedämpftem Licht und schönem Kamin sieht aus wie eine anspruchsvolle Privatwohnung. An der Rezeption zupft das schicke Personal die Designerschals zurecht und verhandelt kühl und geschäftsmäßig mit den Gästen, während ein vornehmer Schäferhund herumtrottet. Madame Prache ist ganz reizend. Die Zimmer sind recht klein, aber angenehm.

Umgebung: Marais, Notre-Dame, Quartier Latin

54 Rue Saint-Louis-en-l'Ile
75004 Paris
Tel.: (01) 43261418
Fax: (01) 40460276
Lage: auf der Hälfte der Inselhauptstraße, nahe der Kreuzung mit Rue des Deux Ponts; Parkplatz Pont Marie; Metro Pont Marie, Cité
Mahlzeiten: Frühstück
Preise: 820-2490 FF; Frühstück 80 FF

Zimmer: 32, alle mit Bad und Telefon, Sat-TV, Fön
Anlage: Frühstücksraum, Salon, Bar, Innenhofgarten, Sauna, 2 Konferenzräume, Lift
Kreditkarten: AE, DC, MC, V
Kinder: willkommen
Behinderte: Zugang schwierig
Tiere: erlaubt, 50 FF pro Tag
Geschlossen: nie
Besitzer: M. und Mme Prache

Ile-de-France

Stadthotel, Paris

Hôtel Mansart

Nur einen Steinwurf vom Ritz entfernt liegt das ausgezeichnete Mansart mit geräumigen Zimmern, die an freundlichere Zeiten erinnern, aufmerksamen Service und mäßigen Preisen. Zum Glück sind trotz der jüngsten Renovierung die gediegenen Proportionen erhalten geblieben. Die große, moderne Halle mit Marmorboden und geometrischen Mustern an den Wänden, die auf Mansarts Entwürfe für den Park von Versailles zurückgehen (er war auch der Erbauer der Place Vendôme), ist eindrucksvoll. Der Stil der Zimmer aber ist ein ganz anderer. Trotz der neuen Ausstattung wirken sie würdig und ein wenig altmodisch. Wunderschön ist Nr. 205 mit eigener Diele, die zu einem großen Zimmer mit altem Spiegel-*armoir* und prächtigen Drucken an den weißen Wänden (und hervorgehobenen Goldpaneelen) führt; es wirkt wie eine kleine Wohnung. Das separate Bad hat, wie alle Bäder, einen hübschen Boden. Etwas preiswerter, aber dennoch stattlich ist Nr. 212, ein riesiger Raum mit Platz für Tisch und Sessel, mit großen, vergoldeten Spiegeln, schönen Vorhängen, getäfelten Wänden und einem grünweißen Bad – für 800 FF wirklich preiswert. Zwei oder drei Einzelzimmer sind allerdings winzig. Der Frühstücksraum mit farbigen Fenstern und Marmorkamin wirkt sehr elegant.

Umgebung: Place Vendôme, Opéra Garnier, Place de la Concorde

Rue des Capucines
75001 Paris
Tel.: (01)42615028
Fax: (01)49279744
Lage: an der Ecke zur Place Vendôme; Parkplatz Place Vendôme; Metro Opéra, Madeleine
Mahlzeiten: Frühstück
Preise: 530-1500 FF; Standard-Doppelzimmer 830 FF
Zimmer: 57, davon 50 Doppelzimmer mit Bad, 3 mit Dusche; 4 Einzelzimmer, alle mit Bad; alle Zimmer mit Telefon, Minibar, Sat-TV, Fön, Safe
Anlage: Salon, Bar, Lift
Kreditkarten: AE, DC, MC, V
Kinder: willkommen
Behinderte: keine speziellen Einrichtungen
Tiere: nicht erlaubt
Geschlossen: nie
Besitzer: M. Dupaen

Ile-de-France

Stadthotel, Paris

Hôtel de Nice

Ein herrlich verschrobenes 2-Sterne-Hotel, das aber genauso komfortabel und zweimal so lustig ist wie andere, teurere 3-Sterne-Häuser. Wir halten es für eine Entdeckung und waren kein bißchen enttäuscht von dem, was hinter der leuchtend türkisblauen Tür und dem engen, gewundenen Treppenhaus liegt.

Das Nice ist der entzückende Einfall von zwei Profis mit ehemals hochfliegenden Plänen, die beide gern sammeln und Spaß haben. Das Ergebnis ihrer Hobbys sieht man überall; unzählige alte Graphiken und Drucke, vor allem von Paris, Spiegel, alte Türen, Postkarten. Das Ganze ist ein reizendes, sehr persönliches Ambiente. Der getäfelte Salon zum Beispiel, in dem man auch frühstücken kann, erweist sich als ein harmonisches Durcheinander von Farben, Stoffen (die Decke ist mit indischer Baumwolle bespannt) und Möbeln (Antikes, Bemaltes, Modernes und Gartenmobiliar). Die Tapeten mit Dessins des 18. Jh. lassen die Zimmer nett und frisch erscheinen; dazu kommen die auffallenden Bettdecken aus indischer Baumwolle und die Türen und Fußleisten in Türkis, Orange und Rot. Zwei Dachzimmer mit eigenen kleinen Balkonen sind besonders reizvoll. Von anderen blickt man auf einen netten Platz. Es gibt hier wenig Luxus (kein TV), dafür aber viel Charakter.

Umgebung: Marais, Les Halles, Ile Saint-Louis, Notre-Dame

42 Rue de Rivoli
75004 Paris
Tel.: (01) 42785529
Fax: (01) 42783607
Lage: an der Ecke der Rue de Rivoli und dem kleinen Platz der Rue du Bourg Tibourg; Metro Hôtel de Ville
Mahlzeiten: Frühstück
Preise: 350-400 FF; Frühstück 30 FF
Zimmer: 23; 5 mit Bad, 12 mit Dusche; 5 Einzelzimmer, 3 mit Bad, 2 mit Dusche; 1 Familienzimmer; alle mit Telefon, Fön
Anlage: Salon, Lift
Kreditkarten: MC, V
Kinder: willkommen
Behinderte: keine speziellen Einrichtungen
Tiere: erlaubt
Geschlossen: nie
Besitzer: M. und Mme Vaudoux

Ile-de-France

Hôtel Parc Saint-Séverin

Von den vielen in diesem Führer beschriebenen Zimmern ist der Verfasserin Nr. 70 im Hôtel Parc Saint-Séverin das liebste. Auch wenn es teuer ist, wird man es einem Standard-Doppelzimmer im Pavillon de la Reine (S. 60) oder im Relais Christine (S. 61) vorziehen; beide kosten noch 200 FF mehr. Natürlich sind das höherklassige Hotels, aber dieses Zimmer ist etwas Besonderes: eine helle, anspruchsvolle, schön eingerichtete Penthouse-Suite mit Terrasse rundherum; von hier bietet sich eine atemberaubende Aussicht über die Dächer von Paris, bis zum Eiffelturm in der einen, bis Sacré-Cœur in der anderen Richtung. Hier an einem Sommermorgen zu frühstücken ist eine Wonne. Nicht so teuer, aber dennoch eindrucksvoll sind zwei weitere Zimmer, die eine Terrasse über drei Seiten haben. Weiter unten sind die Zimmer Nr. 50 und Nr. 12 groß und stilvoll. Die übrigen, in Pastellfarben gehalten und mit meist grauen, modernen Möbeln ausgestattet, wirken angenehm, aber nicht aufregend. Die Bäder sind weiß, geräumig und haben große Becken. Der große Empfangsraum unten, mit Rezeption, Frühstücksbereich und Sitzgruppen, wirkt enttäuschend: modische Farben (Grau, Rosa, Flieder), abstrakte Bilder und eine minimalistische, nicht sehr einfallsreiche Ausstattung.

Umgebung: Notre-Dame, Sainte-Chapelle, Musées de Cluny

22 Rue de la Parcheminerie
75005 Paris
Tel.: (01) 43543217
Fax: (01) 43547071
Lage: in der Fußgängerzone bei Saint-Séverin und der Rue des Prêtres Saint-Séverin; Parkplatz Rue Lagrange; Metro Saint-Michel
Mahlzeiten: Frühstück
Preise: 500-1500 FF; Suite 1500 FF

Zimmer: 22 Doppelzimmer, 1 Familienzimmer, 4 Einzelzimmer, alle mit Bad; alle mit Telefon, z.T. mit Klima
Anlage: Lift
Kreditkarten: AE, DC, MC, V
Kinder: willkommen
Behinderte: keine speziellen Einrichtungen
Tiere: nicht erlaubt
Geschlossen: nie
Manager: M. Lebouc

Ile-de-France

Stadthotel, Paris

Pavillon de la Reine

Dieses Haus, das etwas abseits der großartigen Place des Vosges liegt und das man durch einen stillen Innenhofgarten erreicht, ist für uns die perfekte Unterkunft in Paris. Wie das Schwester-Hotel Relais Christine wird es von einem engagierten Team von Profis geführt. Allerdings fehlt hier die Intimität eines kleinen, feinen Hotels (mit 55 Zimmern ist es eines der größten in diesem Führer, aber alles wirkt sehr überschaubar).

Das elegante Anwesen aus dem 17. Jh. war früher die Residenz der Anna von Österreich, der Frau Ludwigs XIII. Vor mehr als 10 Jahren wurde es vor dem Verfall gerettet und wirkt jetzt wie ein aristokratischer Landsitz. Es hat eine eindrucksvolle Halle, einen schön getäfelten Salon mit bequemen Ledersofas und riesigem offenem Kamin, einen Frühstücksraum mit Deckengewölbe und zwei blumengeschmückte Höfe. Ein wenig störend fanden wir die allgegenwärtigen Drucke alter Meister an den Wänden. Man erzählte uns, daß in einem anderen Hotel ein teures Original-gemälde von einem Gast gegen eine Kopie ausgetauscht wurde; die Kopien störten uns dennoch. Nach oben kommt man mit dem Lift, der durch *trompe l'œil*-Malerei geschickt kaschiert ist; Zimmer und Suiten sind elegant, gepflegt und einigermaßen luxuriös; nette Details sorgen für eine persönliche Atmosphäre.
Umgebung: Musée Carnavalet, Musée Picasso, Notre-Dame

28 Place des Vosges
75003 Paris
Tel.: (01)42779640
Fax: (01)42776306
Lage: Nordseite der Place des Vosges; kostenlose Privatgarage; Metro Saint-Paul
Mahlzeiten: Frühstück; kleine Mahlzeiten auf dem Zimmer
Preise: 1300-2700 FF; Frühstück 95 FF, englisches Frühstück 140 FF

Zimmer: 55, alle mit Bad und Dusche; alle mit Telefon, TV, Klimaanlage, Minibar, Fön
Anlage: Salon, 2 Innenhof-gärten, Lift, Garage
Kreditkarten: AE, DC, MC, V
Kinder: willkommen
Behinderte: Zimmer im Erd-geschoß
Tiere: erlaubt
Geschlossen: nie
Manager: M. Sudre

Ile-de-France

Stadthotel, Paris

Hôtel Relais Christine

Das Haus war früher das renommierteste Hotel des *sixième*. In den 80er Jahren mieteten Firmen gleich ganze Etagen und fragten nicht nach dem Preis. Da man heute preisbewußter ist, steht das Hotel mit weniger teuren Häusern im Wettbewerb um denselben Kundenkreis. Wenn Sie sich die Preise leisten können, werden Sie gewiß nicht enttäuscht. Hier herrscht das gediegene, luxuriöse Flair eines Grandhotels, auch wenn alles viel intimer ist; in dieser Hinsicht kann nur das Schwesterhotel Pavillon de la Reine mithalten.

Das Relais Christine, das man durch einen hübschen Hof betritt, ist eine Oase würdevoller Ruhe. Die Empfangshalle mit Steinfußboden und Orientteppichen hat noch die ursprüngliche Balkendecke. Im hübschen, vertäfelten Salon vermittelt ein Tisch mit Getränken zur Selbstbedienung einen privaten Eindruck. Spuren der mittelalterlichen Vergangenheit des Hauses sind im gewölbten Frühstücksraum mit riesigem Herd und einer zentralen Säule sichtbar. Die Zimmer wirken dezent luxuriös mit viel Stauraum, schönen Bildern und Bädern, in denen man sich gern aufhält. Sie sind durchwegs groß genug, vor allem die Doppelräume.

Umgebung: Blvd Saint-Germain, Ile de la Cité, Quartier Latin

3 Rue Christine
75006 Paris
Tel.: (01) 43267180
Fax: (01) 43268938
Lage: in einer ruhigen Straße zwischen Rue Dauphine und Rue des Grands Augustins; kostenlose Privatgarage; Metro Odéon
Mahlzeiten: Frühstück
Preise: 1630-3100 FF; Frühstück 95 FF

Zimmer: 38 Doppelzimmer, 13 Suiten; alle mit Bad, Telefon, TV, Klimaanlage, Fön
Anlage: Salon, Frühstücksraum, Bar, Sitzungszimmer, Lift, Garage
Kreditkarten: AE, DC, MC, V
Kinder: willkommen
Behinderte: Zugang schwierig
Tiere: erlaubt
Geschlossen: nie
Manager: M. Monnin

Ile-de-France

Stadthotel, Paris

Le Relais du Louvre

In einer stillen Seitenstraße, nicht weit vom Louvre und von der Seine, steht dieses anspruchsvolle kleine Hotel und ist ein Beweis dafür, daß man mit geschickter Hand auch aus Allerweltszimmern etwas Reizvolles und Einladendes machen kann. Die meisten sind Standardzimmer von gerade annehmbarer Größe, manche haben allerdings Balkendecken und Fenster bis zum Boden. Von unserem kleinen, aber besonders gemütlichen Zimmer mit rosa Hortensien-Bettdecke und -Vorhängen, eleganten Schreib- und Nachttischen und schönen Lampen bot sich der Blick auf die Dächer und Wasserspeier von Saint-Germain-l'Auxerrois. An den Wänden Modebilder des 19. Jh.; das TV kann man in dem Kasten, auf dem es steht, verschwinden lassen. Im Marmorbad reichlich bemessene Handtücher. Das Frühstück wird im Zimmer serviert. Unten bestimmt ein eleganter Empfangsraum mit Balkendecke und einem polierten antiken Tisch, der als Pult dient, den Stil des Hauses.

Die Zimmer sind geschickt angeordnet; zwei liegen hinter einer gemeinsamen Eingangstür; von zwei Zimmern unten hat man Zugang zu einem kleinen Innenhof. Die Managerin und ihr verschworenes Personal möchten es den Gästen zu möglichst günstigem Preis so behaglich wie möglich machen.

Umgebung: Louvre, Ile de la Cité, Warenhaus Samaritaine

19 Rue des Prêtres-Saint-Germain-l'Auxerrois
75001 Paris
Tel.: (01)40419642
Fax: (01)40419644
Lage: in Seitenstraße parallel zum Quai du Louvre; Parkplatz gegenüber; Metro Pont Neuf, Louvre, Rivoli
Mahlzeiten: Frühstück
Preise: 600-1450 FF; Frühstück 50 FF

Zimmer: 18 Doppelzimmer mit Bad; 5 Einzelzimmer mit Dusche; 2 Junior-Suiten; alle mit Telefon, TV, Fön, Safe
Anlage: Lift
Kreditkarten: AE, DC, MC, V
Kinder: willkommen
Behinderte: 2 Zimmer im Erdgeschoß
Tiere: erlaubt
Geschlossen: nie
Managerin: Sophie Aulnette

Ile-de-France

Stadthotel, Paris

Le Relais Saint-Germain

Unwiderstehlich ist dieses Hotel – wenn Sie es sich leisten wollen: ein prächtiges Haus aus dem 17. Jh., dessen etwas verkrampft wirkende Aufenthaltsräume (allerdings mit schönen Spiegeln und prächtigem Dekor) gar nicht auf die herrlich großzügigen Zimmer oben schließen lassen. Angesichts der Preise sollte man bedenken, daß das, was anderswo bereits eine Junior-Suite ist – nämlich ein Zimmer mit eigenem Wohnbereich –, hier als Standard-Doppelzimmer gilt. Die Luxuszimmer in diesem Hotel sind unglaublich: französische Fenster mit Blick auf die Straße, phantastische Antiquitäten, pralle Sofas, herrliche Stoffe und ausgesucht schöne Drucke und Bilder. In einem Zimmer prangt ein Paar steinerner Engel, die aus einer mittelalterlichen Kapelle stammen, in einem anderen stehen zwei gleiche, sehr schöne Bücherschränke. Die Suite ganz oben ist in elegantem Gelb gehalten, an den Wänden Schwarzweißdrucke, dazu die alten Balken und eine winzige Sonnenterrasse.

Morgens fällt die Entscheidung schwer, ob man im Bett oder im Café nebenan frühstücken möchte, das bis Mittag den Hausgästen vorbehalten ist. Hier genießt man zugleich das Ambiente eines Cafés der 30er Jahre, in dem Hemingway, Picasso u.a. verkehrten, und den perfekten Hotelservice.

Umgebung: Blvd Saint-Germain, Saint-Sulpice, Quartier Latin

9 Carrefour de l'Odéon
75006 Paris
Tel.: (01) 43291205
Fax: (01) 46334530
Lage: unweit Blvd Saint-Germain, Ecke Rue Monsieur Le Prince; Parkplatz Rue l'Ecole de Médecine; Metro Odéon
Mahlzeiten: Frühstück
Preise: 1280-1950 FF, inkl. Frühstück
Zimmer: 21, 1 Suite, alle mit

Bad, Telefon, Kabel-TV, Video, Fax/Modem-Anschluß, Klimaanlage, Minibar, Fön, Safe
Anlage: 2 kleine Salons, Frühstücksraum/Bar, Lift
Kreditkarten: AE, DC, MC, V
Kinder: willkommen
Behinderte: nicht geeignet
Tiere: erlaubt
Geschlossen: nie
Besitzer: Alexis Laipsker

Ile-de-France

Hotel Le Saint-Gregoire

Schickes, aber recht teures kleines Hotel in einem hohen Stadthaus des 18. Jh., das François de Bené mit viel Charme leitet. Christian Badin von David Hicks hat es ausgestattet: blaßrosa Wände, kastanienbraune Teppiche, Pfirsichvorhänge sowie schneeweiße Leinen-Bettdecken und Sesselbezüge schaffen eine behagliche Atmosphäre. An kühlen Nachmittagen brennt im Salon, der mit Antiquitäten und allerlei Nippes (von Mme Bouvier gesammelt) ausgestattet ist, das Kaminfeuer. Das Dekor reicht vom Korb mit Tannenzapfen bis zu einem Zinntisch mit italienischer Szenerie; doch die Einrichtung wechselt mit dem Angebot von Flohmärkten und Antiquitätenläden. Wandgitter und hohe Fenster, die in den kleinen Innenhofgarten voller Blumen und Farn führen, lassen diesen Teil des Salons wie einen Wintergarten wirken.

Harmonische Farben findet man auch in den hübschen, mit alten Kommoden, Tischen und Spiegeln ausgestatteten Zimmern im oberen Bereich des Hauses vor; zwei Zimmer haben eigene Terrassen. Die Bäder sind weiß, klein, aber sehr schick. Der unumgängliche Frühstücksraum im Keller ist mit dem gewebten Teppich, den geflochtenen Stühlen und allerlei Körben an den Wänden besonders hübsch.

Umgebung: Musée Bourdelle, Jardin du Luxembourg

43 Rue de l'Abbé-Grégoire
75006 Paris
Tel.: (01)45482323
Fax: (01)45483395
Lage: zwischen Blvd Raspail und Blvd du Montparnasse; Parkplatz Rue de l'Abbé-Grégoire (bei Vorbestellung Garage); Metro St-Placide/Rennes
Mahlzeiten: Frühstück
Preise: Zimmer 790-1390 FF;

Frühstück 60 FF
Zimmer: 20, alle mit Bad, Telefon, TV, Klimaanlage, Fön
Anlage: Salon, Frühstücksraum, Lift
Kreditkarten: AE, DC, MC, V
Kinder: willkommen
Behinderte: keine speziellen Einrichtungen
Tiere: nur Kleintiere erlaubt
Geschlossen: nie
Besitzer: M. Bouvier

Ile-de-France

Hôtel Saint-Merry

Eines der reizvollsten kleinen Hotels in Paris! Das Haus mit den schweren Balkendecken, mächtigen weißen Mauern, schmiedeeisernen Lampen und geschnitzten neogotischen Möbeln hat eine ganz eigene, feierliche mittelalterliche Atmosphäre. Alles ist schlicht und schön. Die meist kleinen Zimmer und Bäder sind makellos. Es gibt keine größeren Aufenthaltsräume, das Frühstück wird in einer winzigen Küche angerichtet und auf dem Zimmer serviert. Man erreicht die Zimmer über eine Wendeltreppe. Nur 3 Bäder haben eine Wanne; TV und Minibar gibt es nirgends.

Aus dem ehemaligen Presbyterium der benachbarten Kirche St-Merry wurde nach der Revolution von 1789 ein Privathaus, zeitweilig ein Bordell, das der engagierte Besitzer Christian Crabbe in den 60er Jahren vor dem Verfall rettete und zum Hotel umbaute. Berühmt ist Zimmer 9, in das ein mächtiger Strebepfeiler der Kirche ragt und wie ein Baldachin das Bett überspannt. In den Zimmern 12 und 17 stehen bemerkenswerte Betten. Selbst nach 35 Jahren gibt es immer noch etwas zu tun. Kürzlich entstand ganz oben eine entzückende Suite mit riesigem Kamin und reizendem Bad.

Umgebung: Notre Dame, Centre Pompidou, Les Halles

78 Rue de la Verrerie, 75004 Paris
Tel.: (01) 42781415
Fax: (01) 40290682
Lage: in einer Fußgängerzone Ecke Rue de la Verrerie und Rue Saint-Martin; Parkplatz am Hôtel de Ville; Metro Hôtel de Ville
Mahlzeiten: Frühstück
Preise: Zimmer 400-1500 FF; Frühstück 50 FF

Zimmer: 11 mit Bad, 8 mit Dusche, 2 ohne WC; 2 Familienzimmer mit Dusche; 1 Suite; alle Zimmer mit Telefon, Fön
Anlage: kleine Sitzgruppe
Kreditkarten: keine
Kinder: willkommen
Behinderte: nicht geeignet; kein Lift
Tiere: erlaubt
Geschlossen: nie
Besitzer: Christian Crabbe

Ile-de-France

Hôtel Saint-Paul

Wir mögen dieses Hotel und empfehlen es auch weiter. Die Familie ist seit Generationen mit Erfolg in der Gastronomie tätig. Die Besitzerin heiratete einen Engländer, und jetzt hat bereits die liebenswürdige Tochter Marianne Hawkins mit viel Geschick die Fäden in der Hand (zusammen mit der Katze ihres Vaters).

1987 wurde das Haus aus dem 17. Jh. renoviert. Die Aufenthaltsräume wirken unaufdringlich vornehm mit ihren Balkendecken, den steinernen bzw. farbig getünchten Wänden, indischen Teppichen, ländlichen und *haute-époque*-Antiquitäten, dunkelrosa Vorhängen und grünrosa karierten Sesseln. Gegenüber vom Eingang liegt hinter einer Glaswand ein schöner, gepflegter Innenhofgarten. Der Frühstücksraum im Keller ist mit den hochlehnigen Gobelinstühlen und runden Holztischen besonders elegant. Nicht nur der Eingangsbereich, auch die Zimmer wirken ländlich. Alle sind unterschiedlich dekoriert, die Wände mit Chinaleinen bespannt oder in hellen Farben getüncht; hübsche, gut beleuchtete Bäder in bräunlichem oder rötlichem Marmor. Unser Zimmer ganz oben, mit Blick über die Dächer, war sehr behaglich. Andere haben Himmelbetten oder Messingbettgestelle. Das Haus wird gut geführt; ein Vergnügen, hier zu wohnen.
Umgebung: Quartier Latin, Musée de Cluny, Jardin de Luxembourg

43 Rue Monsieur Le Prince 75006 Paris
Tel.: (01)43269864
Fax: (01)46345860
Lage: im Bereich zwischen Rue Racine und Rue de Vaugirard; Parkplatz in der Rue l'Ecole de Médecine, Rue Soufflot; Metro Odéon
Mahlzeiten: Frühstück
Preise: 565-1065 FF; Frühstück 48 FF; englisches Frühstück 68 FF
Zimmer: 31; alle mit Bad oder Dusche, Telefon, Sat-TV, Klimaanlage, Minibar, Fön, Safe
Anlage: Salon, Lift
Kreditkarten: AE, DC, MC, V
Kinder: willkommen
Behinderte: 1 Zimmer im Erdgeschoß
Tiere: erlaubt
Geschlossen: nie
Besitzer: Familie Hawkins

Ile-de-France

Stadthotel, Paris

Hôtel Le Sainte-Beuve

Alles wirkt sehr diskret und unaufdringlich in diesem schlichten Hotel mit einem Hauch von Luxus: cremefarbene Wände, kostbare, aber unauffällige Vorhänge, weiß drapierte Betten, modernes Design und ländliche Antiquitäten, hübsche Bilder, perfekt plazierte Blumenarrangements. Im klassisch möblierten Salon brennt das Kaminfeuer.

Dank seiner Besitzerin Bobette Compagnon verrät das Haus viel Sinn für Stil und für das Außergewöhnliche. Obwohl es nur ein Frühstückshotel ist, bietet es doch allerlei Extras. »Wir möchten die Gäste glücklich machen«, sagt der Geschäftsführer Yves Meteigner. Und so bekommt man Frühstück (auf schönem Porzellan angerichtet) und andere Kleinigkeiten zu jeder Tages- und Nachtzeit. Wir trafen einen Gast, der statt des gebuchten Zimmers ein viel teureres bekommen hatte. Ein anderer war mit drei Katzen da, die ebenso vornehm wirkten wie ihr Besitzer; eine war versehentlich entlaufen, und wir fanden sie im gewundenen Treppenhaus – von oben ein schwindelerregender Anblick.

Umgebung: Montparnasse, Blvd St-Germain

9 Rue Ste-Beuve, 75006 Paris
Tel.: (01) 45482007
Fax: (01) 45486752
Lage: abseits vom Blvd Raspail, zwischen Place Lafou und Place Picasso; Parken am Blvd Montparnasse; Metro Notre Dame des Champs, Vavin
Mahlzeiten: Frühstück; auch kalte Gerichte
Preise: 700-1700 FF; Standard-Doppelzimmer 950 FF; Frühstück 80 FF
Zimmer: 23; alle mit Telefon, TV, Minibar, Fön und Safe
Anlage: Salon/ Frühstücksraum, Bar, Lift
Kreditkarten: AE, MC, V
Kinder: willkommen
Behinderte: Zugang schwierig
Tiere: erlaubt
Geschlossen: nie
Besitzerin: Bobette Compagnon

Ile-de-France

Stadthotel, Paris

Hôtel Solférino

Ein einfaches, altmodisch anmutendes Hotel ganz in der Nähe vom Musée d'Orsay. Wir haben es trotz der Tatsache aufgenommen, daß das an der Rezeption diensttuende Familienmitglied uns den Aufenthalt fast vermiest hätte (im Wettbewerb um den frechsten Rezeptionisten von Paris wäre ihm der 2. Preis sicher). Doch er erwies sich als Ausnahme, andere waren freundlich und hilfsbereit. Während wir unser Gepäck von draußen zum original sargförmigen Aufzug schleppten (er saß indessen da und las ein Buch), nahmen wir die schlichte weiße Fassade des Hotels wahr. Wir sahen den Salon mit hoher Decke und geblümten Sesseln, mit Palmen und riesigen barocken Gemälden und auch den reizenden Frühstücksraum mit hübschen Stichen an den Wänden, Marmortischen und Korbstühlen. Wir betraten unser Zimmer im 2. Stock durch eine etwas schmuddelige, blau angemalte Doppeltür. Der ziemlich große Raum hatte Blumentapeten, etwas schäbige Vorhänge und ein Bad mit altmodisch blauen Fliesen (immerhin eine Abwechslung nach dem vielen Weiß). Alles in allem vermittelt das Hotel den Eindruck einer verblichenen, typisch französischen *pension*, wie sie heute eher von Touristen als von den Helden eines Balzac-Romans frequentiert wird.
Umgebung: Musée d'Orsay, Tuileries, Louvre, Blvd Saint-Germain

91 Rue de Lille
75007 Paris
Tel.: (01)47058554
Fax: (01)45555116
Lage: zwischen Blvd Saint-Germain und Rue de Solférino; Parkplatz an der Rue du Bac; Metro Assemblée Nationale
Mahlzeiten: Frühstück
Preise: 300-700 FF; inkl. Frühstück

Zimmer: 33; 24 Doppelzimmer, 19 mit Bad, 5 mit Dusche; 9 Einzelzimmer mit Dusche; alle Zimmer mit Telefon; 4 Zimmer mit TV
Anlage: Salon, Lift
Kreditkarten: MC, V
Kinder: willkommen
Behinderte: Zugang schwierig
Tiere: erlaubt
Geschlossen: 21. Dez.-3. Jan.
Besitzer: M. Cornic

Ile-de-France

Dorfhotel, Senlisse

Auberge du Gros Marronnier

Wir haben keine Nachricht von Mme Trochon über weitere Neuerungen an diesem ländlichen kleinen Gasthof bekommen. Vielleicht sind mit der neuen Terrasse, dem Wintergarten und dem verschönerten Aufenthaltsraum die Aktivitäten erst einmal erschöpft.

Das Haus versteckt sich in einem noblen Wohnort gleich neben der Kirche (es war früher das Presbyterium). Es eignet sich bestens für einen Kurzaufenthalt, liegt nah genug bei Paris, um dort die Sehenswürdigkeiten zu besuchen, und auch nicht allzuweit entfernt von den Fährhäfen der Normandie. Die Zimmer sind geräumig und hübsch gestaltet. Das Essen, das man auf einer Blumenterrasse mit Blick auf den Landschaftsgarten serviert bekommt, ist interessant, wohlschmeckend und schön angerichtet, das Personal freundlich und hilfsbereit, aber nicht allzu zahlreich. Beim Abendessen kommt es zu Engpässen (»gut für die Verdauung und ausführliche Gespräche«). Mitteilungen, vor allem über den renovierten Salon, sind erwünscht.

Umgebung: Versailles (15 km); Paris (35 km)

3 Place de l'Église, 78720 Senlisse
Tel.: (01)30525169
Fax: (01)30525591
Lage: im Dorfzentrum neben der Kirche, 12 km nö von Rambouillet, an der D 91; Garten; eingeschränkte Parkmöglichkeiten
Mahlzeiten: Frühstück, Mittag- und Abendessen
Preise: Zimmer 280-375 FF; Frühstück 40-45 FF, Menüs 135-295 FF

Zimmer: 15 Doppel-, 1 Einzel-, 4 Familienzimmer, 12 mit Bad, 8 mit Dusche; alle mit Zentralheizung, Telefon
Anlage: Speiseraum, TV-Zimmer, Bar, Terrasse
Kreditkarten: AE, V
Kinder: willkommen
Behinderte: keine speziellen Einrichtungen
Tiere: erlaubt
Geschlossen: 1 Woche zu Weihnachten
Besitzer: Mme Trochon

Ile-de-France

Gasthof, Barbizon

Hôtellerie du Bas-Breau

Viele der politischen Granden sind in dem hübschen und luxuriösen Gasthof (Relais & Châteaux) eingekehrt. Die schönsten Zimmer gibt es im Gasthaus selbst, doch die meisten befinden sich in einem modernen Chalet inmitten eines gepflegten Blumengartens. Vorzügliches Essen; Schwimmbad.

■ 22 Rue Grande, 77630 Barbizon (Seine-et-Marne) **Tel.:** (01)60664005 **Fax:** (01)60692289 **Mahlzeiten:** Frühstück, Mittag- und Abendessen **Preise:** Zimmer 950-2800 FF; Frühstück 90 FF, Abendessen ab 500 FF **Zimmer:** 20, alle mit Bad, Zentralheizung, Telefon, TV, Fön **Kreditkarten:** AE, MC, V **Geschlossen:** nie

---

Restaurant mit Zimmern, Barbizon

Hostellerie de la Clé d'Or

Das Schönste hier ist der schattige Hof, wo im Sommer das Essen (gute Küche, große Portionen) serviert wird. Die Zimmer sind in einem hübschen, einstöckigen Anbau. Eleganter Speiseraum mit offenem Kamin, dessen Wände von heimischen Künstlern bemalt sind; reizender Garten.

■ 73 Grand Rue, 77630 Barbizon (Seine-et-Marne) **Tel.:** (01)60664096 **Fax:** (01)60664271 **Mahlzeiten:** Frühstück, Mittag- und Abendessen **Preise:** Zimmer 290-850 FF; Menüs 160-230 FF; für Kinder 75 FF **Zimmer:** 16, alle mit Bad oder Dusche, Zentralheizung, Telefon, TV, Minibar **Kreditkarten:** AE, DC, MC, V **Geschlossen:** nie

---

Landhaushotel, Fontenay-Trésigny

Le Manoir

Von außen wirkt das Fachwerkhaus der Jahrhundertwende in dem prächtigen Garten (mit Teich) ganz englisch. Doch die Innengestaltung mit dem reichen Dekor ist französisch. Unterschiedlich gestaltete Zimmer; klassische Küche.

■ 77610 Fontenay-Trésigny (Seine-et-Marne) **Tel.:** (01)64259117 **Fax:** (01)64259549 **Mahlzeiten:** Frühstück, Mittag- und Abendessen **Preise:** Zimmer 830-1190 FF, Frühstück 70 FF; Menüs 240-350 FF **Zimmer:** 20, alle mit Bad, Telefon, TV, Minibar **Kreditkarten:** AE, DC, MC, V **Geschlossen:** nie

---

Stadthotel, Paris

Hôtel Beaubourg

Das sechsstöckige Stadthaus wurde zwar um 1600 erbaut, doch es fehlt nicht an modernem Komfort. Zimmer und Aufenthaltsräume sind gut eingerichtet und effektvoll beleuchtet. Von manchen Zimmern sieht man in den Garten mit Kletterpflanzen.

■ 11 Rue Simon Lefranc, 75004 Paris **Tel.:** (01)42743424 **Fax:** (01)42786811 **Mahlzeiten:** Frühstück **Preise:** Zimmer 490-580 FF (Extrabett 150 FF); Frühstück 40 FF **Zimmer:** 28, alle mit Bad oder Dusche, Zentralheizung, Telefon, TV, Radio, Minibar **Kreditkarten:** AE, DC, MC, V **Geschlossen:** nie

Ile-de-France

Hôtel Bersoly's Saint-Germain

Als günstiger Ausgangspunkt für Stadtbummel erweist sich das frühere Kloster (17. Jh.) im ruhigen Verwaltungsviertel. Jedes Zimmer (die meisten relativ klein) ist in der Lieblingsfarbe desjenigen Impressionisten gehalten, nach dem es benannt ist. Parkplatz. Berichte willkommen.

■ 28 Rue de Lille, 75007 Paris **Tel.:** (01)42607379 **Fax:** (01)49270555 **Mahlzeiten:** Frühstück, Snacks **Preise:** Zimmer 600-750 FF; Frühstück 50 FF **Zimmer:** 16, alle mit Bad oder Dusche, Zentralheizung, Klimaanlage, Telefon, TV, Radio, Fön, Safe **Kreditkarten:** AE, MC, V **Geschlossen:** 2 Wochen im Aug.

Hôtel Caron de Beaumarchais

Auch wenn das Dekor ein bißchen zu »chic« für unseren Geschmack ist, so sind doch viele Besucher entzückt, und jedermann fühlt sich wohl. Vater und Sohn Bigeard sind sehr um die Gäste bemüht. Unter der glänzenden Oberfläche geht es wirklich herzlich zu.

■ 12 Rue Vieille-du-Temple, 75004 Paris **Tel.:** (01)42723412 **Fax:** (01)42723463 **Mahlzeiten:** Frühstück; Brunch **Preise:** 560-730 FF; Frühstück 48 FF, Brunch 78 FF **Zimmer:** 19, 17 mit Bad, 2 mit Dusche, alle mit Telefon, Fax/Modem-Anschluß, Sat.-TV, Klimaanlage, Minibar, Fön **Kreditkarten:** AE, DC, MC, V **Geschlossen:** nie

---

Hôtel Chopin

Das Haus mit der reizenden Fassade steht am Ende der Passage Jouffroy, einer Glas-und Eisen-Konstruktion aus dem 19. Jh. Es ist keine Touristenfalle, man wird hier herzlich empfangen, alles ist sorgsam eingerichtet (vom Besitzer Ph. Bidal). Die Zimmer sind ruhig.

■ 10, Blvd Montmartre (46 Passage Jouffroy), 75009 Paris **Tel.:** (01)47705810 **Fax:** (01)42470070 **Mahlzeiten:** Frühstück **Preise:** Zimmer 355-565 FF; Frühstück 38 FF **Zimmer:** 36 mit Bad oder Dusche, Telefon, TV **Kreditkarten:** AE, DC, MC, V **Geschlossen:** nie

---

Hôtel Le Clos Médicis

Dem netten P. Beherec gehört das Hotel, der ebenso reizende O. Méallet leitet es, doch am deutlichsten ist die Handschrift des Architekten Philippe Nuel sichtbar. Die gesamte Einrichtung bis zu den Lampen und wellenförmigen Bett-Enden ist seine Erfindung. Das Ganze stammt von 1994 und findet Anklang.

■ 56 Rue Monsieur le Prince, 75006 Paris **Tel.:** (01) 43291080 **Fax:** (01)43542690 **Mahlzeiten:** Frühstück **Preise:** Zimmer 786-986 FF; Frühstück 60 FF **Zimmer:** 38 mit Bad, 2 mit Terrasse, alle mit Telefon (Privatanschluß), Faxmöglichkeit, Babyphon, Kabel-TV, Klimaanlage, Minibar, Fön **Kreditkarten:** AE, DC, MC, V **Geschlossen:** nie

Ile-de-France

Stadthotel, Paris

Hôtel des Deux Iles

Das bekannte, schön umgebaute Stadthaus von Roland Buffat geht ins 3. Jahrzehnt. Mehrere Gäste berichten, daß es ein wenig an Fürsorge gefehlt habe und Selbstgefälligkeit eingezogen sei; andere wieder waren zufrieden. Weitere Berichte erwünscht.

■ 59 Rue Saint-Louis-en-l'Ile, 75004 Paris **Tel.:** (01)43261335 **Fax:** (01)43296025 **Mahlzeiten:** Frühstück **Preise:** 720-830 FF; Frühstück 45 FF **Zimmer:** 17 mit Bad oder Dusche, Telefon, Kabel-TV, Klimaanlage, Fön **Kreditkarten:** AE, V **Geschlossen:** nie

---

Stadthotel, Paris

Hôtel du Globe

Ein Edelstein unter den Hotels – klein und wunderlich. Im Eingangsbereich – das Haus aus dem 17. Jh. gehörte einst zum Kloster Saint-Germain-des-Prés – führt eine schmiedeeiserne Tür zum winzigsten Pariser Salon. Frühstück wird in den reizend altmodischen Zimmern serviert. Lage, Atmosphäre und Preise sind konkurrenzlos.

■ 15 Rue des Quatre-Vents, 75006 Paris **Tel.:** (01)43263550 **Fax:** (01)46331729 **Mahlzeiten:** Frühstück; kleine Mahlzeiten aufs Zimmer **Preise:** 255-450 FF; Frühstück 45 FF **Zimmer:** 15, 5 mit Dusche, 1 mit WC und Waschbecken, alle mit Telefon, TV **Kreditkarten:** keine **Geschlossen:** nie

---

Frühstückspension, Paris

Hôtel des Grandes Écoles

Die Sorbonne liegt gleich nebenan, daher der Name. Das keineswegs großartige Hotel mutet mit seinem Innenhofgarten wie ein Landhaus an. Die Zimmer sind bescheiden, manche Wände ziemlich dünn. Doch die Besucher sind angetan, vor allem von der fröhlichen Mme Le Foch.

■ 75 Rue de Cardinal Lemoine, 75005 Paris **Tel.:** (01)43267923 **Fax:** (01)43252815 **Mahlzeiten:** Frühstück **Preise:** Zimmer 490-650 FF; Frühstück 45 FF **Zimmer:** 50, alle mit Zentralheizung, Telefon **Kreditkarten:** MC, V **Geschlossen:** nie

---

Stadthotel, Paris

Hôtel des Grands Hommes

Berichte über das hübsche und günstig gelegene Haus sind widersprüchlich; es verdankt seinen Namen den Künstlern, die früher hier abgestiegen sind. Die Preise sollen zu hoch sein für das, was geboten wird. Den Blick aufs Panthéon bezahlt man auch mit Straßenlärm.

■ 17 Place du Panthéon, 75005 Paris **Tel.:** (01)46341960 **Fax:** (01)43266732 **Mahlzeiten:** Frühstück **Preise:** Zimmer 606-792 FF **Zimmer:** 32, alle mit Bad oder Dusche, Zentralheizung, Klimaanlage, Kabel-TV, Radio, Minibar, Fön **Kreditkarten:** AE, DC, MC, V **Geschlossen:** nie

Ile-de-France

Stadthotel, Paris

Le Jardin des Plantes

Jedes der fünf Stockwerke dieses fröhlichen kleinen Hotels gegenüber dem Botanischen Garten steht unter einem floralen Motto.
Von ganz oben hat man den schönsten Blick, einige Zimmer gehen
auf die Dachterrasse; hier oben oder in einem caféähnlichen Raum
gibt es Frühstück. Sauna.

■ 5 Rue Linné, 75005 Paris **Tel.:** (01)47070620 **Fax:** (01)47076274
Mahlzeiten: Frühstück, Mittagessen **Preise:** Zimmer 450-550 FF; Früh-
stück 49 FF, Mittagessen 55-90 FF **Zimmer:** 33, alle mit Bad oder Dusche,
Zentralheizung, Telefon, TV, Minibar, Fön **Kreditkarten:** AE, DC, MC, V
Geschlossen: nur Restaurant im Aug.

Stadthotel, Paris

Hôtel Lenox

Das zentralere der beiden eleganten Hotels, die unaufdringlich traditionell möbliert sind. Das Lenox war schon um die Jahrhundertwende eine Pension und ist heute ein schickes Hotel mit gemütlicher Bar. Geschmackvoll gestaltete Zimmer.

■ 9 Rue de l'Université, 75007 Paris **Tel.:** (01)42961095 **Fax:**
(01)42615283 **Mahlzeiten:** Frühstück **Preise:** Zimmer 640-1500 FF; Frühstück 45 FF **Zimmer:** 34, alle mit Bad oder Dusche, Zentralheizung, Telefon, TV, Fön **Kreditkarten:** AE, DC, MC, V **Geschlossen:** nie

---

Stadthotel, Paris

Résidence Lord Byron

In einer Gegend mit vielen großartigen Hotels fällt das Lord Byron
durch freundlichen Service und relativ vernünftige Preise auf. Die
Zimmer sind ziemlich klein, aber modern und bequem mit alten
und neuen Möbeln ausgestattet. Es gibt einen kleinen Innenhofgarten.

■ 5 Rue de Chateaubriand, 75008 Paris **Tel.:** (01)43598998 **Fax:**
(01)42894604 **Mahlzeiten:** Frühstück **Preise:** Zimmer 700-1300 FF;
Frühstück 55 FF **Zimmer:** 31, alle mit Bad oder Dusche, Zentralheizung,
Telefon, TV, Minibar, Fön, Safe **Kreditkarten:** AE, MC, V **Geschlossen:** nie

---

Stadthotel, Paris

Hôtel du Lys

Die Lage in einer stillen Parallelstraße zum Blvd Saint-Germain ist
ideal. Seit 50 Jahren gibt es diese *pension* als Familienbetrieb. Heute
gehört sie der Tochter des früheren Besitzers, Marie-Helène
Decharne, und ihrem Mann und wirkt mehr wie ein Wohnhaus als
ein Hotel. Manche Gäste kommen seit 40 Jahren regelmäßig.

■ 23 Rue Serpente, 75006 Paris **Tel.:** (01)43269757 **Fax:** (01)44073490
Mahlzeiten: Frühstück **Preise:** 450-580 FF inkl. Frühstück **Zimmer:** 22, 6
mit Bad, 16 mit Dusche, alle mit Telefon, TV, Fön **Kreditkarten:** keine
Geschlossen: nie

Ile-de-France

Stadthotel, Paris

Hôtel Mayflower

Das Hotel liegt neben dem Lord Byron, hat dieselbe Besitzerin, bietet eine ebenso gediegene und entspannte Atmosphäre und wird genauso gut geführt. Die Zimmer sind hübsch und ruhig. Eleganter, bequemer Aufenthaltsraum.

■ 3 Rue de Chateaubriand, 75008 Paris **Tel.:** (01)45625746 **Fax:** (01)42563238 **Mahlzeiten:** Frühstück **Preise:** Zimmer 650-950 FF; Frühstück 50 FF **Zimmer:** 24, alle mit Bad, Zentralheizung, Telefon, Sat-TV, Minibar **Kreditkarten:** MC, V **Geschlossen:** nie

---

Stadthotel, Paris

Hôtel de la Place des Vosges

Das Haus aus dem 17. Jh. paßt perfekt in diese stille Straße, nur 25 m von einem der schönsten Pariser Plätze entfernt. Der Salon ist traditionell und massiv eingerichtet; die Zimmer sind nicht sehr originell, aber gepflegt – zu einem vernünftigen Preis.

■ 12 Rue de Birague, 75004 Paris **Tel.:** (01)42726046 **Fax:** (01)42720264 **Mahlzeiten:** Frühstück **Preise:** Zimmer 315-460 FF; Frühstück 30 FF; Kinder unter 2 frei **Zimmer:** 16, alle mit Bad oder Dusche, Zentralheizung, Telefon **Kreditkarten:** DC, MC, V **Geschlossen:** nie

---

Stadthotel, Paris

Hôtel Prima-Lepic

Eine fröhliche Frühstückspension mitten im geschäftigen Montmartre. Das Erdgeschoß ist luftig und ruhig, es wirkt wie ein Innenhof. Die Zimmer sind hübsch und individuell, aber nicht sehr groß. Frühstücksbuffet.

■ 29 Rue Lepic, 75018 Paris **Tel.:** (01)46064464 **Fax:** (01)46066611 **Mahlzeiten:** Frühstück **Preise:** Zimmer 350-700 FF; Frühstück 40 FF **Zimmer:** 38, alle mit Bad oder Dusche, Zentralheizung, Telefon, TV, Fön **Kreditkarten:** MC, V **Geschlossen:** nie

---

Stadthotel, Paris

Hôtel Prince Albert

Hotels zu vernünftigen Preisen sind im 1. Arrondissement kaum zu finden; das Prince Albert ist trotz seiner günstigen Lage eine Ausnahme. Der neue Besitzer M. Jiua ließ den Frühstücksraum neu ausstatten, andere Räume sind in Arbeit. Die Flure oben wirken ziemlich düster, doch die Zimmer sind bequem und gepflegt.

■ 5 Rue St-Hyacinthe, 75001 Paris **Tel.:** (01)42615836 **Fax:** (01)42600406 **Mahlzeiten:** Frühstück **Preise:** Zimmer 430-580 FF, Extrabett 160 FF; Frühstück 35 FF **Zimmer:** 30, alle mit Bad oder Dusche, Zentralheizung, Telefon, Sat-TV, Minibar, Safe **Kreditkarten:** AE, MC, V **Geschlossen:** nie

Ile-de-France

Stadthotel, Paris

Hôtel Riboutté Lafayette

Es gehört nicht zu den besonders auffallenden kleinen Pariser Hotels, aber es hat vernünftige Preise und ist ein günstiger Ausgangspunkt. Die Zimmer sind klein, freundlich und recht individuell; die zur Straße sind ebenso ruhig wie die Hofzimmer.

■ 5 Rue Riboutté, 75009 Paris **Tel.:** (01)47706236 **Fax:** (01)48009150 **Mahlzeiten:** Frühstück **Preise:** Zimmer 370-460 FF; Frühstück 30 FF **Zimmer:** 24, alle mit Bad oder Dusche, Telefon, Sat-TV **Kreditkarten:** AE, MC, V **Geschlossen:** nie

---

Stadthotel, Paris

Hôtel Les Rives de Notre Dame

Der Blick geht über die Ile de la Cité, den belebten Quai Saint-Michel und die Seine, doch das Herz der Degravis hängt an der Provence und der Toskana; entsprechend ist die Einrichtung. Die geräumigen Zimmer sind elegant möbliert (nicht ganz so edel wie die Räume unten). Provenzalische Stoffe, eingerahmte Fenster, hübsche Kopfenden aus Stoff.

■ 15 Quai Saint-Michel, 75005 Paris **Tel.:** (01)43548116 **Fax:** (01)43262709 **Mahlzeiten:** Frühstück; 24 Stunden heiße und kalte Gerichte und Getränke aufs Zimmer **Preise:** 995-2600 FF; Frühstück 85 FF **Zimmer:** 10 mit Bad, Telefon, Fax/Modem-Anschluß, Sat-TV, Klimaanlage, Minibar, Fön, Safe **Kreditkarten:** AE, DC, MC, V **Geschlossen:** nie

---

Stadthotel, Paris

Hôtel St-Dominique

Die Neugestaltung in frischem, farbenfrohem Stil hat dem Ruf des Hauses gutgetan. Besonders die Rezeption mit Salon ist angenehm und behaglich. Die Zimmer sind gut ausgestattet, das köstliche Frühstück wird hübsch angerichtet. Im kleinen Innenhof mit Blumen bekommt man auch Drinks.

■ 62 Rue St-Dominique, 75007 Paris **Tel.:** (01)47055144 **Fax:** (01)47058128 **Mahlzeiten:** Frühstück **Preise:** 450-600 FF; Frühstück 40 FF **Zimmer:** 34 mit Bad oder Dusche, Zentralheizung, Telefon, TV, Minibar **Kreditkarten:** AE, DC, MC, V **Geschlossen:** nie

---

Stadthotel, Paris

Hôtel Saint-Germain-des-Prés

Charme und Individualität, Geschmack und Harmonie der Gestaltung sind in dem kleinen Hotel am linken Seineufer zu Hause. Zimmer in unterschiedlichen Stilen und Farben. Großer Frühstücks- und Aufenthaltsraum.

■ 36 Rue Bonaparte, 75006 Paris **Tel.:** (01)43260019 **Fax:** (01)40468363 **Mahlzeiten:** Frühstück **Preise:** Zimmer 760-1600 FF **Zimmer:** 30, alle mit Bad oder Dusche, Zentralheizung, Telefon, TV, Radio, Minibar, einige mit Klimaanlage **Kreditkarten:** AE, MC, V **Geschlossen:** nie

Ile-de-France

Frühstückspension, Paris

Hôtel Saint-Louis

Schwesterhotel des Saint-Louis Marais; die herzliche Atmosphäre und die für Sightseeing ideale Lage auf der schönen Ile-St-Louis entschädigen für die spartanische Einrichtung und die kleinen Zimmer.

■ 75 Rue St-Louis-en-l'Ile, 75004 Paris **Tel.:** (01)46340480 **Fax:** (01)46340213 **Mahlzeiten:** Frühstück **Preise:** Zimmer 695-795 FF; Frühstück 45 FF **Zimmer:** 21, alle mit Bad oder Dusche, Telefon, Safe **Kreditkarten:** MC, V **Geschlossen:** nie

---

Stadtpension, Paris

Hôtel Saint-Louis Marais

Wenn Sie etwas Stilles, Preiswertes unweit der Bastille und der Ile-St-Louis suchen, sind sie in dem freundlichen Haus richtig. Die Zimmer mit Balken sind nicht groß, aber hübsch eingerichtet mit antiken Stücken, Wandteppichen und frischen Blumen.

■ 1 Rue Charles V, 75004 Paris, **Tel.:** (01)48878704 **Fax:** (01)48873326 **Mahlzeiten:** Frühstück **Preise:** Zimmer 510-710 FF; Frühstück 40 FF **Zimmer:** 15, alle mit Bad oder Dusche, Zentralheizung, Telefon **Kreditkarten:** MC, V **Geschlossen:** nie

---

Stadthotel, Paris

Hôtel des Saints-Pères

Fast alle Zimmer dieses ruhigen, feinen Hotels gehen auf einen schattigen Innenhof mit Glaswänden, wo man im Sommer frühstücken oder einen Drink nehmen kann. Die Zimmer sind gemütlich und relativ geräumig, an den Wänden hängen hübsche Bilder.

■ 65 Rue des Saints-Pères, 75006 Paris **Tel.:** (01)45445000 **Fax:** (01)45449083 **Preise:** 550-1620 FF; Frühstück 55 FF **Zimmer:** 36 mit Bad oder Dusche, Telefon, Sat-TV, Minibar, Fön **Kreditkarten:** AE, MC, V **Geschlossen:** nie

---

Restaurant mit Zimmer, Paris

Thoumieux

In diesem netten, freundlichen Haus unweit vom Eiffelturm dreht sich alles um das beliebte Restaurant im Stil einer Brasserie, wo gute, bäuerliche Küche und passable Weine angeboten werden. Die bequemen, modernen Zimmer sind hübsch eingerichtet.

■ 79 Rue St-Dominique, 75007 Paris **Tel.:** (01)47054975 **Fax:** (01)47053696 **Mahlzeiten:** Frühstück, Mittag- und Abendessen **Preise:** Zimmer 550-600 FF; Frühstück 35 FF, Mahlzeiten ca. 150 FF **Zimmer:** 10, alle mit Bad, Zentralheizung, Telefon, TV, Radio **Kreditkarten:** AE, MC, V **Geschlossen:** nie

Ile-de-France

Stadthotel, Paris

Hôtel des Tuileries

Das Haus der Familie Poulle-Vidal bietet eine Mischung aus ruhiger und dabei günstiger Lage, guter Ausstattung und Herzlichkeit. Auffallend in den zwei kleinen Salons sind die Samtstühle, Bilder und Gobelins. Die Zimmer sind hübsch und individuell gestaltet, die Bäder klein, aber chic. Zum Frühstück gibt es ein überdurchschnittliches Buffet.

■ 10 Rue St-Hyacinthe, 75001 Paris **Tel.:** (01)42610417 **Fax:** (01)49279156 **Mahlzeiten:** Frühstück **Preise:** 690-1200 FF; Frühstück 60 FF **Zimmer:** 26 mit Bad, Telefon, Klimaanlage, Sat-TV, Minibar, Fön, Safe **Kreditkarten:** AE, DC, V **Geschlossen:** nie

---

Stadthotel, Paris

Hôtel de l'Université

Die bequemen Zimmer des würdigen Stadthauses in einer ruhigen Gegend mit eleganten Straßen sind nicht billig, aber ihren Preis wert. In allen Räumen stehen schöne Antiquitäten; der Service ist tüchtig und freundlich, das Frühstück für Paris überdurchschnittlich.

■ 22 Rue de l'Université, 75007 Paris **Tel.:** (01)42610939 **Fax:** (01)42604084 **Mahlzeiten:** Frühstück, leichte Snacks **Preise:** Zimmer 650-1500 FF; Frühstück 45 FF **Zimmer:** 28, mit Bad oder Dusche, Klimaanlage, Telefon, TV **Kreditkarten:** AE, MC, V **Geschlossen:** nie

---

Stadthotel, Paris

Hotel Verneuil-St-Germain

Seien Sie auf die verrückteste Rezeption von Paris gefaßt – ein originelles Konglomerat. Die Zimmer sind nicht ganz so kunterbunt, die Marmorbäder gut ausgestattet. Der Frühstücksraum im Untergeschoß wirkt schon nüchterner. Beim letzten Besuch erschien uns das Personal recht unpersönlich; Berichte erwünscht.

■ 8 Rue de Verneuil, 75007 Paris **Tel.:** (01)42608214 **Fax:** (01)42614038 **Mahlzeiten:** Frühstück **Preise:** 650-950 FF inkl. Frühstück **Zimmer:** 22 mit Bad, Telefon, Kabel-TV, Zentralheizung, Fön, Minibar **Kreditkarten:** AE, DC, MC, V **Geschlossen:** nie

Nordosten

Einführung in die Region

In unserer nordöstlichen Region gibt es große Bereiche, die dem Urlauber nicht viel zu bieten haben und in denen es entsprechend wenige kleine, aber feine Hotels gibt. Für manche Departements gibt es gar keine Empfehlungen. Aber die Region umfaßt auch vier Bereiche, die touristisch und gastronomisch interessant sind.

Im weiteren Hinterland der Fährhäfen nach England findet man eine liebliche Landschaft, die sich – vor allem das Departement Pas-de-Calais mit Calais und Boulogne – auch gut für einen Zwischenstop auf dem Weg zu den Kanalfähren eignet.

In den Departements Oise und Seine-et-Marne, vor allem im Norden und Osten der Ile-de-France, gibt es Sehenswürdigkeiten wie Compiègne, Chantilly, Vaux-le-Vicomte. Hier sind auch ein paar reizvolle Hotels, die ihre Existenz aber wohl eher der Nähe zu Paris als den lokalen Attraktionen verdanken. Mehr oder weniger im Osten von Paris, wo sich die Autobahn von Paris nach Straßburg und die von Calais treffen, liegt die Champagne. In den Weingegenden findet man eine reizvolle Kulturlandschaft und außerdem das architektonische Kleinod Reims vor; sie ist das Zentrum der Champagnererzeugung, die Kathedrale nur eine ihrer Sehenswürdigkeiten.

Und dann ist da ganz im Osten an der deutschen Grenze das Elsaß, eine weitere Weinregion. Hier sind die Weine (und die Küche), wie sich denken läßt, den benachbarten badischen ähnlich.

Anwärter im Nordosten

Audinghen-par Wissant, La Maison de la Houve (03) 21329706; geschickt als Frühstückspension umgebautes altes Bauernhaus mit Blumengarten; gut möbliert und geführt.

Illhaeusern, Hôtel des Berges (03) 89718787; luxuriöse, ländliche Unterkünfte im Garten des berühmtesten Restaurants im Elsaß.

Langres, Le Cheval Blanc (03) 25870700; reizendes Quartier in einem alten Stadthaus mit kleiner Terrasse.

Sars-Poteries, Hôtel Fleuri (03) 27616272; altes bäuerliches Anwesen, aus dem eine hübsche Frühstückspension geworden ist; nebenan das Restaurant Auberge Fleurie mit Michelin-Stern.

Leserberichte

Wir freuen uns, Meinungen der Leser über ihre Hotelerfahrungen zu bekommen. Wir können nicht jedes Hotel in diesem Führer alljährlich besuchen; und auch dann würden wir nicht jedes Zimmer sehen. Erst wenn man in einem Hotel wohnt, stellt man fest, ob es auch ständig warmes Wasser gibt, ob das hochgelobte 70-Francs-Frühstück wirklich so gut ist, und ob man auf Wunsch auch ein Extrakissen bekommt. Deshalb schreiben Sie uns, wenn Sie wieder einmal in Frankreich unterwegs waren!

Falls Sie ein hübsches Haus finden, das nicht in diesem Führer steht, wären wir für eine Mitteilung dankbar. Viele Leser schreiben uns, wenn es mit einem Haus bergab geht, aber nur wenige, wenn sie besonders zufrieden waren.

Nordosten

Schloßhotel, Aire-sur-la-Lys

Hostellerie des 3 Mousquetaires

Die meisten Gäste waren stets zufrieden mit diesem angenehmen Landhaus aus dem 19. Jh., das von Boulogne, Calais und Dünkirchen gleich weit entfernt ist. In diesem Jahr wird der überforderte Service am Wochenende bemängelt. Ist das Haus vielleicht inzwischen zu beliebt und überlaufen?

Der Familienbetrieb paßt nicht zu der Vorstellung, die man von einem Château hat. Die liebenswürdige, sehr aktive Mme Venet führt mit ihrer Schwiegertochter das Haus, in der blitzsauberen offenen Küche regieren Vater und Sohn Venet und kochen regionale Gerichte (»Riesenportionen zu erstaunlichem Preis«); die Käseplatte ist »prachtvoll«.

Der Bau ist eine etwas exzentrische Mischung aus gestreiftem Ziegel- und Fachwerkbau mit steilem Schieferdach; das Ganze in einem großen Garten mit Bäumen, Teichen und Bächen (Enten und Schwäne). Überall gibt es Sitzgelegenheiten. Die Räume sind in traditioneller Pracht ausgestattet, das schönste der älteren Zimmer ist riesig und elegant (es gibt aber auch kleine). Die Zimmer im Neubau – ein Pavillon auf dem Gelände, der in den 80er Jahren umgebaut wurde – sind üppig in verschiedenen Stilen gestaltet, eines davon mit japanischem Dekor. Doch manche Gäste klagen über den Straßenlärm.

Umgebung: Aire – Renaissance-Gerichtshaus, Kollegiatskirche St-Pierre; St Omer (20 km) – Basilika, Museum der Schönen Künste

Château du Fort de la Redoute, 62120 Aire-sur-la-Lys
Tel.: (03)21390111
Fax: (03)21395010
Lage: in offener Landschaft abseits der N 43, 2 km s von Aire; Parkanlage
Mahlzeiten: Frühstück, Mittag- und Abendessen
Preise: Zimmer 250-570 FF, Suiten 850 FF; Frühstück 55 FF; Menüs 115-240 FF
Zimmer: 31 Doppelzimmer (9 mit Einzelbetten), 24 mit Bad, 2 mit Dusche, 1 Familienzimmer mit Bad; 1 Suite mit Bad; alle mit TV, Telefon
Anlage: 2 Salons, 2 Speiseräume, Bar; Golf
Kreditkarten: AE, MC, V
Kinder: willkommen
Behinderte: keine speziellen Einrichtungen
Tiere: erlaubt
Geschlossen: 15. Dez. bis 15. Jan.
Besitzer: M. und Mme Philippe Venet

Nordosten

Schloßhotel, Doullens

Château de Remaisnil

Das hübsche Landhaus aus dem 18. Jh. verdient wirklich eine längere Würdigung. Es gehörte früher Bernard und Laura Ashley, den Gründern des bekannten Unternehmens für Stoffe und Tapeten, und liegt auf riesigem Gelände in der Picardie. Hinter dem Haus grasen friedlich Schafe, und die Pferde auf den Koppeln stehen den Gästen zur Verfügung. Neben einer Gruppe von Kastanienbäumen kann man *javelot picard* spielen, ein mittelalterliches Spiel, bei dem riesige Pfeile mit so viel Kraft wie möglich auf eine stabile Zielscheibe geworfen werden.

Vor mehr als zehn Jahren sind Susan und Adrian Doull mit ihrer Familie hierhergezogen. Sie sind reizende Gastgeber, und trotz der prächtigen Ausstattung des Hauses mit üppigem Rokoko-Dekor, Tapisserien und antiken Möbeln geht es hier familiär zu. Die Zimmer sind üppig ausgestattet; es gibt immer noch Laura-Ashley-Design. Die Bäder sind groß, und es gibt flauschige Bademäntel. Das Abendessen besteht aus vier Gängen; zum Aperitif und zum Kaffee oder Likör nach dem Essen sind die Gäste in der Bibliothek. Eine Unterführung, die an die Metro erinnert, verbindet das Schloß mit dem Konferenzzentrum und der Remise, wo die Zimmer kleiner und ländlicher sind.

Umgebung: Doullens (8 km); Amiens; Schlachtfelder der Picardie

80600 Doullens
Tel.: (03)22770747
Fax: (03)22774123
Lage: an der D 938 Richtung Auxi-le-Château, vor Mézerolles rechts
Mahlzeiten: Frühstück, Mittagessen, Dinner auf Bestellung
Preise: 1400-1600 FF im Schloß, 750 FF in der Remise; Frühstück 75 FF, Abendessen 355 FF
Zimmer: 20 (9 in der Remise), alle mit Bad oder Dusche, Telefon, TV, Minibar
Anlage: 3 Salons, Bibliothek, Schwimmbad, Reiten, Billard
Kreditkarten: AE, DC, MC, V
Kinder: willkommen
Behinderte: nicht geeignet
Tiere: nach Vereinbarung
Geschlossen: Ende Februar bis Anfang März
Besitzer: Susan und Adrian Doull

Nordosten

Landsitz, Hesdin-l'Abbé

Hôtel Cléry

1996 haben Catherine und Didier Legros das Hotel übernommen, und sie scheinen den schon bis dahin bemerkenswerten Standard dieses Hauses noch erhöhen zu wollen. Der elegante Landsitz aus dem 18. Jh. heißt eigentlich Château d'Hesdin-l'Abbé. Das Haus mit der edlen Fassade steht am Ende der von Bäumen gesäumten Auffahrt, rundherum ist Parkgelände. Doch man sollte sich nicht abschrecken lassen; hier gibt es keine kalte Pracht mit Jagdtrophäen, unbequemen Stühlchen und Chintz (dafür ein schönes schmiedeeisernes Treppenhaus aus der Zeit Ludwigs XV.). Alles ist hell, schlicht, modern und in freundlichen Pastelltönen gehalten.

Das Hotel hat vor allem eine britische Klientel, denn der gute Golfplatz von Hardelot und die Kanalhäfen sind nicht weit. Die Zimmer, auch die im geschickt eingefügten Neubau, sind schön ausgestattet. Es gibt eine Bar (kein Restaurant), und bei schlechtem Wetter brennt im Salon das Kaminfeuer. An Wochentagen kann man hier abends essen, und im nahen Boulogne gibt es viele Restaurants.

Umgebung: Hardelot, Golfplatz und Strand (9 km); Le Touquet (15 km)

62360 Hesdin-L'Abbé
Tel.: (03)21831983
Fax: (03)21875259
Lage: in kleinem ländlichem Dorf, 9 km sö von Boulogne; Gärten; großer Parkplatz
Mahlzeiten: Frühstück, Abendessen
Preise: Zimmer 325-630 FF; Menü 125-165 FF
Zimmer: 21 Doppelzimmer, 12 mit Bad, 9 mit Dusche (12 mit Einzelbetten), alle mit Zentralheizung, Telefon, TV
Anlage: Bar, Salon; Tennisplatz, Tischtennis, Mountainbike-Verleih
Kreditkarten: AE, DC, MC, V
Kinder: willkommen
Behinderte: keine speziellen Einrichtungen
Tiere: nicht erlaubt
Geschlossen: Mitte Dez. bis Ende Jan.
Besitzer: Catherine und Didier Legros

Nordosten

Dorfgasthof, Marlenheim

Le Cerf

Alle Berichte deuten darauf hin, daß das Haus nach wie vor sehr verlockend für Leute ist, die elsässische Küche und Weine schätzen. Michel Husser führt die kulinarische Tradition seines Vaters Robert fort, der sich etwas zurückgezogen hat; der Lohn sind zwei Michelin-Sterne. Die Zimmer sind nicht luxuriös, aber gut ausgestattet und bequem. Im Hof werden Frühstück und Drinks serviert, so daß im Sommer der Mangel an Aufenthaltsräumen gar nicht auffällt.

Umgebung: Straßburg (20 km); Weindörfer

30 Rue du Général-de-Gaulle
67520 Marlenheim
Tel.: (03)88877373
Fax: (03)88876808
Lage: an der Hauptstraße,
18 km w von Straßburg; Hof;
Parkplatz
Mahlzeiten: Frühstück, Mittag-
und Abendessen
Preise: Zimmer 300-600 FF;
Menü 250-500 FF
Zimmer: 17 Doppelzimmer,
8 mit Bad, 7 mit Dusche (6 mit
Einzelbetten); 1 Einbettzim-
mer mit Dusche; 2 Familien-
zimmer mit Bad; alle Zimmer
mit Zentralheizung, Telefon
Anlage: Speiseraum, 2 Fest-
räume
Kreditkarten: AE, V
Kinder: willkommen
Behinderte: Zugang zum Spei-
seraum möglich, 2 Zimmer im
Erdgeschoß
Tiere: erlaubt
Geschlossen: Restaurant Di, Mi
Besitzer: Robert Husser

Nordosten

Restaurant mit Gästezimmern, Montreuil-sur-Mer

Auberge de la Grenouillère

In diesem Jahr haben wir widersprüchliche Meldungen über das bäuerliche Anwesen im Stil der Picardie, das vor allem ein gastronomisches Ziel vieler Engländer ist. Wir haben von einem »angenehmen und erfreulichen« Mittagessen auf der Terrasse, aber auch von kaum trinkbarem Wein gehört. Vielleicht ist letzteres nur ein Ausrutscher.

Die große Kiesterrasse ist ein hübscher Platz für gemütliche kleine Mahlzeiten und stiehlt dem Restaurant mit viel blankem Kupfer und poliertem Holz fast die Schau; nicht zuletzt auch wegen der lustigen Wandmalerei mit Froschmotiven. Das Essen ist ausgezeichnet (mit Michelin-Stern) und nicht zu teuer.

Die Gauthiers haben ein paar reizvolle, gut ausgestattete Zimmer mit hübschen Bädern eingerichtet (das große ist sogar für eine Familie geeignet).

Es lohnt sich also, hier die Reise zu unterbrechen und ein paar Tage in diesem typisch französischen Haus zu verweilen; die Gauthiers aber hat ihr Erfolg keineswegs übermütig gemacht.

Umgebung: Befestigungen, Zitadelle; Le Touquet (15 km)

Le Madelaine-sous-Montreuil
62170 Montreuil-sur-Mer
Tel.: (03)21060722
Fax: (03)21863636
Lage: an einem Fluß am Ende einer Landstraße abseits der D 139, nw von Montreuil-sur-Mer; großer Parkplatz
Mahlzeiten: Frühstück, Mittag- und Abendessen
Preise: Zimmer 400-500 FF; Frühstück 50 FF; Menüs 150-380 FF
Zimmer: 2 Doppel-, 1 Einzelzimmer, 1 Wohnung, alle mit Bad, Zentralheizung, Telefon,
Anlage: Speiseraum, kleine Bar
Kreditkarten: AE, DC, MC, V
Kinder: willkommen
Behinderte: 2 Erdgeschoßzimmer
Tiere: erlaubt
Geschlossen: 15. Dez. bis Ende Jan.; Di und Mi von Sept. bis Juni
Besitzer: M. Gauthier

Nordosten

Landhaushotel, Montreuil-sur-Mer

Château de Montreuil

Der Bericht eines strengen Prüfers lautet kurz und prägnant:
»Reizende Gastgeber, außergewöhnliches Essen, Empfehlung,
heimische Produkte und Wein zu kaufen. Bequeme, gut ausgestattete Zimmer. Nicht billig. Die Frau des Besitzers ist Engländerin.« Auch die Berichte der Leser sind positiv, ein ausführlicher
Eintrag also verdient.

Das stattliche und elegante Landhaus aus den 30er Jahren ist
vor allem bei Engländern beliebt. Alles ist perfekt und mit viel
Geschmack ausgestattet. Die wunderbaren Zimmer sind gekonnt
eingerichtet und haben viel Atmosphäre; die ganz oben sind sehr
geräumig, doch vom ersten Stock hat man einen besseren Blick
auf den schönen englischen Garten. Den Aperitif nimmt man in
einer urigen Bar, es gibt einen luftigen Aufenthaltsraum mit viel
Glas und ein elegantes Speisezimmer. Trotz zentraler Lage ist es
ruhig, der Garten abgeschlossen.

Christian Germain kocht anspruchsvoll und hat viele treue einheimische Gäste; auch das Frühstück (mit selbstgemachten Produkten) ist köstlich.

Umgebung: Festung (noch erhalten), Zitadelle; Le Touquet
(15 km)

4 Chaussée des Capucins
62170 Montreuil-sur-Mer
Tel.: (03)21815304
Fax: (03)21813643
Lage: in ruhiger Stadtregion,
38 km s von Boulogne, abseits
der N 1; großer Garten
Mahlzeiten: Frühstück, Mit-
tag- und Abendessen
Preise: Zimmer 750-950 FF;
DB&B 1600-1700 FF, Menüs
240-390 FF
Zimmer: 12 Doppelzimmer,
alle mit Bad (6 mit Einzelbet-
ten); 3 Einzelzimmer; 2 Fami-
lienzimmer, alle mit Bad oder
Dusche; alle Zimmer mit Zen-
tralheizung, Telefon
Anlage: Salon, Bar
Kreditkarten: AE, DC, MC, V
Kinder: willkommen
Behinderte: 3 Zimmer im
Erdgeschoß
Tiere: nicht erlaubt
Geschlossen: Mitte Dez. bis
Ende Jan.
Besitzer: Christian und Lind-
say Germain

Nordosten

Schloßhotel, Reims

Château des Crayères

Wir waren schon im Zweifel, ob es Sinn hätte, dieses wunderbare, aber fast unerschwingliche Haus weiterhin im Führer zu belassen, da kam die Nachricht eines begeisterten Gastes, der in »einem der besten Zimmer gewohnt und einen der besten Weine getrunken« hat und von all den lobenswerten Köstlichkeiten die Mini-Croissants erwähnte, die »auf der Zunge zergehen«.

Gérard Boyer, einer der Spitzenköche des Landes, und seine Frau Elyane hatten als denkbar beste Starthilfe das reizvolle Herrenhaus aus der Zeit der Jahrhundertwende (im Louis-XVI-Stil), das in einem großen Park fast im Herzen von Reims liegt; die berühmten Champagnerkeller rundherum. Elyane stattete das Haus mit erlesenem Geschmack und viel Sinn für Dekoration aus. Ins Auge fallen das prachtvolle Treppenhaus, riesige Fenster, Marmorsäulen und die Wandteppiche. Das Speisezimmer ist mit Holz vertäfelt und prangt abends im Kerzenlicht. Von den luxuriös möblierten Zimmern (jedes unter einem anderen Motto) genießt man den Blick über den Park; zwei haben einen großen Balkon.

Umgebung: Basilika, Kathedrale, Champagner-Straße

64 Blvd Henry Vasnier
51100 Reims
Tel.: (03)26828080
Fax: (03)26826552
Lage: am Rand des Stadtzentrums, nahe der St-Remi-Basilika; auf eigenem Gelände mit großem Parkplatz
Mahlzeiten: Frühstück, Mittag- und Abendessen
Preise: Zimmer 990-2300 FF; Menüs 520-650 FF
Zimmer: 19 Doppelzimmer mit Bad (15 mit Einzelbetten); Klimaanlage, TV, Telefon, Radio, Minibar
Anlage: Speiseraum, Bar, Festsaal; Tennis, Hubschrauber-Landeplatz
Kreditkarten: AE, DC, MC, V
Kinder: willkommen
Behinderte: Zugang gut, Lift
Tiere: Hunde willkommen
Geschlossen: 3 Wochen zur Weihnachtszeit/Neujahr; Restaurant Mo und Di Mittag
Besitzer: M. Boyer

Nordosten

Auberge d'Artzenheim

»Eine Blumen-Oase mitten im Nichts« heißt es im letzten Bericht über die behagliche *auberge*. Im Mittelpunkt das Restaurant, alte Balken und poliertes Holz; man kann auch auf der Terrasse essen. Die Zimmer (einige recht klein) sind mit rustikalen Möbeln und lustigen Stoffen hübsch eingerichtet.

■ 30 Rue du Sponeck, 68320 Artzenheim (Haut-Rhin) **Tel.:** (03)89716051 **Fax:** (03)89716821 **Mahlzeiten:** Frühstück, Mittag- und Abendessen **Preise:** Zimmer 255-310 FF; Menüs 165-235 FF **Zimmer:** 10, alle mit Bad oder Dusche, Zentralheizung, Telefon, TV **Kreditkarten:** MC, V **Geschlossen:** Febr.; Restaurant Mo abend und Di

---

Hôtel Métropole

Angenehmes, zentral gelegenes Hotel in einer der Einkaufsstraßen der Stadt mit einem reizenden Garten. Ein Gast meinte, die Zimmer seien »erstaunlich hübsch für ein einfaches Stadthotel«; kein Restaurant, aber ein ausgezeichnetes Frühstück.

■ 51-53 Rue Thiers, 62200 Boulogne-sur-Mer (Pas-de-Calais) **Tel.:** (03)21315430 **Fax:** (03)21304572 **Mahlzeiten:** Frühstück **Preise:** Zimmer 330-430 FF; Frühstück 40 FF **Zimmer:** 25, alle mit Bad oder Dusche, Zentralheizung, Telefon, TV **Kreditkarten:** AE, DC, MC, V **Geschlossen:** Mitte Dez. bis Anfang Jan.

Château de Courcelles

Zu den Gästen des eindrucksvollen – und teuren – Châteaus gehörten einst J.J. Rousseau und Napoleon. Die geräumigen Zimmer sind individuell gestaltet. Das Speisenangebot ist »beeindruckend«, berichtet ein Gast. Schwimmbad, Tennis.

■ 02220 Courcelles-sur-Vesle (Aisne) **Tel.:** (03)23741353 **Fax:** (03)23740641 **Mahlzeiten:** Frühstück, Mittag- und Abendessen **Preise:** Zimmer 900-1200 FF, Suiten 1300-1500 FF; Frühstück 85 FF, Menüs 230-360 FF **Zimmer:** 14, alle mit Bad oder Dusche, Zentralheizung, Telefon, TV, Minibar **Kreditkarten:** AE, MC, V **Geschlossen:** nie

---

Aux Armes de Champagne

Das Beste hier sind Küche und Keller sowie die unprätentiöse Art im Umgang mit den Gästen. Die modernen Zimmer sind bequem und makellos; 16 Zimmer liegen in einem 200 m entfernten Haus, wo es ruhiger ist als im Hauptgebäude.

■ Avenue du Luxembourg, 51460 L'Épine (Marne) **Tel.:** (03)26693030 **Fax:** (03)26669231 **Mahlzeiten:** Frühstück, Mittag- und Abendessen **Preise:** Zimmer 320-690 FF; Frühstück 55 FF, Menüs 110 (wochentags nur mittags), 280-495 FF **Zimmer:** 37, alle mit Bad oder Dusche, Zentralheizung, Telefon, TV, Minibar **Kreditkarten:** AE, DC, MC, V **Geschlossen:** Anfang Jan. bis Mitte Febr.; So abend und Mo von Nov. bis März

Nordosten

Dörfliche Frühstückspension, Ermenonville

Hôtel le Prieuré

An der blitzblanken kleinen Frühstückspension hat sich nichts geändert. Das frühere Pfarrhaus ist mit Antiquitäten ausgestattet und etwas ungewöhnlich dekoriert. Im Dachgeschoß gibt es Balkendecken. Schöner Frühstücksraum, gepflegter »englischer« Garten.

■ Chevet de l'Église, 60950 Ermenonville (Oise) **Tel.:** (03)44540044 **Fax:** (03)44540221 **Mahlzeiten:** Frühstück **Preise:** Zimmer 450-600 FF; Frühstück 50 FF **Zimmer:** 11, alle mit Bad oder Dusche, Zentralheizung, Telefon, TV, Minibar **Kreditkarten:** AE, DC, MC, V **Geschlossen:** Febr.

Stadthotel, Etréaupont

Le Clos du Montvinage

Der imposante Bau aus roten Ziegeln ist im Grunde ein Anbau zur liebenswerten Auberge du Val de l'Oise. Die Zimmer sind gut ausgestattet; von den hinteren genießt man den Blick auf den ummauerten Garten und die Ruhe; vorn führt die Hauptstraße vorbei.

■ RN 2, 02580 Etréaupont (Aisne) **Tel.:** (03)23979110 **Fax:** (03)23974892 **Mahlzeiten:** Frühstück, Mittag- und Abendessen **Preise:** Zimmer 285-430 FF; Abendessen 90-225 FF **Zimmer:** 20, alle mit Bad, Zentralheizung, Klimaanlage, Telefon, Minibar, Fön **Kreditkarten:** AE, DC, MC, V **Geschlossen:** So abend; letzte Febr.-Woche; 2 Wochen Mitte Aug.; Restaurant Mo Mittag, So abend

---

Dorfhotel, Florent-en-Argonne

Le Jabloire

Das kürzlich erneuerte und zum 3-Sterne-Haus ausgebaute kleine Anwesen direkt an der Straße hat einen Leser als »ausgezeichneter Zwischenhalt unweit der A 4« beeindruckt. Der Besitzer (und Bürgermeister) heißt die Gäste herzlich willkommen.

■ 51800 Florent-en-Argonne (Marne) **Tel.:** (03)26608203 **Fax:** (03)26608545 **Mahlzeiten:** Frühstück **Preise:** Zimmer 250-380 FF; Frühstück 35 FF **Zimmer:** 12, alle mit Bad oder Dusche, Heizung, TV **Kreditkarten:** AE, MC, V **Geschlossen:** Febr.

Landhotel, Futeau

A L'Orée du Bois

Das schlichte Hotel liegt ruhig, von Wald umgeben, obwohl es im elegant-ländlichen Restaurant oft lustig zugeht. Meeresfrüchte sind das Beste, was die vorzügliche Küche zu bieten hat; Madame serviert es mit viel Charme. Die Zimmer im Anbau sind schlicht, aber angemessen.

■ Futeau, 55120 Clermont-en-Argonne (Meuse) **Tel.:** (03)29882841 **Fax:** (03)29882452 **Mahlzeiten:** Frühstück, Mittag- und Abendessen **Preise:** Zimmer 310-375 FF; Frühstück 50 FF, Mittagessen 110 FF, Menüs 185-350 FF **Zimmer:** 7, alle mit Bad, Zentralheizung, Telefon, TV, Fön **Kreditkarten:** MC, V **Geschlossen:** eine Woche im Nov., Jan.; Restaurant Di und So abend außerhalb der Saison

Nordosten

Dorfgasthof, Kaysersberg

Hôtel Résidence Chambard

Pierre Irrmans schlichtes Traditionsgasthaus ist eher ein Restaurant mit Zimmern. Es gibt zwar einen Aufenthaltsbereich, doch die meiste Zeit verbringt man im Restaurant (50 m weiter) oder in den geräumigen, eleganten Zimmern.

■ 13 Rue de Général de Gaulle, 68240 Kaysersberg (Haut-Rhin) **Tel.:** (03)89471017 **Fax:** (03)89473503 **Mahlzeiten:** Frühstück, Mittag- und Abendessen **Preise:** Zimmer 550-650 FF, Suiten 750 FF; Frühstück 60 FF, Menüs 300-450 FF **Zimmer:** 20, alle mit Bad oder Dusche, Telefon, TV, Radio **Kreditkarten:** AE, MC, V **Geschlossen:** 3 Wochen im März; Restaurant Mo, Di Mittag

---

Landhotel, Lapoutroie

Les Alisiers

Das einfache Haus im bäuerlichen Stil hat eine herrliche Lage oben in den Vogesen. Bis zur Decke reichende Fenster im Speiseraum mit schöner Aussicht. Die ländliche Ausstattung wirkt sehr privat, die Zimmer sind klein, aber bequem. Auf der Karte elsässische Spezialitäten. Preiswert.

■ 5 Faudé, 68650 Lapoutroie (Haut-Rhin) **Tel.:** (03)89475282 **Fax:** (03)89472238 **Mahlzeiten:** Frühstück, Mittag- und Abendessen **Preise:** Zimmer 250-365 FF; Menüs 80-160 FF; Ermäßigung für Kinder, die das elterliche Zimmer teilen **Zimmer:** 13, alle mit Telefon **Kreditkarten:** MC, V **Geschlossen:** Di; Jan.

Umgebaute Mühle, Lumbres

Moulin de Mombreux

Die alte Mühle hat in den letzten Jahren viel Sympathie hinzugewonnen. Angenehme Zimmer im zur Mühle passenden Neubau; hübsche Aufenthaltsräume, teils traditionell, teils modern und hell; der Michelin-Stern ist verdient. Freundliche Atmosphäre.

■ Rte de Bayenghem, 62380 Lumbres (Pas-de-Calais) **Tel.:** (03)21396244 **Fax:** (03)21936134 **Mahlzeiten:** Frühstück, Mittag- und Abendessen **Preise:** Zimmer 500-700 FF; Frühstück 60 FF, Menüs 220-570 FF (Wein inkl.) **Zimmer:** 24, alle mit Bad oder Dusche, Zentralheizung, TV, Telefon **Kreditkarten:** AE, DC, V **Geschlossen:** in der Weihnachtszeit

---

Stadthotel, Montreuil-sur-Mer

Les Hauts de Montreuil

Als wir den Bereich schon abgeschlossen hatten, empfahl uns ein Leser dieses ganz aus Holz gebaute Hotel unweit des Zentrums wegen seiner gut ausgestatteten Zimmer (z.T. im modernen Anbau), der Herzlichkeit der Besitzer, des »phantastischen« Essens und der »außergewöhnlich« günstigen Preise.

■ 21-23, Rue Pierre Ledent, 62170 Montreuil-sur-Mer (Pas-de-Calais) **Tel.:** (03)21819592 **Fax:** (03)21862883 **Mahlzeiten:** Frühstück, Mittag- und Abendessen **Preise:** Zimmer 365-460 FF; Frühstück 55 FF, Menüs 145-235 FF **Zimmer:** 27, alle mit Bad oder Dusche, Zentralheizung, Telefon, TV **Kreditkarten:** AE, DC, MC, V **Geschlossen:** nie;

Nordosten

Landhotel, Ribeauvillé

Le Clos Saint-Vincent

Ribeauvillés elegantestes Hotel im Chalet-Stil liegt, umgeben von Weinhängen, hoch auf einem Hügel. Die Zimmer sind ruhig und bequem. Das Restaurant in einem luftigen, hellen Raum ist für Küche und Keller bekannt. Schwimmbad im Haus.

■ Rte de Bergheim, 68150 Ribeauvillé (Haut-Rhin) **Tel.:** (03)89736765 **Fax:** (03)89733220 **Mahlzeiten:** Frühstück, Mittag- und Abendessen **Preise:** Zimmer 700-1170 FF; Menüs 180-280 FF **Zimmer:** 15, alle mit Bad, Zentralheizung, Telefon, Minibar; TV auf Wunsch **Kreditkarten:** MC, V **Geschlossen:** Mitte Nov. bis Mitte März; Restaurant Di und Mi

---

Restaurant mit Zimmern, Ribeauvillé

Les Vosges

Wir würden uns über Lesermeinungen zu diesem hübschen, kleinen Haus in einem der schönsten Weinstädtchen des Elsaß freuen. Das Restaurant wurde inzwischen geschlossen; doch man bekommt Frühstück, und die Zimmer sind nett und bequem.

■ 2 Grande Rue, 68150 Ribeauvillé (Haut-Rhin) **Tel.:** (03)89736139 **Fax:** (03)89733421 **Mahlzeiten:** Frühstück **Preise:** Zimmer 230-490 FF; Frühstück 50 FF **Zimmer:** 18, alle mit Bad oder Dusche; Telefon, TV **Kreditkarten:** AE, DC, MC, V **Geschlossen:** nie

---

Landhotel, Sept-Saulx

Le Cheval Blanc

»Ausgezeichnete Küche und beste Unterbringung in herrlicher Umgebung«, so ein Bericht, der uns auf dieses alte, mit den Jahren ausgebaute Gasthaus in einem reizvollen Garten brachte. Ambitionierte Kochkunst, allerdings jetzt ohne Michelin-Stern.

■ 51400 Sept-Saulx (Marne) **Tel.:** 26039027 **Fax:** 26039709 **Mahlzeiten:** Frühstück, Mittag- und Abendessen **Preise:** Zimmer 450-800 FF, Suiten 980 FF; Frühstück 50 FF **Zimmer:** 25, alle mit Bad oder Dusche, Telefon, TV, Minibar **Kreditkarten:** AE; DC, MC, V **Geschlossen:** 3 Wochen im Febr.

Stadthaus, Vervins

La Tour du Roy

Das ehrwürdige, von einem Turm gekrönte Haus an der Befestigung von Vervins hat hübsche, individuell gestaltete Zimmer. Erstmals werden Service und Betrieb ein wenig bemängelt. Doch keine Klagen über die Küche, außer daß die Karte keine große Auswahl bietet. Hinweise erwünscht.

■ 45 Rue du Général Leclerc, 02140 Vervins (Aisne) **Tel.:** 23980011 **Fax:** 23980072 **Mahlzeiten:** Frühstück, Mittag- und Abendessen **Preise:** Zimmer 350-500 FF; Frühstück 60 FF, Menüs 180-400 FF **Zimmer:** 16, alle mit Bad, Zentralheizung, Telefon, TV, Radio, Minibar, einige mit Klimaanlage **Kreditkarten:** AE, DC, MC, V **Geschlossen:** Mitte Jan. bis Mitte Febr.

Westen

Einführung in die Region

In dieser westlichen Region ist für Touristen dreierlei von Interesse: das Loiretal und seine unmittelbare Umgebung mit der reizvollen Sologne, südlich von Orléans; zweitens das hügelige Limousin, das bis in den nördlichen Saum des Périgord hineinreicht, mit dem Gebiet um Angoulême; schließlich das Hinterland der Atlantikküste einschließlich der Kanäle von Poitou-Charente. Wir haben Hotel-Empfehlungen für alle diese Bereiche, aber auch für die Departements dazwischen sowie im Westen für die Ausläufer des Massif Central.

Anwärter in Westfrankreich
Aubigny-sur-Nère, Château de la Verrerie (02)48580691; prachtvolles Schloß mit Turm in herrlichem Park, wird von den adligen Besitzern geführt.
Blois, Le Vieux Cognet (02)54560534; schlichte, aber gut eingerichtete Frühstückspension in einem ruhigen Ort an den Ufern der Loire.
Challans, Château de la Vérie (02)51353344; reich ausgestattetes Landhaus in großem Gelände; Schwimmbad, Tennis.
Cheverny, Château du Breuil (02)54442020; Schloß aus dem 18. Jh. in großem Gelände mit elegantem Salon und behaglich mit Antiquitäten möblierten Zimmern.
Chouzé-sur-Loire, Château des Réaux (02)47951440; Märchenschloß, elegant ausgestattet und hübsch möbliert.
Dompierre-les-Eglises, Le Moulin des Combes (02)55686209; zu einer luxuriösen Frühstückspension umgebaute alte Wassermühle; englische Besitzer.
Le Gua, Le Moulin de Châlons (05)46228272; steinerne Mühle an der Seudre mit schönem Wiesengrund und reizenden Zimmern.
Loches, Hôtel George Sand (02)47593974; Anwesen am Fluß mit mächtigen Balken und traditionellem Dekor.
Mondoubleau, Le Grand Monarque (02)54809210; freundliches Anwesen mit sauberen (z.T. etwas vollgestellten) Zimmern in einem Garten mit schönem Rasen.
Mont-près-Chambord, Manoir de Clénord (02)54704162; abgeschlossenes, schön ausgestattetes Landhaus; Familienbetrieb.
Montbazon-en-Touraine, Domaine de la Tortinière (02)47260019; zierliches, reizend möbliertes Märchenschloß in einem Park mit Bäumen; Schwimmbad und herrlicher Blick.
Onzain-en-Touraine, Domaine des Hauts de Loire (02)54207257; elegant ausgestattetes, stimmungsvolles umgebautes Jagdhaus (Relais & Châteaux).
La-Roche-sur-Yon, Logis de la Couperie (02)51372119; etwas außerhalb der Stadt gelegenes, elegantes Landhaus, das als Gästehaus geführt wird.
St-Lambert-des-Levées, La Croix de la Voulte (02)41384666; Frühstückspension in altem Landhaus in üppigen Gartenanlagen.
Tours, Jean Bardet (02)47414111; wunderbares Gelände; eine der besten Küchen Frankreichs.
Velluire, Auberge de la Rivière (02)51523215; Anwesen am Wasser ohne großen Anspruch, aber mit hübschen Zimmern.

Westen

Umgebaute Mühle, Bannegon

Auberge du Moulin de Chaméron

Das schwer einzuordnende Anwesen präsentiert sich von zwei sehr unterschiedlichen Seiten. Das Herz des Hotels ist die alte Wassermühle aus dem 18. Jh., eine Mischung aus bäuerlichem Museum und reizendem Restaurant. Die ruhigen, bequemen, aber wenig reizvollen Zimmer liegen in zwei fast städtisch wirkenden, modernen Gebäuden am Ende des Gartens. Sollte man vielleicht von einem Restaurant mit Zimmern statt von einem Hotel sprechen? Das würde das Ganze abwerten, da es sich durchaus für einen längeren Aufenthalt empfiehlt – vor allem im Sommer, wenn man den Garten mit Bäumen und Schwimmbad und die mit einem Zelt überdachte Terrasse des Restaurants am Bach genießen kann. Die Küche von Jean Merilleau ist ausgezeichnet und nicht zu teuer.

Umgebung: Schloß Meillant (25 km); Kloster Noirlac (30 km).

Bannegon
18210 Charenton-du-Cher
Tel.: (02)48618380
Fax: (02)48618492
Lage: in offener Landschaft zwischen Bannegon und Neuilly, 40 km sö Bourges; Garten; großer Parkplatz
Mahlzeiten: alle
Preise: Zimmer 350-650 FF; Menüs 150-240 FF
Zimmer: 13 Doppelzimmer, 8 mit Bad, 5 mit Dusche; 1 Familienzimmer mit Bad;

alle Zimmer mit Telefon, TV
Anlage: 2 Salons, Bar, Pool, Angeln, Tischtennis
Kreditkarten: AE, MC, V
Kinder: willkommen
Behinderte: keine speziellen Einrichtungen
Tiere: auf den Zimmern erlaubt, Aufpreis
Geschlossen: 15. Nov. bis Anfang März; Di außerhalb der Saison
Besitzer: M. Candoré und M. Merilleau

Westen

Schloß- und Landhaushotel, Briollay

Château de Noirieux

»Das Hotel am Westende des Gürtels, den die Loire-Schlösser bilden, ist wirklich ein Juwel. Die meisten Hotels an der von Touristen überlaufenen Loire sind zu teuer und wecken nur wenig Begeisterung; hier aber paßt alles zusammen; das Haus wirkt professionell geführt und doch sehr charmant«, lautet der Bericht eines unserer gewissenhaftesten Tester. Er schreibt weiter:

»Das Schloß wurde 1927 in wunderbarem Gelände mit Blick zum Fluß erbaut und 1991 als Hotel eröffnet. Es ist höchst komfortabel; auch nach drei Regentagen fühlten wir uns immer noch angenehm verwöhnt. Die Salons sind wunderschön möbliert, das Speisezimmer ist hell und luftig, bei gutem Wetter wird auf der Terrasse gegessen. Es gibt Zimmer im Haupt- und in zwei weiteren Gebäuden, alle recht aufwendig in verschiedenen Stilarten ausgestattet.

Die Küche ist sehr kreativ und erstklassig, die Weinkarte beispielhaft, ohne daß die Preise einem den Appetit verderben. Wir wurden herzlich begrüßt, das Personal war immer hilfsbereit und höflich. Das Château ist nicht billig, aber in jeder Beziehung seinen Preis wert.«

Umgebung: Golf; Angers (12 km) – Kathedrale, Château

26 Route du Moulin,
49125 Briollay
Tel.: (02)41425005
Fax: (02)41379100
Lage: auf dem Lande, abseits der D 52 (Abfahrt 14 von der A 11); mit Gärten
Mahlzeiten: Frühstück, Mittag- und Abendessen
Preise: Zimmer 600-1300 FF; Frühstück 85 FF, Menüs 195 (wochentags Mittag)- 460 FF
Zimmer: 19 Doppelzimmer mit Bad; einige haben Telefon, TV, Minibar, Fön
Anlage: Bar, Whirlpool, Swimmingpool, Tennis
Kreditkarten: AE, DC, MC, V
Kinder: willkommen
Behinderte: 2 Zimmer im Erdgeschoß
Tiere: erlaubt
Geschlossen: Anf. Febr. bis Mitte März; Ende Nov. bis Anf. Dez.; Restaurant So abd., Mo, Mitte Okt.-Mitte April
Manager: Gérard und Anja Come

Westen

Le Fleuray

»Ich kann das kleine, wohl ausgestattete Hotel im Loire-Tal nur empfehlen«, meint ein Tester, »das lauteste Geräusch ist hier das Quaken der Frösche im Teich.« Auch das freundliche Personal wird sehr gelobt.

Doch das war nicht immer so. Die Newingtons machen laufend Verbesserungen an dem seinerzeit bei der Übernahme fast verfallenen Haus, das sie 1992, »völlig erschöpft und fast mittellos«, eröffnet haben. Hotel und Restaurant werden mehr oder weniger von der Familie betrieben, Hazel kümmert sich vorwiegend um die Küche. Im Sommer wird auf der Terrasse, im Winter vor dem Kaminfeuer gegessen. Die Zimmer sind nach heimischen Blumenarten benannt. Zum Frühstück gibt es warme, hausgemachte Brötchen, Brioches, Orangensaft und frisches Obst.«

Das alte Haus wurde modernisiert und freundlich gestaltet; es eignet sich als Ausgangspunkt für Fahrten zu den Schlössern. Daß Hazels Küche gut ist, kann der Tester nur bestätigen; beide sind liebenswürdige, aber nie aufdringliche Gastgeber.

Umgebung: Schlösser – Amboise, Chaumont, Chenonceaux, Tours

Cangey, 37530 Amboise
Tel.: (02)47560925
Fax: (02)47569397
Lage: an der D 74, 7 km nö von Amboise; mitten in Gärten, mit großem Parkplatz
Mahlzeiten: Frühstück, Abendessen
Preise: Zimmer 295-375 FF; Frühstück 55 FF, Menüs 115-225 FF, Kinderteller 60 FF
Zimmer: 11 Doppelzimmer, 4 mit Bad, 7 mit Dusche; 9 Zimmer haben Zentral-heizung, 2 Elektroheizung, Telefon
Anlage: Speiseraum
Kreditkarten: MC, V
Kinder: sehr willkommen
Behinderte: einige Zimmer im Erdgeschoß
Tiere: erlaubt
Geschlossen: Ende Okt. und Anfang Nov.; Weihnachten und Neujahr
Besitzer: Peter und Hazel Newington

Westen

Stadthaus, Chinon

Hôtel Diderot

Über wenige Hotels gehen ausschließlich positive Berichte ein; dieses hier ist eines davon, und es ist deshalb seit der ersten Auflage in diesem Führer empfohlen. Nicht zuletzt auch wegen der moderaten Preise sind die Gäste bis heute wirklich zufrieden.

Das schöne, von Kletterpflanzen umrankte Haus mit weißen Läden liegt in einem Hof, der Platz zum Parken bietet. Die französisch-zypriotischen Besitzer sind reizend und im höchsten Maße hilfsbereit. Das Frühstück, das auf der schattigen Terrasse oder in einem Raum mit Steinboden und Balkendecke serviert wird, schmeckt vorzüglich – dank der hausgemachten Zutaten von Madame. Von den Zimmern, die schlicht möbliert (bei diesem Preis nicht anders zu erwarten), aber makellos sauber sind, hat man eine schöne Aussicht. Einige haben schicke, neue Bäder.
Umgebung: Grand Carroi, Schloßruine, Kirche St-Maurice; Schlösser – Azay-le-Rideau (20 km), Langeais (30 km)

4 Rue Buffon 37500 Chinon
Tel.: (02)47931887
Fax: (02)47933710
Lage: im Stadtzentrum; Hof; Privatparkplatz
Mahlzeiten: Frühstück
Preise: Zimmer 250-400 FF; Frühstück 40 FF
Zimmer: 28 Doppelzimmer, 17 mit Bad, 11 mit Dusche (8 mit Einzelbetten), 3 Familienzimmer mit Bad; alle Zimmer mit Zentralheizung, Telefon
Anlage: Bar, Frühstücksraum
Kreditkarten: AE, DC, MC, V
Kinder: willkommen
Behinderte: einige Zimmer im Erdgeschoß
Tiere: nicht erlaubt
Geschlossen: 15. Dez. bis 15. Jan.
Besitzer: Theo Kazamias

Westen

Hostellerie Ste-Catherine

Das Tardoiretal ist sehr hübsch, und die Gegend um Montbron, östlich von Angoulême, liegt außerhalb der Touristenströme; vielleicht bekommen wir deshalb so selten Berichte über das schöne alte Haus, eine Residenz der Kaiserin Josephine.

Die Anfahrt über eine gewundene Straße, die durch bewaldetes Gelände führt, ist wahrlich imposant; der helle Steinbau wirkt gediegen und streng. Im Inneren aber ist die Atmosphäre trotz eleganter Möbel und peinlichster Ordnung keineswegs steif, sondern entspannt und locker.

Die Zimmer verraten ein sicheres Gefühl für Stil und Komfort. In den ineinandergehenden Speiseräumen hängen Wandteppiche, der Aufsatz über dem steinernen Kamin ist schön geschnitzt; zwei Aufenthaltsräume laden zum Verweilen ein. Von den individuell gestalteten und möblierten Zimmern sieht man auf den Park. Sie sind unterschiedlich groß, was sich im Preis niederschlägt. Es gibt ein Menü und eine interessante Speisekarte.

Umgebung: Angoulême (30 km) – Kathedrale, Spaziergang über die Stadtmauern; Schlösser – de Brie (40 km), Rochechouart (40 km)

Route de Marthon
16220 Montbron
Tel.: (05)45236003
Fax: (05)45707200
Lage: in einem Park abseits der D16, 4 km sw von Montbron, 28 km ö von Angoulême; großer Parkplatz
Mahlzeiten: Frühstück, Mittag- und Abendessen
Preise: Zimmer 450-800 FF; Frühstück 49 FF; Menü 170 FF
Zimmer: 14 Doppelzimmer, 4 Familienzimmer, meist mit Bad oder Dusche; alle mit Zentralheizung, Telefon, TV
Anlage: 2 Speisezimmer, 2 Salons, Bar, Swimmingpool
Kreditkarten: AE, DC, MC, V
Kinder: werden aufgenommen
Behinderte: keine speziellen Einrichtungen
Tiere: erlaubt
Geschlossen: nie
Besitzerin: Marie-Michelle Rey

Westen

Schloßhotel, Nieuil

Château de Nieuil

»Unser Zimmer war (obwohl eines der kleineren) höchst komfortabel und noch dazu eines der preiswertesten im ganzen Urlaub«, schrieb ein Leser über das Renaissance-Märchenschloß. Das Hotel ist also seinen Preis durchaus wert, denn es hat Besonderes zu bieten. Das Schloß mit steilem Dach und Türmchen, umgeben von einem sehr formalen Garten, einem Ziergraben und dem Park, ist der Inbegriff von Eleganz. Entsprechend die Ausstattung mit erlesenen Antiquitäten, Porzellan und Tapisserien. Einige Zimmer wirken wahrlich grandios.

Das Angenehme an diesem Hotel aber ist, daß hier trotzdem nichts einschüchternd und prätentiös wirkt. Die Familie Bodinaud ist hier seit mehr als hundert Jahren ansässig, und das Hotel praktisch ein Familienbetrieb. Mme Bodinaud (früher Dozentin für Design) zeichnet für die Gestaltung und die Küche verantwortlich und hat für ihre kreativen Gerichte einen Michelin-Stern bekommen; ihr Mann kümmert sich um eine Sammlung von 300 Cognac-Sorten. Da beide kunstinteressiert sind, haben sie in den Stallungen eine Galerie eingerichtet.

Umgebung: Limoges (65 km)

Rte de Fontafie, 16270 Nieuil
Tel.: (05)45713638
Fax: (05)45714645
Lage: in einem Park, 2 km ö von Nieuil; Grundstück; Parkplatz; Garage für 8 Autos
Mahlzeiten: Frühstück, Mittag- und Abendessen
Preise: Zimmer 630-1350 FF; Suiten 1400-2100 FF; Frühstück 75 FF, Menüs 240-320 FF
Zimmer: 11 Doppelzimmer; 3 Suiten, alle mit Bad; jedes Zimmer mit Zentralheizung, Telefon, TV, Minibar, 5 auch mit Klimaanlage
Anlage: Salon, Bar; Swimmingpool, Tennisplatz
Kreditkarten: AE, DC, MC, V
Kinder: willkommen
Behinderte: Zugang zu 1 Zimmer und 1 Appartement
Tiere: werden akzeptiert
Geschlossen: Nov. bis April; Restaurant Mitte April bis Mitte Dez.
Besitzer: Jean-Michel und Luce Bodinaud

Westen

Gästehaus am Strand, La Rochelle

33 Rue Thiers

Endlich können wir dem distinguierten, kleinen Gästehaus den gebührenden Platz einräumen. Die Berichte loben »Maybelles liebenswürdigen Empfang« und stellen fest, daß es »das denkwürdigste aller Hotels, in denen ich je untergebracht war« ist und daß man wiederkommen will.

Es handelt sich hier um ein renoviertes Stadthaus aus dem 18. Jh. Die tatkräftige Besitzerin, halb Amerikanerin und halb Französin, ist die Kochbuchautorin Maybelle Iribe. Sie eröffnete ihr Haus 1987, dessen Reize sich bald herumsprachen, so daß sie heute einen festen Stamm von Gästen hat, die Jahr für Jahr wiederkommen.

Die Aufenthaltsräume sind mit Antiquitäten und eleganten modernen Möbeln ausgestattet. In den riesigen Zimmern herrschen Pastelltöne vor; sie wirken nicht nur individuell, sondern sind geradezu Schaukästen von Madame Iribes Sammeleifer.

Üppiges Frühstück und Abendessen gibt es im abgeschlossenen Innenhofgarten. Tagesausflügler bekommen von Maybelle ein köstliches Lunchpaket.

Umgebung: Altstadt, Hafen, Leuchtturm von La Rochelle; Ile de Ré.

33 Rue Thiers, 17000 La Rochelle
Tel.: (05)46416223
Fax: (05)46411076
Lage: in einer Straße direkt am Hauptmarkt; kleiner ummauerter Garten; Parkplatz
Mahlzeiten: Frühstück, Abendessen
Preise: Zimmer 380-450 FF, Frühstück 30 FF; Abendessen 120 FF
Zimmer: 5 Doppel-, 1 Familienzimmer, alle mit Bad; alle Zimmer haben Zentralheizung
Anlage: Speiseraum, Salon, TV-Zimmer
Kreditkarten: keine
Kinder: willkommen; spezielle Mahlzeiten und Babysitting auf Wunsch
Behinderte: keine speziellen Einrichtungen
Tiere: gut erzogene Hunde erlaubt
Geschlossen: Febr.
Besitzerin: Maybelle Iribe

Westen

Restaurant mit Gästezimmern

Auberge Jeanne de Laval

Das Haus kann als Inbegriff eines Restaurants mit Gästezimmern gelten. Man kommt hierher wegen der Küche mit Michelin-Stern und bleibt gleich über Nacht. Man möchte hier nicht den ganzen Urlaub verbringen, aber die Auberge bietet sich als trefflicher Zwischenstop auf der Reise zu den Loire-Schlössern oder weiter nach Süden an. Das Restaurant ist ein besonders einladender Raum mit hellen, modernen Möbeln unter der Balkendecke und einem kompromißlos modernen, verglasten Anbau. Im selben Gebäude sind vier der Zimmer, zwei zur Straße, zwei zum Garten hin. Die meisten Zimmer aber befinden sich in der nur einen Spaziergang entfernten Ducs d'Anjou-Villa, die das Foto oben zeigt. Sie sind groß, ruhig und geschmackvoll eingerichtet.
Umgebung: Saumur (15 km); Angers (30 km) – Kathedrale, Château

54 Rue Nationale, Les Rosiers-sur-Loire, 49350 Gennes
Tel.: (02)41518017
Fax: (02)41380418
Lage: im Dorfzentrum, 15 km nw von Saumur; Blumengarten; Parkplatz
Mahlzeiten: Frühstück, Mittag- und Abendessen
Preise: Zimmer 350-600 FF; Frühstück 50 FF; Menüs 170-420 FF
Zimmer: 10 Doppelzimmer, alle außer einem mit Bad; alle mit TV, Minibar und Telefon
Anlage: Speiseraum
Kreditkarten: AE, DC, MC, V
Kinder: willkommen
Behinderte: keine speziellen Einrichtungen
Tiere: Hunde auf den Zimmern erlaubt
Geschlossen: Mitte Nov. bis Mitte Dez.; Restaurant Mo (außer an staatlichen Feiertagen und in der Hauptsaison)
Besitzer: Familie Augereau

Westen

Schloßhotel, St-Chartier

Château de la Vallée Bleue

Da die Gasquets das schöne Schloß 1985 übernommen hatten, erschienen sie schon in der ersten Ausgabe dieses Führers; das Hotel ist seitdem immer reizvoller geworden. Als letztes hat man eine Scheune und Stallungen weiter ausgebaut. Ein Vater von drei kleinen Kindern schreibt über das Vallée Bleue: »Hier herrscht die perfekte Verbindlichkeit, die Kinder werden wie junge Erwachsene behandelt. Das Restaurant gehört zum Besten, was wir bisher erlebt haben.«

Im Haus herrscht eine Atmosphäre der Herzlichkeit und Wärme. Frische Blumen und behagliches Kaminfeuer bestimmen das Bild in der Eingangshalle, jeder Raum hat seine persönliche Note. Von jedem der großen, behaglich mit Antiquitäten möblierten Zimmer genießt man den Blick in den Garten. Hinter den Weiden mit grasenden Kühen sieht man die Terrakotta-Ziegeldächer des Dorfes. Die Aufenthaltsräume zum Garten hin sind reizend und elegant mit beachtlichen Antiquitäten möbliert. Hier wird eine anspruchsvolle Küche der Region (mit einem Hauch von *nouvelle cuisine*) gepflegt.

Umgebung: Tour de la Prison (Museum George Sand und Vallée Noire); Sarzay (10 km) – Schloß; Nohant (5 km) – Schloß

Rte de Verneuil, St-Chartier
36400 La Châtre
Tel.: (02)54310191
Fax: (02)54310448
Lage: außerhalb des Weilers an der D 69, 9 km n von La Châtre; große Anlage
Mahlzeiten: Frühstück, Mittag- und Abendessen
Preise: Zimmer 390-590 FF; Frühstück 50 FF, Menüs 140-295 FF, Kinder 70 FF
Zimmer: 11 Doppelzimmer (3 mit Einzelbetten), 5 mit Bad, 6 mit Dusche, 1 Einzelzimmer mit Dusche; 2 Familienzimmer mit Bad; alle mit TV, Telefon, Minibar, Fön
Anlage: 2 Speiseräume, Salon, Pool, Fitneßraum, Bowling
Kreditkarten: MC, V
Kinder: willkommen; spezielle Mahlzeiten
Behinderte: 3 Zimmer im Erdgeschoß
Tiere: bei Aufpreis erlaubt
Geschlossen: Febr.
Besitzer: Gérard Gasquet

Westen

Dorfhotel, Tavers

La Tonnellerie

Die Flut der Berichte über dieses schöne Weinhändlerhaus aus dem 19. Jh. ist allmählich versiegt (vielleicht weil auch das billigste Zimmer nicht mehr billig ist), aber es erscheint uns immer noch sehr attraktiv.

Das Hotel im kleinen Dorf Tavers, gleich an der Loire und nicht weit von Beaugency, ist um einen zentralen Innenhofgarten angelegt. Es gibt einen netten kleinen Swimmingpool und mächtige Kastenienbäume. Auf dem Rasen und auch in einiger Entfernung vom Haus stehen auf Terrassen Tische für sommerliche Mahlzeiten. Die ländliche Atmosphäre reicht bis in die Speiseräume, die beide zum Garten hinausgehen, einer eine Art Wintergarten, der andere bäuerlich mit Steinfußboden und schönem Holzwerk. Die überdurchschnittliche Küche bietet Gerichte der Region im Stil der Nouvelle cuisine.

In den letzten Jahren hat Mme Aulagnon das Hotel weiter verschönert; Appartements bzw. Suiten (pastellfarbene Wände, blumige Stoffe, polierte Antiquitäten, schön gefliste Bäder) sind hinzugekommen, und andere Zimmer wurden neugestaltet.

Umgebung: Beaugency – Hôtel de Ville, Tour St-Firmin, Kirche Notre-Dame; Schlösser – Chambord (25 km), Blois (30 km)

12 Rue des Eaux-Bleues, Tavers, 45190 Beaugency
Tel.: (02)38446815
Fax: (02)38441001
Lage: im Dorfzentrum, 3 km w von Beaugency; Garten
Mahlzeiten: Frühstück, Mittag- und Abendessen
Preise: Zimmer 350-840 FF, Appartements 660-1240 FF; Frühstück 65 FF; Menüs 135-245 FF
Zimmer: 12 Doppelzimmer (7 mit Einzelbetten), 3 Suiten, 5 Appartements, alle mit Bad, Telefon, TV, Fön
Anlage: Salon, Pool, Tennisplatz, Fahrradverleih
Kreditkarten: AE, MC, V
Kinder: willkommen; besondere Mahlzeiten
Behinderte: Zimmer im Erdgeschoß; Lift
Tiere: erlaubt
Geschlossen: 2. Jan. bis Ende Febr.
Besitzerin: Marie-Christine Pouey

Westen

Dorfhotel, Tonnay-Boutonne

Le Prieuré

Vor einigen Jahren wollten wir das Hotel schon aus dem Führer herausnehmen, da wir kein Leserecho mehr hatten; doch inzwischen erreichen uns wieder begeisterte Berichte. In einem war zu lesen: »Mit knapp über 800 Francs für zwei Personen war dies zwar unser teuerster Zwischenhalt, aber die Sache wert.« Ein anderer vermerkt, daß die Preise »vernünftig« seien und daß das Prieuré »in jeder Beziehung ausgezeichnet« sei.

Tonnay-Boutonne, ein kleines, ruhiges Dorf, liegt zwischen der alten Garnisonsstadt Rochefort und dem einstigen Weinhafen St-Jean-d'Angély. Das Anwesen befindet sich etwas abseits der Hauptstraße in einem Garten mit großen Rasenflächen und ist ein typisches Haus der Charentaise: schlicht, aber streng symmetrisch, mit weißen Läden. Es war der Familiensitz der Inhaber, bevor sie es in ein Hotel umwandelten, und hat sich sein freundliches Flair bewahrt. Die Zimmer und Bäder sind attraktiver geworden, was einen Tester veranlaßte, sie »reizend« zu nennen und den Anstieg vom 2-Sterne- zum 3-Sterne-Hotel vor ein paar Jahren zu rechtfertigen.

Umgebung: Rochefort – Corderie Royale (17. Jh.), Marinemuseum; La Roche Courbon (25 km) – Schloß; Saintes (30 km)

17380 Tonnay-Boutonne
Tel.: (05)46332018
Fax: (05)46332555
Lage: im Dorf, 21 km ö von Rochefort; großer Garten und Parkplatz
Mahlzeiten: Frühstück, Mittag- und Abendessen
Preise: Zimmer 250-450 FF; Frühstück 45 FF pro Person; Menüs 140 FF
Zimmer: 16 Doppelzimmer (6 mit Einzelbetten), 2 Familienzimmer, 15 mit Bad, 3 mit Dusche, alle Zimmer mit Telefon, TV
Anlage: Empfangshalle/Lounge, TV-Zimmer/Salon, Speiseräume
Kreditkarten: MC, V
Kinder: willkommen
Behinderte: keine speziellen Einrichtungen
Tiere: erlaubt
Geschlossen: Weihnachten/Neujahr
Besitzer: M. und Mme Paul Vernoux

Westen

Schloßhotel, Amboise

Château de Pray

Hoch über der Loire liegt das tief in Geschichte und Landschaft eingebettete Château aus dem 13. Jh.; von Fenstern und Terrassen hat man einen herrlichen Blick. Alle Zimmer wurden elegant renoviert; vier Suiten sind am anderen Ende des Gartens dazugekommen.

■ 37400 Amboise (Indre-et-Loire) **Tel.:** (02)47572367
Fax: (02)47573250 **Mahlzeiten:** Frühstück, Mittag- und Abendessen
Preise: Zimmer 470-750 FF; Frühstück 50 FF, Menüs 145-295 FF
Zimmer: 19, alle mit Bad, Telefon, TV **Kreditkarten:** AE, DC, MC, V
Geschlossen: Jan.

Dorfgasthaus, Angles sur l'Anglin

Le Relais du Lyon d'Or

Über den Gasthof, inmitten eines Dorfes, von dem man sagt, daß es das schönste in Frankreich sei, hätten wir gern weitere Berichte. Das Gebäude, früher ein königliches Lagerhaus, geht bis aufs 14. Jh. zurück und bietet in acht individuell gestalteten Zimmern (weitere geplant) behagliche Unterkunft; offene Kamine, Balkendecken, Terrakottaböden. Regionalküche der Saison.

■ 4 Rue d'Enfer, 86260 Angles sur l'Anglin (Vienne) **Tel.:** (02)49483253
Fax: (02)49840228 **Mahlzeiten:** Frühstück, Mittag- und Abendessen
Preise: Zimmer 350 FF; Frühstück 35 FF, Menüs ab 98 FF **Zimmer:** 8 mit
Bad oder Dusche, Telefon, Zentralheizung **Kreditkarten:** MC, V
Geschlossen: 5. Jan.-21. Febr.

Landhaus, Ardenais

Domaine de Vilotte

Das elegante, rosenbewachsene Landhaus der gastfreundlichen Familie Champenier verfügt über fünf individuell ausgestattete Zimmer und eine wunderschöne Terrasse. In der Diele ist eine Kollektion alter Radios, Telephone und Nähmaschinen ausgestellt. Neu aufgenommen, bitte schreiben Sie uns.

■ Ardenais, 18170 Le Châtelet-en-Berry (Cher) **Tel. & Fax:**
(02)48960496 **Mahlzeiten:** Frühstück, Abendessen nach Vereinbarung
Preise: Zimmer 330 FF-390 FF, mit Frühstück **Zimmer:** 5, alle mit Bad,
Zentralheizung **Kreditkarten:** keine **Geschlossen:** nie

Dorfhotel, Bassac

L'Essille

Schon vor Jahren hörten wir von dem bescheidenen Hotel in einem friedlichen Dorf an der Charente. Jetzt erfuhren wir: »Komfortables Hotel in hübschem Garten; sehr ruhig; einfache Mahlzeiten; Parkmöglichkeit.« Und in einem früheren Bericht: »Herzliches Willkommen, nettes, tüchtiges Personal.«

■ 16120 Bassac (Charente) **Tel.:** (02)45819413 **Fax:** (02)45819726
Mahlzeiten: Frühstück, Mittag- und Abendessen **Preise:** Zimmer 270-
360 FF; Frühstück 38 FF, Menüs 100-220 FF **Zimmer:** 10, alle mit Bad,
Zentralheizung, Telefon, TV **Kreditkarten:** MC, V **Geschlossen:** eine
Woche im Jan.; Restaurant So Abend

Westen

Le Cheval Blanc

Das hübsche Haus am Hauptplatz von Bléré mit drei offenen Kaminen bekommt die besten Empfehlungen, vor allem für den guten Service. Das Essen ist köstlich und einfallsreich, die Preise sind für diese Gegend sehr moderat. Garten und geheiztes Schwimmbad.

■ Place de l'Église, 37150 Bléré (Indre-et-Loire) **Tel.:** (02)47303014 **Fax:** (02)47235280 **Mahlzeiten:** Frühstück, Mittag- und Abendessen **Preise:** Zimmer 290-390 FF; Frühstück 36 FF, Menüs 99-265 FF, **Zimmer:** 12, alle mit Bad oder Dusche, Zentralheizung, Telefon, TV, Minibar, Fön **Kreditkarten:** AE, DC, MC, V **Geschlossen:** Jan. und Febr.; Restaurant So und Mo abend, außer Juli und Aug.

Auberge de la Solognote

Die Reize des langweilig wirkenden Hauses liegen im Innern, wo den Gast elegantes, ländliches Mobiliar, geschmackvolle Ausstattung und eine exquisite (mit Michelin-Stern ausgezeichnete) Küche erwarten. Die schönen, hellen Zimmer verdienen höchstes Lob, vor allem die im Nebengebäude.

■ 18410 Brinon-sur-Sauldre (Cher) **Tel.:** (02)48585029 **Fax:** (02)48585600 **Mahlzeiten:** Frühstück, Mittag- und Abendessen **Preise:** Zimmer 310-420 FF; Menüs 160-330 FF **Zimmer:** 13, alle mit Bad oder Dusche, Zentralheizung, Telefon, TV **Kreditkarten:** MC, V **Geschlossen:** Mitte Febr. bis Mitte März

L'Hermitage

Ein ausgezeichnetes Logis de France, das in einem winzigen Landhaus im Grünen am Fluß Indre liegt. Ein zweiter Speiseraum und eine Veranda sind noch hinzugekommen. Im Garten kann man das Frühstück einnehmen. An Winterabenden Kaminfeuer. Wir bekommen begeisterte Berichte über Herzlichkeit, guten Service und sehr gutes, preiswertes Essen in der sonst teuren Gegend.

■ 36500 Buzançais (Indre) **Tel.:** (02)54840390 **Fax:** (02)54021319 **Mahlzeiten:** Frühstück, Mittag- und Abendessen **Preise:** Zimmer 285-335 FF; Frühstück 29 FF, Menüs 88-235 FF **Zimmer:** 14, alle mit Telefon, TV **Kreditkarten:** MC, V **Geschlossen:** So abend und Mo, außer Juli, Aug.

Hôtel de la Sarthe

Bei seinem letzten Besuch war unser Prüfer sehr angetan von der bescheidenen Unterkunft in schöner Flußlandschaft; Lärmempfindliche könnten sich durch die nahe Durchgangsstraße gestört fühlen. Die Zimmer wurden gerade neu ausgestattet. Das gut zubereitete Essen ist sehr preiswert und wird im Sommer auf der Terrasse serviert. Freundliche Gastgeber.

■ 1 Rue du Port, 49330 Châteauneuf-sur-Sarthe (Maine-et-Loire) **Tel.:** (02)41698529 **Mahlzeiten:** Frühstück, Mittag- und Abendessen **Preise:** Zimmer 195-270 FF; Frühstück 30 FF, Menüs 86-205 FF **Zimmer:** 7, alle mit Bad oder Dusche, Zentralheizung **Kreditkarten:** MC, V **Geschlossen:** 3 Wochen im Okt.; Restaurant So abend, Mo außerhalb der Saison

Westen

La Croix Blanche

Seit 200 Jahren gibt es hier weibliche Küchenchefs; diese Tradition wird fortgesetzt. Das behagliche Hotel ist mit schönen alten Möbeln und Stoffen ausgestattet. Die vorzügliche Küche ist stark von Gerichten des Périgord (Gänseleber usw.) geprägt. Ein Besucher fand, daß dem Hotel eine Renovierung guttäte.

■ 41600 Chaumont-sur-Tharonne (Loir-et-Cher) **Tel.:** (02)54885512 **Fax:** (02)54886040 **Mahlzeiten:** Frühstück, Mittag- und Abendessen **Preise:** Zimmer 290-580 FF, DB&B 445-520 FF; Frühstück 45 FF, Menüs 145-250 FF **Zimmer:** 16, alle mit Bad, Zentralheizung, Telefon, TV, Radio, Minibar **Kreditkarten:** AE; DC, MC, V **Geschlossen:** nie.

La Roseraie

Ein Leser gab uns den Hinweis, daß das frühere Hotel Ottoni von der »reizenden Pariserin« Mme Fiorito wiedereröffnet worden ist. Die Zimmer sind mit Geschmack eingerichtet, der freundliche Speiseraum wirkt einladend. Reizvoll ist die sonnige Terrasse. Das berühmte Château liegt nur Minuten entfernt.

■ 7 Rue du Dr Bretonneau, 37150 Chenonceaux (Indre-et-Loire) **Tel.:** (02)47239009 **Fax:** (02)47239159 **Mahlzeiten:** Frühstück, Mittag- und Abendessen **Preise:** Zimmer 265-480 FF; Frühstück 38 FF, Menüs 98-155 FF **Zimmer:** 18, alle mit Zentralheizung, Telefon, Sat-TV **Kreditkarten:** AE, DC, MC, V **Geschlossen:** Mitte Nov. bis Mitte Febr.

Au Marais

Das Marais, um das es hier geht, ist die große Region mit Salzmarschen westlich von Niort. Das freundliche, kleine Gasthaus am Ufer des Flusses Sèvre-Niortaise ist eine angenehme Zwischenstation. Sehr gepflegte Zimmer in hellen Pastellfarben.

■ 46-48 Quai Louis-Tardy, 79510 Coulon (Deux-Sèvres) **Tel.:** (02)49359043 **Fax:** (02)49358198 **Mahlzeiten:** Frühstück **Preise:** Zimmer 250-600 FF; Frühstück 38 FF **Zimmer:** 18, alle mit Bad, Zentralheizung, Telefon, TV **Kreditkarten:** AE, MC, V **Geschlossen:** Jan.

Manoir du Grand Martigny

Henri und Monique Desmarais bemühen sich um ausländische Gäste für ihr Herrenhaus aus dem 16. Jh., das nicht weit von der Loire in waldreichem Gelände steht. Mitte der 80er Jahre wurde alles renoviert. Prächtige Zimmer, elegante Aufenthaltsräume, vorzügliches Frühstück.

Vallières, 37230 Fondettes (Indre-et-Loire) **Tel.:** (02)47422987 **Fax:** (02)47422444 **Mahlzeiten:** Frühstück **Preise:** Zimmer 460-700 FF mit Frühstück **Zimmer:** 7, alle mit Bad, Zentralheizung **Kreditkarten:** keine **Geschlossen:** Mitte Nov. bis März

Westen

Dorfgasthaus, Fontgombault

Auberge de l'Abbaye

»Interessante Zwischenstation«, aber »kaum mehr als eine Hütte« heißt es im jüngsten Bericht über diese kleine Herberge aus dem 16. Jh. Die Zimmer sind klein und schlicht, aber das Essen ist vorzüglich, die Bedienung ebenso reizend wie die Lage in der Nähe des Klosters Fontgombault (berühmt für Gregorianischen Gesang).

■ 36220 Fontgombault (Indre) **Tel.:** (02)54371082 **Mahlzeiten:** Frühstück, Mittag- und Abendessen **Preise:** Zimmer 130-200 FF; Frühstück 30 FF, Menü 115 FF **Zimmer:** 5 **Kreditkarten:** keine **Geschlossen:** nie

---

Hotel am Fluß, Gien

Hôtel du Rivage

Hauptattraktion dieses einfachen, aber doch hübschen, modernen Hotels ist Christian Gaillards klassisch-moderne Küche (Michelin-Stern). Die Zimmer sind bequem und preiswert (obwohl es eine Klage wegen des zu weichen Bettes gab). Herrliche Aussicht von manchen Zimmern und dem hübschen Speiseraum aus.

■ 1 Quai de Nice, 45500 Gien (Loiret) **Tel.:** (02)38377900 **Fax:** (02)38381021 **Mahlzeiten:** Frühstück, Mittag- und Abendessen **Preise:** Zimmer 300-520 FF, Suiten 690 FF; Menü 140-390 FF **Zimmer:** 19, alle mit Bad oder Dusche, Zentralheizung, Telefon, TV **Kreditkarten:** AE, DC, MC, V **Geschlossen:** Anfang Febr. bis März

---

Umgebaute Mühle, Loches

Le Moulin

Susan Hutton hat ihre Mühle aus dem 19. Jh. zur Aufnahme vorgeschlagen – zu Recht. Das Haus liegt auf einer kleinen Insel im Indre, rundherum Rasen bis ans Wasser (wo im Sommer das Essen serviert wird). Alle Zimmer wurden kürzlich renoviert und mit Kiefernmöbeln oder Antiquitäten ausgestattet. Man kann allein oder in Gesellschaft speisen; Koch ist Andrew Page.

■ St-Jean, St-Germain, 37600 Loches (Indre-et-Loire) **Tel.:** (02)47947012 **Fax:** (02)47947798 **Mahlzeiten:** Frühstück, Abendessen **Preise:** Zimmer 260-300 FF mit Frühstück; Menüs 110 FF **Zimmer:** 5, alle mit Bad, Zentralheizung **Kreditkarten:** keine **Geschlossen:** Nov., Dez. und Jan.

Restaurant mit Zimmern

La Porte Verte

Das nette, ruhig am Kai gelegene Haus mit Fensterläden hat einen schönen, schattigen Hof. Aus Didier Montérans Küche kommen vorwiegend Fischgerichte (und herrliche Puddings). Geschmackvolle, aber eigenwillige Zimmer; zwei liegen im Privathaus der Montérans (ebenfalls am Kai).

■ 20 Quai Foch, 17230 Marans (Charente-Maritime) **Tel.:** (02)46010945 **Mahlzeiten:** Frühstück, Mittag- und Abendessen **Preise:** Zimmer 235-265 FF mit Frühstück; Menüs 110-165 FF **Zimmer:** 4, alle mit Dusche, Zentralheizung **Kreditkarten:** MC, V **Geschlossen:** 17. Febr. bis 4. März; Restaurant Mi, So abend außerhalb der Saison

Westen

Château de Chissay

Das Märchenschloß in kleinem Maßstab mitten im Land der Châteaus wurde in den späten 80er Jahren renoviert. Die Zimmerpreise reichen von erschwinglich bis sehr teuer; die Küche (auch Fische aus der Loire) ist exquisit. Swimmingpool.

■ Chissay-en-Touraine, 41400 Montrichard (Loir-et-Cher) **Tel.:** (02)54323201 **Fax:** (02)54324380 **Mahlzeiten:** Frühstück, Mittag- und Abendessen **Preise:** Zimmer 450-1500 FF; Frühstück 65 FF, Menüs 185-295 FF **Zimmer:** 31, alle mit Bad, Zentralheizung, Telefon **Kreditkarten:** AE, DC, MC, V **Geschlossen:** Mitte Nov. bis Mitte März

---

Château de la Menaudière

Trotz der eleganten Ausstattung wirkt das reizende, kleine Schloß nicht einschüchternd. Es gibt zwei intime, ruhige Speiseräume; die Küche ist gut. Frühstück wird im Sommer auch im Hof serviert; in den Stallungen gibt es eine barähnliche Kneipe. Die schönen Zimmer haben elegante Bäder.

■ 41401 Montrichard (Loir-et-Cher) **Tel.:** (02)54320244 **Fax:** (02)54713458 **Mahlzeiten:** Frühstück, Mittag- und Abendessen **Preise:** Zimmer 500-650; Frühstück 55 FF, Menüs 150-290 FF **Zimmer:** 25, alle mit Bad, Zentralheizung, Telefon, TV, Minibar **Kreditkarten:** AE, DC, MC, V **Geschlossen:** Nov. bis März; Restaurant So abend und Mo außerhalb der Saison

---

Moulin de Marcouze

Die Küche (2 Michelin-Sterne) ist die Attraktion dieser hübsch umgebauten Mühle. Dominique Bouchet ist ein Absolvent der Tour d'Argent in Paris. Moderne Zimmer und Speiseraum in schlichtem, hellem Stil mit antiken und nachgemachten Stücken auf unglasierten Kachelböden.

■ Mosnac, 17240 Saint-Genis-de-Saintonge (Charente-Maritime) **Tel.:** (02)46704616 **Fax:** (02)46704814 **Mahlzeiten:** Frühstück, Mittag- und Abendessen **Preise:** Zimmer 525-700 FF; Frühstück 70 FF, Menüs 140-420 FF **Zimmer:** 9, alle mit Bad, Zentralheizung, Klimaanlage, Telefon, TV, Minibar **Kreditkarten:** AE, MC, V **Geschlossen:** Febr.

Le Rivage

Die friedliche Lage am Loiret-Ufer und die Mahlzeiten sind das Beste, was dieses einfach wirkende Hotel mit Terrasse zum Fluß zu bieten hat. Die Regionalküche ist »ausgezeichnet«, das Essen wird »hübsch angerichtet«. Freundliche Besitzer; Tennisplatz.

■ 635 Rue de la Reine Blanche, 45160 Olivet (Loiret) **Tel.:** (02)38660293 **Fax:** (02)38563111 **Mahlzeiten:** Frühstück, Mittag- und Abendessen **Preise:** Zimmer 370-490 FF; Frühstück 50-55 FF, Menüs 155-290 FF **Zimmer:** 17, alle mit Bad oder Dusche, Zentralheizung, Telefon, TV, Minibar **Kreditkarten:** AE, DC, MC, V **Geschlossen:** 3 Wochen im Jan.; Restaurant So abend von Nov. bis Ostern

Westen

Gutshaus, Ouchamps

Relais des Landes

Der Gutshof aus dem 17. Jh. liegt herrlich ruhig in gepflegten Gärten, die zu den Teichen und Wäldern der Sologne führen. Geräumige, gut ausgestattete Zimmer (die meisten in den niedrigen Nebengebäuden); traditionelle Gerichte werden im Speiseraum mit Balkendecke und Steinboden serviert. Weitere Hinweise willkommen.

■ 41120 Ouchamps (Loir-et-Cher) **Tel.:** (02)54440333 **Fax:** (02)54440389 **Mahlzeiten:** Frühstück, Abendessen **Preise:** Zimmer 495-745 FF; DB&B 565-855 FF **Zimmer:** 28, alle mit Bad, Zentralheizung, Telefon, TV, Minibar **Kreditkarten:** AE, DC, MC, V **Geschlossen:** Mitte Nov. bis Ende März

---

Stadthotel, Pons

Auberge Pontoise

Ambitionierte, gute Küche (Michelin-Stern) bietet dieses schlichte, unprätentiöse Hotel. Die Zimmer (einige zum Garten) sind groß genug; es gibt einen hübschen Hof, wo im Sommer gegessen wird. Erfahrungsberichte willkommen.

■ 23 Ave Gambetta, 17800 Pons (Charente-Maritime) **Tel.:** (02)46940099 **Fax:** (02)46913340 **Mahlzeiten:** Frühstück, Mittag- und Abendessen **Preise:** Zimmer 270-450 FF; Menüs 160-350 FF **Zimmer:** 22, alle mit Bad oder Dusche, Zentralheizung, Telefon, TV **Kreditkarten:** MC, V **Geschlossen:** 5 Wochen von Dez. bis Jan.; So abend und Mo außerhalb der Saison

---

Umgebaute Mühle, La Roche-l'Abeille

Moulin de la Gorce

Die ruhige Lage und die mit 2 Michelin-Sternen ausgezeichnete Küche sind Hauptanziehungspunkt der kleinen Mühle aus dem 16. Jh., die umgeben von Bäumen an einem See liegt. Die Zimmer – teils anspruchsvoll, teils schlicht – liegen im Hauptgebäude und im Anbau.

■ 87800 La Roche-l'Abeille (Haute-Vienne) **Tel.:** (02)55007066 **Fax:** (02)55007657 **Mahlzeiten:** Frühstück, Mittag- und Abendessen **Preise:** Zimmer 350-900 FF, Appartements 1300 FF; Frühstück 75 FF, Menüs 180-480 FF **Zimmer:** 10, alle mit Bad, Telefon, TV **Kreditkarten:** AE, DC, MC, V **Geschlossen:** Okt. bis April

---

Schloßhotel, St-Hilaire-de-Court

Château de la Beuvrière

Schön restauriertes mittelalterliches Schloß (Ursprung 11. Jh.) mit konischen Schieferdächern auf den Rundtürmen. Im Innern wirkt es behaglicher als die meisten Châteaus, die Atmosphäre ist herzlich. Großer Park; weitere Hinweise erwünscht.

■ St-Hilaire-de-Court, 18100 Vierzon (Cher) **Tel.:** (02)48751463 **Fax:** (02)48754762 **Mahlzeiten:** Frühstück, Mittag- und Abendessen **Preise:** Zimmer 350-460 FF, Suite 600 FF; Menüs 150-198 FF **Zimmer:** 15, alle mit Bad oder Dusche, Zentralheizung, Telefon **Kreditkarten:** AE, DC, V **Geschlossen:** So abend und Mo

Westen

Le Logis Saint-Martin

Geschickt restauriertes, altes Gebäude, das versteckt in waldigem Gelände, aber unweit der RN 11 und A 10 liegt. Eine neue Speiseterrasse wurde gebaut und das Speisezimmer neu eingerichtet. Die Zimmer sind renoviert und mit Geschmack und individuell ausgestattet worden. Das Essen spielt eine wichtige Rolle.

■ Chemin de Pissot, 79400 St-Maixent-l'Ecole (Deux-Sèvres) **Tel.:** (02)49055868 **Fax:** (02)49761993 **Mahlzeiten:** Frühstück, Mittag- und Abendessen **Preise:** Zimmer 360-460 FF; Frühstück 58 FF, Menüs 140-160 FF **Zimmer:** 11, alle mit Bad oder Dusche, Zentralheizung, Telefon, Fön, TV **Kreditkarten:** AE, DC, MC, V **Geschlossen:** Jan.

La Chapelle Saint-Martin

Ein hübsches Landhaus mit Fensterläden auf gepflegtem Gelände. Im Innern ist es mit sicherem Designergeschmack und sehr luxuriös (Antiquitäten und moderner Komfort) eingerichtet; eindrucksvoll gestaltete Zimmer. Michelin-Stern. Relais & Châteaux.

■ St-Martin-du-Fault, 87510 Nieul (Haute-Vienne) **Tel.:** (02)55758017 **Fax:** (02)55758950 **Mahlzeiten:** Frühstück, Mittag- und Abendessen **Preise:** Zimmer 690-980 FF, Suiten 1300-1500 FF; DB&B 750-850 FF **Zimmer:** 14, alle mit Bad, Zentralheizung, Telefon, TV **Kreditkarten:** AE, MC, V **Geschlossen:** Jan.

Château de Rochecotte

»Es wäre schade, hier nur einmal zu übernachten«, meldet ein Gutachter über diese erschwingliche Möglichkeit, ein Leben im anspruchsvollsten Château-Stil, betreut von der charmanten Mme Pasquier, ihren Töchtern und dem ebenso netten Personal, auszuprobieren. Helle Stoffe, elegante moderne Möbel und viel Licht unterstreichen die klassischen Proportionen der Zimmer. Küche mit Gourmet-Anspruch.

■ St-Patrice, 37130 Langeais (Indre-et-Loire) **Tel.:** (02)47961616 **Fax:** (02)47969059 **Mahlzeiten:** Frühstück, Mittag- und Abendessen **Preise:** Zimmer 580-930 FF, Suiten 1250 FF; Menüs 195-285 FF **Zimmer:** 30, alle mit Bad, Zentralheizung, Telefon, TV **Kreditkarten:** AE, DC, MC, V **Geschlossen:** Febr.

Auberge de la Croix Blanche

Die Auberge aus Ziegeln und Fachwerk liegt an bevorzugter Stelle mitten in einem entzückenden Dorf der Sologne (die Dependance 150 m entfernt). Die kleinen, schlichten Zimmer haben schön gekachelte Bäder. Hochgeschätzte *cuisine traditionelle et copieuse*.

■ Rue Eugenie Labiche, Souvigny-en-Sologne, 41600 Lamotte-Beuvron (Loir-et-Cher) **Tel.:** (02)54884008 **Fax:** (02)54889106 **Mahlzeiten:** Frühstück, Mittag- und Abendessen **Preise:** Zimmer 120-280 FF; Frühstück 30-35 FF, Menüs 76-235 FF **Zimmer:** 9, alle mit Zentralheizung, Telefon **Kreditkarten:** V **Geschlossen:** Mitte Jan. bis Febr.; Di abend, Mi

Osten

Einführung in die Region

In den Osten sind das Burgund, der Jura und ein Großteil der Alpenregionen einbezogen, also die Gegenden, in denen Liebhaber von gutem Essen und Wein auf ihre Kosten kommen; unten die Häuser, die Anwärter auf einen Eintrag sind.

Anwärter im Osten Frankreichs

Beaune, Le Cep (03)80223548; relativ preiswertes B&B im Zentrum; inzwischen stark ausgebaut.

Bourg-St-Maurice, Hôtel l'Autantic (04)79070170; modernes Chalet mit Natursteinfassade am Stadtrand; bequeme Zimmer.

Le-Bourget-du-Lac, Ombremont (04)79250023; geschmackvoll ausgestattete R&C-Villa mit Blick auf den See; Schwimmbad.

Bresson, Chavant (04)76252538; anspruchsvolles, elegant ausgestattetes Anwesen; vorzügliche Küche.

Buxy, Château de Sassangy (03)85961240; großes Schloß in herrlichem Gelände mit neugestalteten Zimmern.

Chamonix-Mont-Blanc, Hôtel Albert 1er (04)50530509; gediegenes, altes Stadthotel mit der besten Küche der Stadt.

Chorey-les-Beaune, Château de Chorey-les-Beaune (03)80220605; geschmackvoll ausgestattetes B&B im Schloß aus dem 17. Jh.; Familienbetrieb.

Cordon, Le Cordonant (04)50583456; preiswertes, modernes Chalet-Hotel in ländlicher Umgebung mit schöner Aussicht.

Courchevel 1850, La Sivolière (04)79080833; einladendes Hotel, das mit Stil geführt wird; ruhige Lage, fast im Zentrum.

Lods, La Truite d'Or (03)81609548; alte Mühle am Fluß in einem engen Juratal; bescheidenes, ländliches Logis.

Loué, Laurent (02)43884003; reizvolles Haus (Relais & Châteaux) mit extravaganter Ausstattung; Garten mit Pool.

Lyon, La Tour Rose (04)78372590; ambitioniertes Restaurant mit höchst individuellen Zimmern.

Megève, Le Fer à Cheval (04)50213039; geschmackvoll rustikales Mobiliar in einem Holzchalet am Stadtrand.

Mionnay, Alain Chapel (04)78918202; Luxusrestaurant (eines der besten Frankreichs) mit sehr teuren Zimmern.

Monêtier-les-Bains, l'Auberge du Choucas (04)92244273; ehemaliges Bauernhaus, sehr reizvoll, mit ruhigen Zimmern.

Le-Moulin-du-Milieu, Le Moulin (03)81443518; kürzlich eröffnetes, abgeschiedenes, exzentrisches Haus mit großem Garten.

Onlay, Château de Lesvault (03)86843291; heimeliges, kleines Gutshaus aus dem 19. Jh.; bei Künstlern beliebt.

Replonges, La Huchette (03)85310355; auffallend ausgestattetes Haus mit Fensterläden; großes Schwimmbad, gute Küche.

St-Martin-en-Bresse, Au Puits Enchanté (03)85477196; saubere, kleine Unterkunft mit höchst geschmackvoller Ausstattung und preiswertem Essen.

St-Sauveur-en-Rue, L'Auberge du Château de Bobigneux (04)77392433; kleines, rustikales Schloß aus dem 16. Jh. mit schlichten Zimmern und sehr preiswerter, ländlicher Küche.

Saulieu, Bernard Loiseau (03)80640766; ein kulinarischer Tempel in einem alten, schön renovierten Gasthof.

Veyrier-du-Lac, Auberge de l'Eridan (04)50602400; todschicke Villa am Seeufer mit Starkoch Marc Veyrat.

Vienne, La Pyramide (04)74530196; berühmtes, vom neuen Chefkoch wiederbelebtes Restaurant; geschmackvolle Zimmer.

Osten

Landhaushotel, Aloxe-Corton

Hôtel Clarion

»Höchst empfehlenswert«, schreibt begeistert ein deutscher Gast und lobt die moderne Ausstattung des alten Gebäudes, die herrliche Aussicht und das vorzügliche Frühstück.

Das kleine Dorf Aloxe-Corton ist ein Wallfahrtsort für Liebhaber großer Weißweine. Château Corton-André, ein malerischer Bau mit glänzend farbigen Dachziegeln, beherbergt in seinen Kellern die berühmten *premier crus*. Gleich daneben liegt das Clarion, ein Gutshaus aus dem 17. Jh., aus dem durch gekonnten Umbau ein kleines, unkonventionelles Hotel geworden ist. Altes und Neues sind geschickt gemischt, Jugendstilmöbel vertragen sich mit Fachwerk und Balkendecken. Die Zimmer sind mit fein abgestimmten Stoffen in Pastelltönen dekoriert. Trotz unterschiedlicher Größe und Preise bieten alle Komfort und gut ausgestattete, große Bäder in Marmor.

Es gibt einen behaglichen Salon (Balken, offener Kamin) mit Blick auf den Park und die Weinberge wie auch zum großen Garten. Zum Frühstück gibt es Eier, Käse, frisches Obst und natürlich Kaffee und Croissants.

Umgebung: Weinberge; Beaune – Hospital, Weinmuseum; Le Rochepot (25 km) – Schloß; Dijon (35 km)

21420 Aloxe-Corton
Tel.: (03)80264670
Fax: (03)80264716
Lage: im Dorfzentrum, 3,5 km n von Beaune an der N 74; großer Garten; großer Parkplatz
Mahlzeiten: Frühstück
Preise: Zimmer 500-800 FF
Zimmer: 10 Doppelzimmer mit Bad (7 mit Einzelbetten); 1 Familienzimmer mit Bad; alle Zimmer mit Zentral-heizung, Telefon, TV, Minibar
Anlage: Salon; Fahrräder
Kreditkarten: MC, V
Kinder: willkommen; Wiegen, spezielle Mahlzeiten, Babysitter auf Wunsch
Behinderte: 1 speziell ausgerüstetes Zimmer im Erdgeschoß
Tiere: erlaubt
Geschlossen: nie
Besitzer: Christian Voarick

Osten

Umgebautes Kloster, Annecy-le-Vieux

L'Abbaye

Der Ort ist nicht etwa das mittelalterliche Zentrum von Annecy, sondern ein Wohngebiet nördlich vom See, und zwei Tester, die kürzlich hier waren, haben sich über die Lage dieses sonst so reizvollen (wenn auch eigenartigen) Hotels mokiert. Es bekommt einen so großen Eintrag, weil ein Leser es als wirklich attraktives Haus mit reizenden Zimmern beschrieb und nichts auszusetzen hatte. Ein Zimmer zum Garten wird besonders empfohlen.

L'Abbaye ist tatsächlich ein ehemaliges Kloster. Ein steinerner Bogengang führt in den malerischen, gepflasterten Hof, den ein umlaufender Holzbalkon ziert. In dem prächtigen, gewölbten Speiseraum findet man eine bunte Mischung aus mythologischen Masken, Kronleuchtern, ein Renaissance-Fresko sowie Servietten mit indischen Drucken. Im Sommer stehen die Tische aber im Schatten hoher Bäume. Die Zimmer sind schön in diversen Stilrichtungen möbliert und bieten modernen Komfort. Kein Wunder, daß das Hotel kürzlich 4 Sterne bekommen hat.

Seltsamerweise gibt es hier eine Disco, die allerdings den Frieden nicht stört. Das Essen ist gut und preiswert; das Personal ist etwas leger gekleidet, aber tüchtig.

Umgebung: See; Annecy (Altstadt, Kirchen, Schloß)

15 Chemin de l'Abbaye,
74940 Annecy-le-Vieux
Tel.: (04)50236108
Fax: (04)50277765
Lage: in ländlicher Umgebung, 2 km nö von Annecy; Garten; Parkplatz
Mahlzeiten: Frühstück, Mittag- und Abendessen
Preise: Zimmer 400-700 FF; Frühstück 55 FF, Menü 125 FF
Zimmer: 15 Doppelzimmer, 2 Suiten, 1 Appartement, alle mit Bad, Zentralheizung, Telefon, TV, Minibar
Anlage: Speiseraum, Bar, Terrasse
Kreditkarten: AE, DC, MC, V
Kinder: willkommen
Behinderte: keine speziellen Einrichtungen
Tiere: erlaubt
Geschlossen: Restaurant Mo
Besitzer: M. Menges und M. Burnet

Osten

Stadtvilla, Auxerre

Parc des Maréchaux

Das gediegene Gebäude aus der Zeit um 1850 wurde von Espérance Hervé und ihrem Mann, einem Arzt, vor dem Verfall gerettet und erfreut sich bei den Lesern, nicht zuletzt wegen des günstigen Preises, großer Beliebtheit.

Die Hervés haben keine Mühe gescheut; das freundliche Ambiente, Stil und Komfort stehen einem professionell geführten Haus in nichts nach. Für eine Frühstückspension sind die Aufenthaltsräume erstaunlich komfortabel, ebenso der Wohnraum und die nette kleine Bar mit Blick auf den Garten.

Die großen Zimmer sind in gedämpften Farben gehalten und hübsch mit Holzbetten und Kommoden im heimischen Stil möbliert. Man sollte allerdings, so riet ein Leser letztes Jahr, ein Zimmer zum Garten und auf den abgeschlossenen Park mit Bäumen statt zur lauten Straße wählen. Doch Madame beruhigt, die Zimmer nach vorn sind jetzt schalldicht. Das Frühstück im netten Frühstücksraum (im Sommer draußen) wird als »hervorragend« bzw. »angemessen, mit Auswahlmöglichkeit« bezeichnet.

Umgebung: Kathedrale, Klosterkirche St-Germain; Chablis (20 km)

6 Ave Foch
89000 Auxerre
Tel.: (03)86514377
Fax: (03)86513172
Lage: fast im Stadtzentrum; Garten; Parkplatz
Mahlzeiten: Frühstück
Preise: Zimmer 310-470 FF; Kinder unter 7 Jahren frei; Frühstück 47 FF
Zimmer: 19 Doppelzimmer (7 mit Einzelbetten), 2 Einzelzimmer, 3 Familienzimmer, alle mit Bad, Zentralheizung, Telefon, TV
Anlage: Salon, Bar, Frühstücksraum
Kreditkarten: AE, V
Kinder: willkommen
Behinderte: 3 Zimmer im Erdgeschoß, Lift
Tiere: erlaubt
Geschlossen: nie
Besitzerin: Espérance Hervé

Osten

Schloßhotel, Avallon

Château de Vault-de-Lugny

Wir haben begeisterte Berichte über das eindrucksvolle, teure Hotel, das nur ein paar Kilometer von der schönen, kleinen Moulin des Templiers (S. 123) entfernt liegt; doch im Stil sind die beiden völlig gegensätzlich. »Prächtiges, einladendes Hotel«, schreibt ein Gast; »Küche und Ambiente sind überzeugend, wir werden wiederkommen«.

Das schlichte Haus (eher mittelalterlich als im Renaissance-Stil) wurde restauriert und Mitte der 80er Jahre als Hotel eröffnet. Einige Zimmer haben sich das aristokratische Flair bewahrt; sie sind stilecht und sparsam mit Antiquitäten möbliert, hier geht es mehr um Atmosphäre als um Komfort. Andere sind chic und modern mit zartfarbigen Stoffen und eleganten Möbeln (die allerdings nachgemacht wirken) ausgestattet. Die Bäder sind so luxuriös, wie es dem Preis entspricht.

Auf dem großen, bewaldeten Gelände gibt es einen Nutzgarten (aus dem das Gemüse in die Küche kommt), Forellenteiche und einen Tennisplatz. Flüge mit einem Heißluftballon lassen sich arrangieren.

Umgebung: Avallon – Festungsanlagen; Vézelay (10 km)

89200 Avallon
Tel.: (03)86340786
Fax: (03)86341636
Lage: 4 km westlich von Avallon, 1 km nördlich von Pontaubert, an der D 427, außerhalb des Dorfes Vault-de-Lugny
Mahlzeiten: alle
Preise: Zimmer 700-2200 FF mit Frühstück; Abendessen 280 FF; bei 5 Übernachtungen Preisnachlaß
Zimmer: 12 Doppelzimmer (4 mit Einzelbetten); alle mit Bad, Telefon, TV, Minibar; die meisten mit Fön, Safe
Anlage: Bar, Restaurant; Tennis, Angeln
Kreditkarten: AE, MC, V
Kinder: willkommen; Babysitter auf Wunsch
Behinderte: leicht zugänglich, Zimmer im Erdgeschoß
Tiere: erlaubt (50 FF)
Geschlossen: Mitte Nov. bis Anfang April
Besitzerin: Elisabeth Audan

Osten

Umgebaute Mühle, Chaublanc

Moulin d'Hauterive

Sicher ist die alte Wassermühle so reizvoll wie eh und je, doch wir bekommen kaum Reaktionen der Gäste; deshalb sind gelegentliche Berichte erwünscht.

Vor knapp 30 Jahren drehten sich die Mühlräder noch; erst ein Jahrzehnt lang wird sie als ländliches Hotel genutzt. Hier findet man in ländlicher Einsamkeit Entspannung und Möglichkeiten für sportliche Aktivitäten. Zu dem hübschen, von Kletterpflanzen bewachsenen, dreistöckigen Haus gehören verschiedene Nebengebäude. Dahinter liegen das kleine Schwimmbad (mit einer Abdeckung, die für die Sicherheit der Kinder und Energieeinsparung sorgt, wenn das Bad nicht benutzt wird, aber beim Schwimmen etwas stört) und der Tennisplatz.

Die Innenausstattung steht im Kontrast zu den mächtigen Balken, glatten Steinböden und getünchten Mauern der alten Mühle und ist ein Musterbeispiel für rustikale Eleganz: helle Stoffe, schöne antike Möbel, Dekorationen, Blumensträuße und -schalen. Die Zimmer in Pasteltönen wirken romantisch (Spitzenstoffe auf oder über den Betten). Die jungen Moilles waren keine Hotel-Profis, als sie die Mühle übernahmen; doch inzwischen hat sich Madame mit ihrer kreativen Küche einen Namen gemacht (2 rote *toques* von Gault-Millau).

Umgebung: Archéodrome (10 km) – archäologisches Zentrum; Beaune (15 km) – mittelalterliches Hospital, Weinmuseum

Chaublanc
71350 St-Gervais-en-Vallière
Tel.: (03)85915556
Fax: (03)85918965
Lage: 16 km sö von Beaune, abseits der D 970
Mahlzeiten: Frühstück, Mittag- und Abendessen
Preise: Zimmer 530-650 FF; Suiten 850 FF; DB&B 580-730 FF; Menüs 160-400 FF
Zimmer: 11 Doppel-, 11 Familienzimmer, alle mit Bad oder Dusche, TV, Telefon, Minibar

Anlage: Bar, 3 Seminarräume, Swimmingpool, Tennis, Heilbad, Billard, Sauna, Solarium, Fitneßraum
Kreditkarten: AE, DC, V
Kinder: werden aufgenommen
Behinderte: 1 Zimmer
Tiere: Hunde zu Aufpreis auf den Zimmern erlaubt
Geschlossen: über Weihnachten; Jan.
Besitzer: Christiane und Michel Moille

Osten

Landhotel, Gevrey-Chambertin

Les Grands Crus

Die Mauern sind schlicht verputzt, die Deckenbalken glatt und gerade, die Fenster leicht zu öffnen: Es handelt sich um ein modernes Hotel, das erst 1977 gebaut wurde, dem also der Charme des Alters fehlt. Aber das Haus ist im traditionellen Stil des Burgund mit Steinfußböden, getünchten Wänden, Wandteppichen und gemeißeltem Kamin ausgestattet. Im Sommer blühen Geranien an den Fenstern. Hier verbinden sich also neuer Komfort mit der Schönheit des Traditionellen. Was vielleicht noch wichtiger ist: Herzlichkeit und freundlicher Service erwarten den Gast, wie immer wieder berichtet wird.

Die Zimmer mit Blick auf die berühmten Weinhänge von Gevrey-Chambertin bieten nicht gerade den Gipfel an Eleganz, aber sie sind ruhig, groß und mit Bedacht möbliert. Bei gutem Wetter wird das überdurchschnittliche Frühstück im Blumengarten serviert; innen im Frühstücksraum neben der Rezeption kann es etwas eng werden. In der Umgebung gibt es viele Restaurants, darunter einige bemerkenswert gute.

Umgebung: Dijon – Palais des Ducs, Place de la Libération

Rte des Grands Crus
21220 Gevrey-Chambertin
Tel.: (03)80343415
Fax: (03)80518907
Lage: im Dorfzentrum, 10 km sw von Dijon; Garten und großer Parkplatz
Mahlzeiten: Frühstück
Preise: Zimmer 350-440 FF; Frühstück 47 FF; Kinder unter 4 frei
Zimmer: 24 Doppelzimmer (8 mit Einzelbetten) mit Bad und Telefon
Anlage: Salon
Kreditkarten: MC, V
Kinder: willkommen
Behinderte: keine speziellen Einrichtungen
Tiere: erlaubt, nicht aber allein auf den Zimmern
Geschlossen: Dez. bis Febr.
Besitzerin: Mme Marie-Paule Farnier

Osten

Auberge du Bois Prin

Trotz wachsender Konkurrenz (etwa durch das neuere Jeu de Paume, S. 125) bleibt das Bois Prin unser Lieblingshotel in (oder doch um) Chamonix; natürlich auch wegen der Aussicht über das Tal bis zu den Zinnen und Gletschern des Mont Blanc, Europas höchstem Berg. Aber auch das Haus selbst hat seine Meriten.

Das traditionell in dunklem Holz erbaute Chalet mit dem schönen Blumengarten liegt am Fuß der Brévent-Bahn an der Nordseite des tief eingeschnittenen Chamonixtals. Die Carriers betreiben es seit seinem Bau im Jahr 1976 (durch die Eltern von Madame). Zunächst kommt es einem mit dem »korrekten« Personal recht formell vor. Doch die lockere, freundliche Art der jungen Carriers prägt den Stil des Hauses. Die Zimmer sind luxuriös mit üppigen Stoffen, Schnitzereien (großenteils von Denis selbst) und einzelnen Antiquitäten ausgestattet. Das Essen ist ausgezeichnet, es gibt eine umfangreiche Karte und ein köstliches Käsebrett. **Umgebung:** Mt Blanc und Le Brévent – Seilbahnen, Wandermöglichkeiten, Klettern, Skifahren; Mont-Blanc-Tunnel nach Italien

69 Chemin de l'Hermine, Les Moussoux, 74400 Chamonix
Tel.: (04)50533351
Fax: (04)50534875
Lage: auf einem Hügel, nw der Stadt; Garten; Garagen
Mahlzeiten: Frühstück, Mittag- und Abendessen
Preise: Zimmer 870-1240 FF inkl. Frühstück; Menüs 160-400 FF
Zimmer: 9 Doppelzimmer mit Bad (5 mit Einzelbetten); 2 Familienzimmer mit Bad;

alle Zimmer mit TV, Telefon, Minibar
Anlage: Seminarraum
Kreditkarten: AE, DC, MC, V
Kinder: willkommen, spezielle Mahlzeiten, Kinderstühle
Behinderte: keine speziellen Einrichtungen
Tiere: erlaubt
Geschlossen: Mitte April bis Anfang Mai, Ende Okt. und Nov.
Besitzer: Monique und Denis Carrier

Osten

Le Castel

Wir bekommen ganz unterschiedliche Berichte über das reizende alte *maison bourgeoise;* wahrscheinlich hängt das mit den unterschiedlichen Erwartungen der Gäste zusammen. Haus und Name lassen Großartiges erwarten, dabei ist es ein bescheidenes Hotel mit zwei offenen Kaminen, die Preise für Kost und Logis sind sehr günstig. Der jüngste Bericht lautet: »Herzliche Aufnahme, schöne Zimmer, gutes Essen; begrenzte Auswahl von Gerichten wegen der Preise verständlich.«

Das große Haus mit Fensterläden stammt vom Ende des 19. Jh. und liegt im Schatten der Dorfkirche. Es hat einen gepflegten Garten und eine von Linden beschattete Terrasse zum Frühstücken. Es gibt zwei Speiseräume und einen im Empirestil möblierten Salon mit Kamin. Die Zimmer sind unterschiedlich, es gibt großartige mit Kronleuchtern und Draperien über den Betten, aber auch schlichte, kleine Zimmer. Dringende Renovierungsarbeiten wurden in letzter Zeit gemacht und gehen weiter. Madame ist eine »perfekte Gastgeberin«.

Umgebung: Vézelay (30 km) – romanische Bauten; Avallon (30 km) – Festungsanlagen; Chablis (45 km) – Weinberge

Place de l'Église
89660 Mailly-le-Château
Tel.: (03)86814306
Fax: (03)86814926
Lage: auf dem Kirchplatz des Dorfes, 30 km s von Auxerre; Garten; Terrasse; Parkplatz
Mahlzeiten: Frühstück, Mittag- und Abendessen
Preise: Zimmer 155-400 FF, Suite 420 FF; Menüs 75-170 FF
Zimmer: 10 Doppelzimmer (5 mit Einzelbetten); 7 mit Bad, 2 mit Dusche, 2 Familienzimmer mit Bad, alle Zimmer mit Zentralheizung, Telefon
Anlage: 2 Speiseräume, Salon
Kreditkarten: MC, V
Kinder: werden aufgenommen
Behinderte: 1 Zimmer im Erdgeschoß
Tiere: erlaubt
Geschlossen: Mi
Besitzer: M. und Mme Breerette

Osten

Chalet-Hotel, Manigod

Chalet Hôtel de la Croix-Fry

Die Gutachterin, die eine Nacht in diesem behaglichen Holz-Chalet verbrachte, war hellauf begeistert und nannte das Croix-Fry nach einer Woche in verschiedenen angenehmen Häusern ihr Lieblingshotel.

Es gibt verschiedene Chaletformen, aber den reizenden Kuckucksuhren-Stil, der in der Schweiz so verbreitet ist, findet man in Frankreich nur selten. Doch dies hier ist ein Musterbeispiel in dunklem Holz und einer üppigen Blumenterrasse. Im Inneren herrscht eine Atmosphäre ländlicher Schlichtheit vor, überall Holz, Feuer im offenen Kamin an kühlen Abenden, Bänke und Sofas mit Fellen davor. Auch die Zimmer haben ländlichen Charme; das gilt auch für die in den modernen Anbauten mit moderner Ausstattung und winzigen Küchen für kleine und große Familien. Auch die Umgebung ist wunderschön, man hat von der Terrasse und dem Panoramafenster im Speiseraum eine herrliche Aussicht über das Tal. Die herzlichen Gastgeber und ihr Personal sind sehr aufmerksam, ohne aufdringlich zu wirken. Gute, nahrhafte Kost rundet das freundliche Angebot ab.

Umgebung: Skifahren; Vallée de Manigod, Thônes (10 km); Annecy

Rte du Col de la Croix-Fry, Manigod, 74230 Thônes
Tel.: (04)50449016
Fax: (04)50449487
Lage: 5 km nö von Manigod an der D 16, 6 km s von La Clusaz; in offener Landschaft
Mahlzeiten: Frühstück, Mittag- und Abendessen
Preise: Zimmer 500-1500 FF; Frühstück 80 FF, Menüs 140-360 FF
Zimmer: 12 Doppelzimmer mit Bad (4 mit Whirlpool); alle Zimmer mit Telefon, TV, Balkon
Anlage: Salon, Bar, Pool, Fitneßraum, Tennis
Kreditkarten: AE, MC, V
Kinder: willkommen
Behinderte: keine speziellen Einrichtungen
Tiere: nicht im Speiseraum
Geschlossen: Mitte Sept. bis Mitte Dez., Mitte April bis Mitte Juni
Besitzerin: Mme Marie-Ange Guelpa-Veyrat

Osten

Umgebautes Kloster, Marcigny

Les Récollets

Das Brionnais ist eine ländliche Gegend mit sanfter Hügellandschaft und saftigen Weiden, auf denen das Charollais-Vieh friedlich grast. In diesen Teil des Burgund kommen nur wenig Reisende; wohl deshalb bekommen wir so wenig Resonanz auf diese fast perfekte Mischung von französischer Eleganz und behaglichem Komfort.

Der Marktflecken Marcigny ist ein günstiger Ausgangspunkt für Ausflüge; das Städtchen liegt an der Loire und nicht weit vom berühmten Viehmarkt St-Christophe-en-Brionnais entfernt. Hier liegt auch dieses Hotel, eines der angenehmsten in der ganzen Region. Eigentlich ist es mehr ein Gästehaus als ein Hotel.

Josette Badin, die das Haus mit lässigem Charme leitet, hat alle Räume prachtvoll ausgestattet, vom Speisezimmer mit handbemalten Schränken bis zu den mit Antiquitäten möblierten Zimmern. Gemütliche Holzfeuer, hausgebackene Brioches zum Frühstück, selbstgemachte Schokolade als Betthupferl (dazu Schlaf-, Abführ- oder Schmerzmittel nach Bedarf). An alles ist gedacht, und der Wahlspruch lautet: »Wie es Euch gefällt«.

Eigentlich gibt es nur Frühstück, aber bei Vorbestellung serviert Josette auch ein einfaches Mahl: Suppe, Omelette oder auch Gänseleber und Fleisch vom Charollais-Rind.

Umgebung: Mühlenmuseum; La Clayette (25 km); Kloster Charlieu (30 km); Château Drée (30 km)

Place du Champ de Foire
71110 Marcigny
Tel.: (03)85250516
Fax: (03)85250691
Lage: am Rand der kleinen Stadt, 22 km s von Paray; ausgedehntes Grundstück
Mahlzeiten: Frühstück; Mittag- und Abendessen auf Anfrage
Preise: Zimmer 330-600 FF mit Frühstück; Menüs 170-200 FF
Zimmer: 6 Doppelzimmer mit Bad (2 mit Einzelbetten); 3 Familienzimmer mit Bad; alle Zimmer mit Telefon
Anlage: Bibliothek, Frühstücks- und Speiseraum
Kreditkarten: AE, V
Kinder: werden aufgenommen
Behinderte: 1 Zimmer im Erdgeschoß
Tiere: erlaubt
Geschlossen: nie
Besitzerin: Mme Josette Badin

Osten

Dorfgasthof, Mercurey

Hôtellerie du Val d'Or

Jean-Claude Cogny und seine Familie halten den Postgasthof aus dem frühen 19. Jh. an der Hauptstraße des bekannten, aber langweiligen Weindorfs Mercurey auf gleichbleibend hohem Niveau. Was die Gäste hierher bringt? In einer Gegend mit kulinarischem Anspruch und entsprechenden Höchstpreisen in steifen Nobelherbergen lassen sich viele von der dörflichen Schlichtheit dieses Hauses anziehen; noch dazu, wenn sie mit ausgezeichneter Kochkunst (Michelin-Stern) verbunden ist. Die Zimmer sind nett und hübsch ausgestattet, manche allerdings etwas klein. Es gibt auch einen gepflegten Kiesgarten.

Umgebung: Château de Germolles (10 km); Buxy (20 km)

Grande-Rue
71640 Mercurey
Tel.: (03)85451370
Fax: (03)85451845
Lage: im Zentrum des Dorfes, 9 km s von Chagny; Garten
Mahlzeiten: Frühstück, Mittag- und Abendessen
Preise: Zimmer 350-570 FF; Mahlzeiten 163-345 FF; Kinderessen 85 FF
Zimmer: 10 Doppelzimmer (3 mit Einzelbetten), 1 Einzelzimmer, 2 Familienzimmer

mit Bad oder Dusche, alle Zimmer mit Zentralheizung, TV, Telefon
Anlage: 2 Speiseräume, Lounge/Bar
Kreditkarten: MC, V
Kinder: werden aufgenommen
Behinderte: keine speziellen Einrichtungen
Tiere: nicht erlaubt
Geschlossen: Restaurant Mo und Di Mittag
Besitzer: Jean-Claude Cogny

Osten

Ländlicher Gasthof, Passenans

Auberge du Rostaing

Wir bekommen nicht viele, aber nur positive Berichte über diese friedliche *auberge*, die in einer unberührten Landschaft westlich des Jura liegt. Die meisten Gäste möchten wiederkommen.

In dieser Gegend kann man sich entspannen, spazierengehen, wandern, radfahren. In dem schlichten Gasthof, den ein reizendes schweizerisch-französisches Paar betreibt, herrscht absolute Harmonie. Zudem hat er mehr zu bieten als vergleichbar einfache Herbergen: einen behaglichen Aufenthaltsraum mit Musik, Spielen, Büchern (kein TV), einen schattigen Gartenhof, wo im Sommer Getränke und Mahlzeiten serviert werden, einen großen, luftigen Speiseraum mit offenem Kamin und ländlichen Möbeln; dazu neun freundliche, große, schlichte Zimmer – einige im Anbau, den man über eine Außentreppe und einen Außengang mit Weinranken und Geranien erreicht. Madame Eckert besorgt die Küche und bringt gute, bekömmliche Gerichte auf den Tisch, die Schweizer Einfluß verraten; gelegentlich *fondue* und *raclette* und täglich eine Käseplatte. Viele Gäste kommen jedes Jahr wieder, und sie haben allen Grund dazu.

Umgebung: Waldwege, Radwege, Weinberge; Château-Chalon (5 km); Cirque de Ladoye (10 km); Poligny (10 km)

39230 Passenans
Tel.: (03)84852370
Fax: (03)84446687
Lage: am Rand der Siedlung, 11 km sw von Poligny an der D 57 (folgen Sie der Route des Vins); Garten
Mahlzeiten: Frühstück, Mittag- und Abendessen
Preise: Zimmer 132-248 FF; Frühstück 25 FF, Menüs 62-176 FF
Zimmer: 7 Doppelzimmer (2 mit Einzelbetten), 5 mit Dusche; 2 Familienzimmer mit Bad
Anlage: Salon; Mietfahrräder
Kreditkarten: DC, MC, V
Kinder: werden aufgenommen; Sonderpreise nach Vereinbarung
Behinderte: keine speziellen Einrichtungen
Tiere: erlaubt
Geschlossen: Dez., Jan.; Restaurant Mo abend, ausgenommen in der Hauptsaison
Besitzer: Félix Eckert

Osten

Stadtpension, Vézelay

Le Pontot

Die meisten Gäste dieses festungsartigen Hauses (das einzige Hotel der Stadt und nicht weit von der herrlichen Kathedrale entfernt) fesselt die Mischung von Luxus und Dignität.

Das Gebäude, das nach dem Hundertjährigen Krieg wiederaufgebaut und im 18. Jh. erweitert wurde, dient noch nicht lange als Hotel. Seit 1984 haben der amerikanische Besitzer und Architekt Charles Thum und Geschäftsführer Christian Abadie das Ganze geschickt zu einer Frühstückspension umgebaut. (Wozu ein Restaurant, wenn das berühmte Espérance an derselben Straße liegt?) Es gibt eine große Louis-XVI-Suite mit Himmelbett, Kamin und Ankleide und ein Zimmer mit Steinfußboden, Balkendecke aus dem 16. Jh. und ländlichen antiken Möbeln.

Das Frühstück, das auf königsblauem, goldeingelegtem Limoges-Porzellan serviert wird, ist eine recht üppige Angelegenheit. Wenn es kühl ist, nimmt man es vor dem knisternden Feuer im hübschen, vertäfelten Louis-XVI-Salon ein, im Sommer draußen in dem ummauerten Garten. Ein Leser schrieb, daß die Betten im Oktober etwas kühl waren.

Umgebung: St-Père-sous-Vézelay (2 km); Avallon (15 km); Auxerre (50 km); Chablis und Sancerre (50 km) – Weinberge

Place du Pontot
89450 Vézelay
Tel.: (03)86332440
Fax: (03)86333005
Lage: im Stadtzentrum; kleiner ummauerter Garten; Parkplatz
Mahlzeiten: Frühstück
Preise: Zimmer 350-1050 FF; Kinder im elterlichen Zimmer 100 FF; Frühstück 50 FF
Zimmer: 9 Doppelzimmer (4 mit Einzelbetten), 1 Einzelzimmer, alle mit Bad und Dusche, Telefon, Radio
Anlage: Salon, Bar, Frühstücksraum
Kreditkarten: DC, MC, V
Kinder: werden aufgenommen
Behinderte: für Rollstuhlfahrer nicht geeignet
Tiere: bei 50 FF Aufpreis erlaubt
Geschlossen: Nov. bis Ostern
Manager: Christian Abadie

Osten

Stadthotel, Arnay-le-Duc

Chez Camille

Armand Poinsots vorzügliche Küche (traditionell, aber leicht) ist nur eine Attraktion in diesem reizvollen Hotel. Die besten Zimmer – mit schalldichten Fenster zur RN 6 hin – sind geschmackvoll mit vielen Antiquitäten eingerichtet. Preiswertere Zimmer gibt es im angeschlossenen Clair de Lune.

■ 1 Place Edouard-Herriot, 21230 Arnay-le-Duc (Côte-d'Or) **Tel.:** (03)80900138 **Fax:** (03)80900464 **Mahlzeiten:** Frühstück, Mittag- und Abendessen **Preise:** Zimmer 400-600 FF; Menüs 130-250 FF **Zimmer:** 14, alle mit Bad, Zentralheizung, Telefon, TV **Kreditkarten:** AE, DC, V **Geschlossen:** nie

---

Umgebaute Mühle, Avallon

Moulin des Templiers

Der jüngste Bericht hat unsere Vorliebe für diese bescheidene, aber nette Zwischenstation auf dem Weg durch Burgund bestätigt. Frühstück gibt es auf der Terrasse zum Fluß hin oder in einem manchmal etwas zu engen Raum. Die hübschen Zimmer sind klein, eines ist winzig. Kein Alkohol.

■ Vallée du Cousin, Pontaubert, 89200 Avallon (Yonne) **Tel.:** (03)86341080 **Mahlzeiten:** Frühstück **Preise:** Zimmer 250-350 FF; Frühstück 36 FF **Zimmer:** 14, alle mit Dusche, Telefon **Kreditkarten:** keine **Geschlossen:** Nov. bis Mitte März

---

Schloßhotel, Bagnols

Château de Bagnols

Manche teuren Schloßhotels sind elegant oder luxuriös oder anspruchsvoll oder phantastisch gelegen. Bagnols ist absolut exklusiv – eine mittelalterliche Festung, die bis ins Detail perfekt restauriert ist. Lassen Sie sich den Prospekt schicken, bevor Sie sich vom Preis abschrecken lassen.

■ 69620 Bagnols (Rhône) **Tel.:** (04)74714000 **Fax:** (04)74714049 **Mahlzeiten:** Frühstück, Mittag- und Abendessen **Preise:** Zimmer 2200-3000 FF; Suiten 4000-5000 FF; Frühstück 120 FF **Zimmer:** 20, alle mit Bad, Zentralheizung, Telefon, TV, Fön **Kreditkarten:** AE, DC, MC, V **Geschlossen:** Ende Okt. bis Mitte April

---

Umgebaute Mühle, Bonnevaux-le-Prieuré

Le Moulin du Prieuré

In kleinen modernen Chalets im Garten der alten Mühle sind acht hübsche Zimmer untergebracht; hier genießt man absolute Ruhe, die Landschaft und die gute Küche. Beim Frühstück ist man Selbstversorger.

■ 25560 Bonnevaux-le-Prieuré (Doubs) **Tel.:** (03)81592879 **Fax:** (03)81592147 **Mahlzeiten:** Frühstück, Mittag- und Abendessen **Preise:** Zimmer 350 FF; Frühstück 30 FF, Menüs 280-350 FF (wenigstens eine Mahlzeit ist obligatorisch) **Zimmer:** 8, alle mit Bad oder Dusche, Telefon, TV, Minibar **Kreditkarten:** AE; DC; MC, V **Geschlossen:** Mitte Nov. bis Anfang März; Restaurant So abend, Mo

Osten

Ländlicher Gasthof, La Celle-Saint-Cyr

La Fontaine aux Muses

Das Angebot des Hotels umfaßt auch Golf und Tennis; außerdem gibt es oft Hausmusik. Schlichte Zimmer zum Garten hin. Gute, einfache Küche mit viel Fisch; langsame Bedienung.

■ Route de la Fontaine, 89116 La Celle-Saint-Cyr (Yonne) **Tel.:** (03)86734022 **Fax:** (03)86734866 **Mahlzeiten:** Frühstück, Mittag- und Abendessen **Preise:** Zimmer 345-650 FF; Frühstück 38 FF, Menü 185 FF **Zimmer:** 17, alle mit Bad oder Dusche, Zentralheizung, Telefon **Kreditkarten:** MC, V **Geschlossen:** Restaurant Mo und Di Mittag

---

Restaurant mit Zimmern, Chablis

Hostellerie des Clos

Man kommt wegen des Essens hierher; die modernen, recht geschmackvollen Zimmer sind eine Zugabe. Der chic ausgestattete Speiseraum wirkt hell und elegant. Bei der leichten, innovativen Küche (ein Michelin-Stern, zwei *toques* von Gault-Millau) spielt der Weißwein der Gegend eine Rolle.

■ Rue Jules Rathier, 89800 Chablis (Yonne) **Tel.:** (03)86421063 **Fax:** (03)86421711 **Mahlzeiten:** Frühstück, Mittag- und Abendessen **Preise:** Zimmer 250-530 FF; Frühstück 60 FF, Menüs 175-420 FF **Zimmer:** 26, alle mit Bad, Zentralheizung, Telefon, TV, Radio, Minibar **Kreditkarten:** MC, V **Geschlossen:** 2 Wochen zu Weihnachten und Neujahr; Restaurant Mi und Do Mittag von Okt. bis April

---

Schloßhotel, Chagny

Hostellerie du Château de Bellecroix

Der wohlwollende Brief eines Lesers hat bewirkt, daß das dicht umrankte Château wieder in den Führer aufgenommen wurde. Elemente des 12. und des 18. Jh. sind hier effektvoll kombiniert. Komfortable Zimmer (einige in den Türmen) mit Antiquitäten und Aussicht auf den Park. Schwimmbad, »exquisite« Speisen.

■ Route Nationale 6, 71150 Chagny (Saône-et-Loire) **Tel.:** (03)85871386 **Fax:** (03)85912862 **Mahlzeiten:** Frühstück, Mittag- und Abendessen **Preise:** Zimmer 600-1000 FF; Frühstück 63 FF, Menüs 260-360 FF **Zimmer:** 21, alle mit Bad oder Dusche, Zentralheizung, Telefon, TV, Minibar **Kreditkarten:** AE; DC, MC, V **Geschlossen:** 20. Dez. bis 15. Febr.; Okt. bis Ende Mai; Restaurant Mi; Juli, Aug.

Stadthotel, Chagny

Hôtel Lameloise

Jacques Lameloise erhält den guten Ruf des gediegenen Hauses aufrecht: nämlich eines der besten Restaurants des Landes zu sein. Das Hotel hat geschmackvoll eingerichtete Zimmer und Aufenthaltsräume. Relais & Château, aber nicht hochgestochen.

■ 36 Place d'Armes, 71150 Chagny (Saône-et-Loire) **Tel.:** (03)85870885 **Fax:** (03)85870357 Mahlzeiten: Frühstück, Mittag- und Abendessen **Preise:** Zimmer 650-1500 FF; Menüs 370-600 FF **Zimmer:** 17, alle mit Bad, Telefon, TV, einige mit Klimaanlage **Kreditkarten:** AE, MC, V **Geschlossen:** Mitte Dez. bis Mitte Jan.; Mi und Do bis 17 Uhr

Osten

Schloßhotel, Chamonix

Hôtel du Jeu de Paume

Pariser Chic in den Bergen: Dieser Ableger des Jeu de Paume in Paris ist im Chalet-Stil gebaut und wurde gleich zu einem der begehrtesten Hotels im Tal von Chamonix. Mit Kiefernholz getäfelte Zimmer, kleines Schwimmbad und Sauna im Haus.

■ 705, Route du Chapeau, Le Lavancher, 74400 Chamonix (Haute-Savoie) **Tel.:** (04)50540376 **Fax:** (04)50541075 **Mahlzeiten:** Frühstück, Mittag- und Abendessen **Preise:** Zimmer 890-1390 FF; Frühstück 65 FF, Menüs 165-280 FF **Zimmer:** 22, alle mit Bad, Zentralheizung, Telefon, TV, Radio, Minibar, Fön **Kreditkarten:** AE; DC; MC, V **Geschlossen:** Mitte Mai bis Mitte Juni, Mitte Okt. bis Mitte Dez.

Stadthotel, Charolles

Hôtel de la Poste

Gutes Beispiel eines Provinzhotels, das seinen Zweck bestens erfüllt. Der weißgestrichene Bau wirkt ebenso gepflegt wie der kleine Salon mit Bar; der Speiseraum ist für kleinstädtische Verhältnisse geradezu nobel. Man kann auch im hübschen Garten essen.

■ 2 Ave de la Libération, 71120 Charolles (Saône-et-Loire) **Tel.:** (03)85241132 **Fax:** (03)85240574 **Mahlzeiten:** Frühstück, Mittag- und Abendessen **Preise:** Zimmer 270-360 FF, Suite 340-600 FF; Frühstück 45 FF, Menüs 120-260 FF **Zimmer:** 13, alle mit Bad oder Dusche, Telefon, TV **Kreditkarten:** AE, MC, V **Geschlossen:** So abend, Mo; Nov.

Dorfhotel, Chassignelles

Hôtel de l'Ecluse No. 79

Écluse ist die nahe Schleuse am Kanal vor diesem noch jungen Unternehmen. Die friedliche Häuserreihe wurde recht gewagt, aber sympathisch in (derzeit) sieben geschmackvoll eingerichtete Zimmer mit hübschen Bädern, reizvolle, ländliche Speiseräume und eine Bar umgebaut. Reizende *patronne*, mäßige Preise.

■ 89160 Chassignelles (Yonne) **Tel.:** (03)86751851 **Fax:** (03)86750204 **Mahlzeiten:** Frühstück, Mittag- und Abendessen **Preise:** Zimmer 175-300 FF; Frühstück 25 FF, Menüs 75-140 FF, Kinderteller 45 FF **Zimmer:** 7, alle mit Bad oder Dusche, Zentralheizung, Telefon, TV, Fön **Kreditkarten:** DC, MC, V **Geschlossen:** nie

---

Dorfhotel, Châteauneuf

Hostellerie du Château

Das malerische Hotel, ein geschickt umgebautes Presbyterium aus dem 15. Jh. in Schloßnähe, paßt gut in das umliegende Dorf: alte Steinmauern, stille, ländliche Räume, ein Terrassengarten. Im Restaurant mit Balkendecke werden herzhafte burgundische Gerichte (»sehr preiswert«) serviert.

■ Châteauneuf, 21320 Pouilly-en-Auxois (Côte-d'Or) **Tel.:** (03)80492200 **Fax:** (03)80492127 **Mahlzeiten:** Frühstück, Mittag- und Abendessen **Preise:** Zimmer 270-430 FF; Menü 140-220 FF **Zimmer:** 17, alle mit Bad oder Dusche, Zentralheizung, Telefon **Kreditkarten:** AE, MC, V **Geschlossen:** Dez. bis Mitte Febr.

Osten

Hôtel de la Côte d'Or

Die dicht umrankte Auberge im grünen Garten ist ein Familienbetrieb und bietet hübsch ausgestattete Zimmer zu mäßigen Preisen, freundliche, saubere Bedienung und interessante, mit Liebe gekochte Gerichte (bei gutem Wetter auf der Terrasse).

■ Rue Charles-Ronot, 21400 Châtillon-sur-Seine (Côte-d'Or) **Tel.:** (03)80911329 **Fax:** (03)80912915 **Mahlzeiten:** Frühstück, Mittag- und Abendessen **Preise:** Zimmer 320-600 FF; Frühstück 38 FF; Menüs 95-180 FF **Zimmer:** 10, alle mit Zentralheizung, Telefon, TV **Kreditkarten:** AE; DC; MC; V **Geschlossen:** Jan.

Domaine de Clairefontaine

Von den beiden Betrieben der Girardons' hat die Küche hier den besseren Ruf (Michelin-Stern). Das hübsche alte Haus in dem prächtigen, friedlichen Parkgelände ist ein unprätentiöser Familienbetrieb und bietet komfortable Zimmer zu bescheidenem Preis.

■ Chonas-l'Amballan, 38121 Reventin-Vaugris (Isère) **Tel.:** (04)74588152 **Fax:** (04)74588093 **Mahlzeiten:** Frühstück, Mittag- und Abendessen **Preise:** Zimmer 150-350 FF; Frühstück 45 FF, Menüs 150-350 FF **Zimmer:** 16, alle mit Bad oder Dusche, Zentralheizung, Telefon **Kreditkarten:** AE, DC, MC, V **Geschlossen:** Dez., Jan.; Restaurant So abend und Mo Mittag

---

Le Marais Saint-Jean

Das hübsch umgebaute Bauernhaus hat seit Jahren eine sehr private Atmosphäre bewahrt. Moderner Komfort verträgt sich mit der alten Deckentäfelung, Balken und Steinfußböden. Das schmackhafte Essen wird im Sommer auf der Terrasse serviert.

■ Chonas-l'Amballan, 38121 Reventin-Vaugris (Isère) **Tel.:** (04)74588328 **Fax:** (04)74588196 **Mahlzeiten:** Frühstück, Mittag- und Abendessen **Preise:** Zimmer 650-700 FF; Frühstück 60 FF, Menüs 150-350 FF **Zimmer:** 10, alle mit Bad, Telefon, Sat-TV, Minibar **Kreditkarten:** AE, DC, MC, V **Geschlossen:** Febr. bis Mitte März, Nov.; Restaurant Mi und Do Mittag

---

Hôtel de Bourgogne

Das schöne Anwesen von 1817, das einen Garten und Hof umschließt, ist das zentralste und komfortabelste Hotel in Cluny. Die elegante Anlage und die burgundischen Spezialitäten ziehen, obwohl der Michelin-Stern vor ein paar Jahren verlorenging, auch viele Gäste an, die nicht im Haus wohnen.

■ Place de l'Abbaye, 71250 Cluny (Saône-et-Loire) **Tel.:** (03)85590058 **Fax:** (03)85590373 **Mahlzeiten:** Frühstück, Mittag- und Abendessen **Preise:** Zimmer 430-990 FF; Frühstück 55 FF, Menüs 200-330 FF **Zimmer:** 15, alle mit Bad, Zentralheizung, Telefon, TV **Kreditkarten:** AE, DC, MC, V **Geschlossen:** Mitte Nov. bis Febr.; Restaurant Di und Mi Mittag

Osten

Hotel am Fluß, Condrieu

Hôtellerie Beau Rivage

Der Name »beau rivage« ist angesichts der nahen chemischen Werke nicht ganz passend. Doch die unmittelbare Umgebung des elegant ausgestatteten Relais & Château ist »sehr angenehm«, der Service freundlich und die Küche mit Michelin-Stern »ausgezeichnet«.

■ 69420 Condrieu (Rhône) **Tel.:** (04)74595224 **Fax:** (04)74595936 **Mahlzeiten:** Frühstück, Mittag- und Abendessen **Preise:** Zimmer 500-820 FF; Frühstück 65 FF, Menüs 170-610 FF **Zimmer:** 24, alle mit Bad oder Dusche, Zentralheizung, Telefon **Kreditkarten:** AE, DC, MC, V **Geschlossen:** nie

Dorfhotel, Curtil-Vergy

Hôtel Le Manassès

Es gibt in Burgund keine passendere Zwischenstation als dieses Haus in einem Weinberg der Hautes Côtes de Nuits. Die »reizend möblierten«, gut ausgestatteten Zimmer in einem umgestalteten Gebäude sind erstaunlich preiswert. Nebenan im Weinmuseum verführt Sie Yves Chaley zu einer Weinprobe.

■ 21220 Curtil-Vergy (Côte-d'Or) **Tel.:** (03)80614381 **Fax:** (03)80614279 **Mahlzeiten:** Frühstück **Preise:** Zimmer 400 FF; Frühstück 50 FF **Zimmer:** 7, alle mit Bad, Zentralheizung, Klimaanlage, Telefon, TV, Minibar **Kreditkarten:** AE, MC, V **Geschlossen:** Dez. bis Febr.

Ländliches Hotel, Doussard

Marceau Hôtel

»Uneingeschränkt zu empfehlen«, meint ein Besucher über das äußerlich einfache, einladende Hotel im Familienbetrieb (unweit des Sees von Annecy). Der Bergblick ist nicht die einzige Attraktion: große, mit Antiquitäten bestückte Zimmer, behaglicher Aufenthaltsraum, hübscher Garten, Terrasse zum Essen.

■ Bout du Lac, 74210 Doussard (Haute-Savoie) **Tel.:** (04)50443011 **Fax:** (04)50443944 **Mahlzeiten:** Frühstück, Mittag- und Abendessen **Preise:** Zimmer 480-680 FF; Frühstück 50 FF, Menüs 130-330 FF **Zimmer:** 16, alle mit Bad oder Dusche, Zentralheizung, Telefon, TV, Radio **Kreditkarten:** AE, DC, MC, V **Geschlossen:** Nov. bis 15. Febr.

Schloßhotel, Fleurville

Château de Fleurville

Die Atmosphäre hier ist nicht so formell wie in anderen luxuriösen Schloßhotels, sondern angenehm entspannt; die Preise sind vernünftig. Vieles aus dem 16. Jh. ist trotz Modernisierung erhalten; das Ganze wirkt fast mittelalterlich. Die Zimmer sind schlicht eingerichtet.

■ 71260 Fleurville (Saône-et-Loire) **Tel.:** (03)85331217 **Fax:** (03)85339534 **Mahlzeiten:** Frühstück, Mittag- und Abendessen **Preise:** Zimmer 420 FF, Appartement 770 FF; Frühstück 40 FF, Menüs 165-250 FF **Zimmer:** 15, alle mit Bad, Zentralheizung, Telefon **Kreditkarten:** DC, MC, V **Geschlossen:** Nov. bis Ende Febr.; Restaurant Mo Mittag

Osten

Dorfgasthof, Givry

Hôtel de la Halle

Fassade und Interieur dieser Unterkunft im Stadtzentrum werden gerade renoviert, und wir erwarten Berichte darüber, wie sich das Haus demnächst präsentiert. Den Besuchern gefielen bis jetzt schon die makellose Sauberkeit, die vorzügliche burgundische Küche und die ungewöhnlich niedrigen Preise.

■ Place de la Halle, 71640 Givry (Saône-et-Loire) **Tel.:** (03)85443245 **Fax:** (03)85444945 **Mahlzeiten:** Frühstück, Mittag- und Abendessen **Preise:** Zimmer 210-280 FF; Frühstück 25 FF, Menüs 90-180 FF **Zimmer:** 9, alle mit Bad oder Dusche, Zentralheizung, Telefon **Kreditkarten:** AE, DC, MC, V **Geschlossen:** Mitte Nov. bis Anfang Dez.

Chalet-Hotel, Goumois

Hôtel Taillard

Es gibt viele zustimmende Hinweise auf das hübsche Chalet in dem waldreichen Tal an der Schweizer Grenze. Gelobt werden die Frühstücksterrasse mit schönem Blick, der Garten, die bequemen Zimmer, die nette Atmosphäre und (trotz häufiger Wiederholung) das Essen.

■ 25470 Goumois (Doubs) **Tel.:** (03)81442075 **Fax:** (03)81442615 **Mahlzeiten:** Frühstück, Mittag- und Abendessen **Preise:** Zimmer 275-480 FF; Frühstück 52 FF, Menüs 135-370 FF **Zimmer:** 24, alle mit Bad oder Dusche, Zentralheizung, Telefon, TV **Kreditkarten:** AE, DC, MC, V **Geschlossen:** Mitte Nov. bis Mitte März

---

Schloßhotel, Igé

Château d'Igé

Das Schloß mit Türmen und Kletterpflanzen bewahrt sich trotz Umwandlung in ein Relais & Château-Hotel sein mittelalterliches Flair. Im Speiseraum mit schwerer Balkendecke werden vor offenem Feuer vorzügliche Gerichte serviert; im reizvollen Gegensatz dazu: der neue Wintergarten.

■ 71960 Igé (Saône-et-Loire) **Tel.:** (03)85333399 **Fax:** (03)85334141 **Mahlzeiten:** Frühstück, Mittag- und Abendessen **Preise:** Zimmer 480-710 FF, Suiten 875-1100 FF; Frühstück 65 FF, Menüs 190-360 FF **Zimmer:** 13, alle mit Bad, Zentralheizung, Telefon, TV, Fön **Kreditkarten:** AE, DC, V **Geschlossen:** Dez. bis März

---

Ländliche Frühstückspension, Levernois

Le Parc

In Beaune fehlt es an preiswerten Unterkünften; dafür bietet das Parc (5 km entfernt) preiswerte Zimmer in angenehm ländlicher Umgebung zu günstigen Preisen. Es ist ein umgebautes Bauernhaus, das sehr privat wirkt. Frühstück gibt es in dem hübschen Hof.

■ Levernois, 21200 Beaune (Côte-d'Or) **Tel.:** (03)80246300 **Fax:** (03)80242119 **Mahlzeiten:** Frühstück **Preise:** Zimmer 180-480 FF **Zimmer:** 25, alle mit Bad oder Dusche, Zentralheizung, Telefon, TV **Kreditkarten:** MC, V **Geschlossen:** 10 Tage ab Anfang Dez.

Osten

Hôtel les Charmes

Dieses *maison bourgeois* aus dem 18. Jh. liegt friedlich in einem parkähnlichen Garten mit großen Bäumen. Es wirkt sehr gepflegt und fast privat. Die Zimmer sind elegant mit Antiquitäten möbliert, die Ausstattung wirkt harmonisch. Die Besitzer haben gewechselt – Hinweise erwünscht.

■ 10 Place du Murger, 21190 Meursault (Côte-d'Or) **Tel.:** (03)80216353 **Fax:** (03)80216289 **Mahlzeiten:** Frühstück **Preise:** Zimmer 390-550 FF; Frühstück 45 FF **Zimmer:** 14, alle mit Bad, Zentralheizung, Telefon, TV, Minibar **Kreditkarten:** MC, V **Geschlossen:** Dez. bis März

---

Les Magnolias

Eine ungewöhnlich stilvolle, gepflegte Anlage in angenehm ruhiger Umgebung: eine Gruppe alter Häuser um einen kleinen Hof mit geräumigen, etwas übertrieben dekorierten Zimmern. Zu einem Restaurant kann man zu Fuß gehen. Weitere Hinweise sind noch erwünscht.

■ 8 Rue Pierre Joigneaux, 21190 Meursault (Côte-d'Or) **Tel.:** (03)80212323 **Fax:** (03)80212910 **Mahlzeiten:** Frühstück **Preise:** Zimmer 380-750 FF; Frühstück 45 FF **Zimmer:** 12, alle mit Bad oder Dusche, Zentralheizung, Telefon; TV auf Wunsch **Kreditkarten:** AE, MC, V **Geschlossen:** Dez. bis Febr.

Ostellerie du Vieux Pérouges

Das Haus steht im Herzen der gut erhaltenen kleinen, mittelalterlichen Stadt. Im reizvollen alten Speiseraum werden köstliche Mahlzeiten serviert, während direkt vom Küchenfenster aus *galette Pérougienne* (eine Art süßer Pizza) verkauft wird. Die Zimmer befinden sich in vier weiteren Häusern, die besten sind herrlich alt.

■ Place du Tilleul, Pérouges, 01800 Meximieux (Ain) **Tel.:** (04)74610088 **Fax:** (04)74347790 **Mahlzeiten:** Frühstück, Mittag- und Abendessen **Preise:** Zimmer 390-950 FF; Menüs 190-420 FF **Zimmer:** 29, alle mit Bad, Telefon **Kreditkarten:** V **Geschlossen:** nie

---

La Grande Chaumière

Der hübsche rosa Bau aus der Zeit der Jahrhundertwende in einem belaubten Garten ist eine angenehme, kulinarische Zwischenstation auf dem Weg in den Süden. Es ist nicht besonders stilvoll, die Zimmer sind vorwiegend modern, das Restaurant (Michelin-Stern) ist hell und chic möbliert.

■ 3 Rue des Capucins, 89600 St-Florentin (Yonne) **Tel.:** (04)86351512 **Fax:** (04)86353314 **Mahlzeiten:** Frühstück, Mittag- und Abendessen **Preise:** Zimmer 350-850 FF; Frühstück 56 FF, Menüs 135-275 FF **Zimmer:** 10, alle mit Bad oder Dusche, Zentralheizung, Telefon, TV **Kreditkarten:** AE, DC, MC, V **Geschlossen:** erste Sept.-Woche, Mitte Dez. bis Mitte Jan.; Mi außerhalb der Saison

Osten

Landgasthof, St-Lattier

Le Lièvre Amoureux

Ein Prüfer bescheinigt der Küche des alten Jagdhauses Stern-Qualität, Michelin nicht. Doch das Haus hat anderes zu bieten: den schattigen Garten und das Schwimmbad, zu dem man von den hellgetäfelten Zimmern in modernen Nebengebäuden direkten Zugang hat; das Hauptgebäude wirkt eher traditionell.

■ La Gare, 38840 St-Lattier (Isère) **Tel.:** (04)76645067 **Fax:** (04)76643121 **Mahlzeiten:** Frühstück, Mittag- und Abendessen **Preise:** Zimmer 320-460 FF; Frühstück 60 FF, Menüs 179-290 FF **Zimmer:** 14, alle mit Bad, Zentralheizung, Telefon, TV, Fön **Kreditkarten:** DC, MC, V **Geschlossen:** Nov. bis Mitte Febr.

Umgebautes Kloster, Tonnerre

L'Abbaye Saint-Michel

Nicht jedem gefällt die Art, wie das Kloster in ein Relais & Château-Hotel umgebaut wurde – unter Verwendung von Glas und Stahl, Stein und Holz. Doch die kreative Küche verdient die Auszeichnung mit Hauben und Sternen. Ein Speiseraum in mächtigem Gewölbe, ein anderer mit herrlicher Aussicht.

■ Montée de Saint-Michel, 89700 Tonnerre (Yonne) **Tel.:** (03)86550599 **Fax:** (03)86550010 **Mahlzeiten:** Frühstück, Mittag- und Abendessen **Preise:** Zimmer 590-1600 FF, Suiten 1800-1900 FF; Frühstück 55-85 FF, Menüs 330-620 FF **Zimmer:** 14, alle mit Bad, Zentralheizung, Telefon, TV, Minibar **Kreditkarten:** AE, DC, MC, V **Geschlossen:** nie

---

Wintersporthotel, Val-Thorens

Fitz Roy

Der Skiort ist das höchste Relais & Chateaux Europas. Das ungewöhnlich kultivierte und einladende Hotel mit hellen Zimmern und Kiefernmöbeln bietet vorzügliches Essen (das beste im Ort). Im Januar findet immer ein Festival klassischer Musik statt.

■ 73440 Val-Thorens (Savoie) **Tel.:** (04)79000478 **Fax:** (04)79000611 **Mahlzeiten:** Frühstück, Mittag- und Abendessen **Preise:** DB&B 900-1650 FF **Zimmer:** 36, alle mit Bad oder Dusche, Zentralheizung, Klimaanlage, Telefon, TV, Radio, Minibar, Fön **Kreditkarten:** AE, DC, MC, V **Geschlossen:** Anfang Mai bis 2. Dez.

Hotel am See, Veyrier-du-Lac

La Demeure de Chavoire

Eine großartige Mischung aus traditioneller Eleganz und modernem Komfort in einem hübschen Garten an den Ufern des schönen Sees von Annecy. Jeder Raum im Haus ist ausgesucht schön möbliert. Die individuellen, romantischen Zimmer sind nach Sehenswürdigkeiten und Schriftstellern aus Annecy benannt.

■ Route d'Annecy-Chavoire, 74290 Veyrier-du-Lac (Haute-Savoie) **Tel.:** (04)50600438 **Fax:** (04)50600536 **Mahlzeiten:** Frühstück, Snacks **Preise:** Zimmer 650-1000 FF, Suiten 1100-1550 FF; Frühstück 68 FF **Zimmer:** 13, alle mit Bad, Zentralheizung, Telefon, TV, Radio, Minibar, Fön **Kreditkarten:** AE, DC, MC, V **Geschlossen:** nie

Südwesten

Einführung in die Region

Die Berge des Limousin bilden die Wasserscheide zwischen dem Charente- und dem Loirebecken im Norden und dem der Garonne und ihrer Nebenflüsse im Süden; zugleich beginnt hier unsere Südwest-Region. Viele Besucher empfinden die Täler von Dordogne und Lot als geradezu idealen Aufenthalt, hier lebt man in mildem Klima und fruchtbarer Landschaft. Doch die Zahl der kleinen, aber feinen Hotels, wie wir sie suchen, ist noch größer in der Provence. Im Westen liegen die unvergleichlichen Weinberge des Bordeaux, die Wälder und endlosen Strände der Landes, im Süden die Gascogne und das baskische Land der Pyrenäen.

Anwärter im Südwesten

Barcus, Chez Chilo (05)59289079; eigenwilliges Dorfhotel; chic möbliert; gutes Essen.

Cadéac-les-Bains, Hostellerie du Val d'Aure (05)62986063; abgeschiedenes Logis in waldreichem Gelände mit Pool und Tennis, nicht weit vom Skiort St-Lary.

Les Courrières, Les Murailles (05)53055809; Frühstückspension in Bauernhaus (Mahlzeiten mit den englischen Besitzern); geschmackvoll restauriert; großer Garten mit Schwimmbad.

Gramat, Château de Roumegouse (05)65336381; hübsch möbliertes, kleines Schloß, umgeben von Wald; Schwimmbad.

Grenade-sur-l'Adour, Pain Adour et Fantaisie (05)58451880; reizendes Haus am Fluß mit eleganten Möbeln und Spitzen-Küche (2 Sterne, 4 *toques*).

Lascabanes, La Petite Auberge (05)65318251; eine interessante Gruppe von landwirtschaftlichen Gebäuden in ländlicher Stille; schöne, schlichte Zimmer mit Steinwänden.

Loubressac, Château de Gamot (05)65385850; kleines, stilecht möbliertes Schloß aus dem 17. Jh.; wird im Sommer vom Pariser Besitzer als B&B betrieben. Nicht im Juli und August.

Mussidan, Le Bastit (05)53813233; liebevoll von englisch-französischem Paar eingerichtetes Landhaus in einem Blumengarten (mit Pool).

Paulhiac, L'Ormeraie (05)53364596; geschickt umgebautes Bauernhaus in schöner Landschaft; in privatem Stil von ehemaligem Verleger betrieben.

Port-de-Lanne, La Vieille Auberge (05)58891629; gemütlich eingerichtetes, dörfliches Logis mit schönem Garten und Schwimmbad.

St-Jean-de-Luz, Parc Victoria (05)59267878; gepflegte, elegant möblierte Villa in schönem Garten mit herrlichem Pool.

St-Pierre-de-Côle, Domaine de Doumarias (05)53623437; schlicht, aber geschmackvoll eingerichtetes B&B mit Schwimmbad in üppigem Garten.

St-Robert, La Maison Anglaise (05)55251958; neu hergerichtete Villa aus dem 19. Jh. in friedlicher Lage mit herrlicher Aussicht; englische Besitzer.

Segos, Domaine de Bassibé (05)62094671; kleines, intimes, komfortables Hotel mit schöner Aussicht und guter Küche.

Toulouse, Hôtel des Beaux Arts (05)61234050; Haus im Designer-Stil in Stadtmitte.

Valence-sur-Baïse, La Ferme de Flaran (05)62285822; neu ausgestattetes Bauernhaus auf dem Land mit Speiseterrasse und hübschem Schwimmbad; gute Küche.

Südwesten

Hôtel Ohantzea

Unter den hier empfohlenen Häusern in den Pyrénées-Atlantiques ist dies eins der preiswertesten und entsprechend schlicht, aber reizvoll. Es liegt an der Straße eines schönen Bergdorfs. Seit drei Jahrhunderten ist es im Besitz der Familie Ithurria. Das Haus mit unebenen Böden und Balkendecken, ist geschmackvoll-ländlich eingerichtet, und überall stehen Familienerbstücke. Die Zimmer sind recht groß, manche haben Balkone. Die Karte bietet solide Kost, der Speiseraum ist sehr angenehm.

Die Ithurrias sind charmante, sehr herzliche Gastgeber – und das Haus ist seit bereits seit drei Jahrhunderten in ihrem Besitz. Außer durch seine Einrichtung besticht es durch seine Lage. Cambo-les-Bains genießt seit langer Zeit einen guten Ruf als gesunder Luftkurort – Edmond Rostand, der Autor des spätestens seit der Verfilmung mit Gerard Depardieu auch hierzulande berühmten *Cyrano de Bergerac*, war so von dem Klima angetan, daß er sich hier ein Haus baute.

Umgebung: St-Pée-sur-Nivelle (10 km); Sare (10 km)

Aïnhoa, 64250 Cambo-les-Bains
Tel.: (05)59299050
Lage: im Dorfzentrum, 10 km sw von Cambo-les-Bains; Garten; Parkplatz hinter dem Haus
Mahlzeiten: Frühstück, Mittag- und Abendessen
Preise: Zimmer 280-315 FF; Menüs 120-220 FF
Zimmer: 10 Doppelzimmer, 9 mit Bad und Dusche (3 mit Einzelbetten); alle Zimmer mit Zentralheizung, Telefon
Anlage: Salon, Speiseraum
Kreditkarten: AE, DC, MC, V
Kinder: willkommen
Behinderte: keine speziellen Einrichtungen
Tiere: erlaubt
Geschlossen: Dez. und Jan.
Besitzer: M. Ithurria

Südwesten

Ländliches Hotel, Brantôme

Le Chatenet

Das reizende Landhaus aus dem 17. Jh. hat in den letzten Jahren eine Flut von Zuschriften bewirkt; in der jüngsten heißt es: »Wir wären gern länger geblieben und fahren sicher wieder hin.«

Der Charme des Hauses hat nicht nur mit der ländlichen Umgebung zu tun – auf einem Fahrweg biegt man von der belebten Uferstraße ab und ist weit genug vom Touristenzentrum Brantôme entfernt – sondern auch mit dem angenehmen Flair. Trotz nobler Ausstattung legen die Laxtons Wert auf eine heimelige Atmosphäre. Überall im Speiseraum und Frühstücksraum, die zur Wohnung der Besitzer gehören, stehen Vasen mit frischen Blumen auf kleinen Tischen, es gibt bequeme Sessel und schöne, alte Stücke. Die Zimmer sind geräumig und elegant ausgestattet. Im gemütlichen Clubhaus gibt es eine Bar und einen Raum für Schlechtwetter-Aktivitäten. Im Garten stehen im Schatten der Bäume Liegestühle, und für Kinder ist überall Platz.

Frühstück (Magdeleine bereitet zehn Sorten Konfitüre) wird bei gutem Wetter auf der überdachten Terrasse serviert; die Gäste können auch den Grillplatz im Freien benutzen. Wer sich nicht selbst versorgen will, findet in der Nähe ausgezeichnete Restaurants. Dem herzlichen Willkommen schließt sich auch der Hund an.

Umgebung: Brantôme – Mönchsgarten, Belfried, Eremitenhöhlen; Bourdeilles (10 km) – Schloß; Chancelade (30 km) – Kloster

24310 Brantôme
Tel.: (05)53058108
Fax: (05)53058552
Lage: 1,5 km sw der Stadt, abseits der D 78
Mahlzeiten: Frühstück
Preise: Zimmer 550-590 FF; Suiten 800 FF
Zimmer: 8 Doppelzimmer mit Bad (6 mit Einzelbetten); 2 Suiten, 1 Cottage mit 2 Doppelzimmern; alle Zimmer mit Telefon; TV auf Wunsch
Anlage: Salon, Frühstücksraum, Clubhaus mit Billard, beheizter Pool; Tennis
Kreditkarten: MC, V
Kinder: willkommen, wenn gut erzogen
Behinderte: Zugang leicht; 2 Zimmer im Erdgeschoß
Tiere: willkommen, falls gut erzogen
Geschlossen: zeitweise zwischen Nov. und April (am besten anrufen)
Besitzer: Philippe und Magdeleine Laxton

Südwesten

Umgebaute Mühle, Brantôme

Moulin de l'Abbaye

Wir wundern uns, warum es nicht mehr Lesermeinungen zu dieser wunderschönen Mühle gibt, in der man gern länger bleiben möchte. Vielleicht sind die Relais & Château-Preise der Grund?

Die Umgebung ist einmalig. Man nimmt einen Drink oder ißt auf der schattigen Terrasse am Fluß, die am Abend beleuchtet wird, und sieht dabei die herrliche, abgewinkelte Brücke von Brantôme, den Turm des Klosters oder die vorbeigleitenden Schwäne. Von vielen Zimmern, die schön und behaglich ausgestattet sind (manche mit Himmelbetten und Antiquitäten, andere modern), genießt man die Aussicht auf die alten Häuser dieses wunderschönen Dorfes.

Traditionelle Périgord-Gerichte mit einem Hauch von Nouvelle cuisine haben der Küche drei *toques* (Gault-Millau) und den Michelin-Stern eingebracht. Man ißt im angenehmen Speiseraum oder auf der Terrasse; allerdings gefallen uns die Farben der Monet-Palette nicht besonders. Überall frische Blumen, blanke Gläser, Silber und weiches Licht.

Umgebung: Mönchsgarten, Belfried; Antonne-et-Trigonant (3 km) – Périgord-Herrenhaus, 15. Jh.; Bourdeilles (10 km) – Schloß

1 Rte de Bourdeilles
24310 Brantôme
Tel.: (05)53058022
Lage: am Stadtrand, 20 km n von Périgueux; Garten; großer Parkplatz jenseits der Straße
Mahlzeiten: Frühstück, Mittag- und Abendessen
Preise: Zimmer 550-950 FF; Appartements 1000-1350 FF; Frühstück 75 FF; Menüs 220-450 FF

Zimmer: 17 Doppelzimmer, 3 Appartements, alle mit Bad, Zentralheizung, TV, Minibar
Anlage: Speiseraum, Salon
Kreditkarten: AE, DC, MC, V
Kinder: willkommen
Behinderte: keine speziellen Einrichtungen
Tiere: Hunde erlaubt
Geschlossen: Nov. bis Mai; Restaurant Mo Mittag
Besitzer: M. Dessum

Südwesten

Herrenhaus-Hotel, Le Buisson-de-Cadouin

Manoir de Bellerive

In unserem letzten Bericht über das schöne Haus aus der Zeit Napoleons III. heißt es: »Prächtige Räume, herrliches Gelände, freundliches Personal«. Leider probierte der Gutachter das Diner nicht, der letzte Schritt dieses Hauses auf dem Weg zu einem richtigen Hotel.

Das Herrenhaus liegt in lieblich-friedlichem Gelände, das sich bis zum Dordogne-Ufer erstreckt. Auf den Rasenflächen Liegestühle und Tische, zwischen Bäumen und Blumenrabatten Schwimmbad und Tennisplatz. Wer den weiten Blick über den träge fließenden Fluß sucht, geht auf die Terrasse mit Balustrade im ersten Stock. Wenn man die hohe Eingangshalle betritt, fühlt man sich in eine vergangene Welt versetzt. Die elegante Treppe führt zu den geräumigen und sehr komfortabel ausgestatteten Zimmern. Das Frühstück nimmt man auf der Terrassse oder in einem Raum mit schönen Wandbildern ein.

Sechs Monate im Jahr (Mitte März bis Mitte Juni und Mitte September bis Mitte November) dient das Hotel auch als Konferenzzentrum. Sonst ist es sehr friedlich.

Umgebung: Wandern, Golf; Lascaux – Höhlenmalereien; Les Eyzies; Sarlat (35 km)

Route de Siorac, 24480 Le Buisson-de-Cadouin
Tel.: (05)53271619
Fax: (05)53220905
Lage: in offener Landschaft, 800 m sö von Le Buisson-de-Cadouin an der D 25
Mahlzeiten: Frühstück, Mittagessen; Abendessen an Wochenenden
Preise: Zimmer 440-800 FF; Frühstück 55-70 FF; Menü 120-190 FF
Zimmer: 16 Doppelzimmer, 8 mit Bad, 8 mit Dusche; alle mit Telefon, Sat-TV, Minibar
Anlage: Salon, Frühstücksraum; Konferenzeinrichtungen; Sauna, Whirlpool, Swimmingpool, Tennisplatz
Kreditkarten: MC, V
Kinder: werden aufgenommen
Behinderte: Zugang schwierig
Tiere: erlaubt
Geschlossen: Nov. bis Mitte April
Besitzerin: Mme Huin

Südwesten

Le Moulin du Roc

Regelmäßige Leserpost bestätigt die Anziehungskraft der schönen alten Walnußöl-Mühle, in der man sich gut aufgehoben fühlte, auch ohne gleich 300 Mark pro Nacht auszugeben. »Absolute Spitze«, kommentiert ein Leser, obwohl die Küche jetzt nur noch einen Michelin-Stern hat.

Die Lage an den Ufern der Dronne (von Brantôme ein paar Kilometer flußaufwärts) ist bezaubernd romantisch; die Gärten am Ufer sind üppig, abgeschlossen, schattig und farbenfroh. Im Innern des Natursteinhauses aus dem 17. Jh. alte Balken, Feuerstellen, Mühlentechnik, schön geschnitzte alte Möbel und Ölgemälde, dazu viel Dekor und Blumen. Das Ganze wirkt schwer, höchst individuell und sogar ein bißchen exzentrisch. Alain Gardillous Küche (von der Mutter übernommen) dagegen ist trotz Wahrung der kulinarischen Tradition (hier im Land der *foie gras*) doch erstaunlich leicht und phantasievoll. Zum reizvoll angerichteten Frühstück gibt es selbstgemachte Brötchen und Marmelade. Die Zimmer sind unterschiedlich groß, aber hübsch, behaglich und mit vielen Antiquitäten ausgestattet.

Umgebung: Brantôme; Bourdeilles (15 km) – Schloß

24530 Champagnac-de-Belair
Tel.: (05)53028600
Fax: (05)53542131
Lage: in einem Weiler an der D 82 und D 83, 6 km nö von Brantôme, großer Garten und Parkplatz
Mahlzeiten: Frühstück, Mittag- und Abendessen
Preise: Zimmer 380-680 FF; Frühstück 55 FF, Menüs 150-280 FF, Kinderessen 100 FF
Zimmer: 10 Doppelzimmer, 4 Suiten; alle Zimmer mit Bad, Telefon, TV, Minibar
Anlage: Salon, Speiseraum, geheizter Swimmingpool; Tennisplatz, Terrasse
Kreditkarten: AE, DC, MC, V
Kinder: willkommen
Behinderte: Zwei Zimmer im Erdgeschoß
Tiere: erlaubt
Geschlossen: 2. Jan. bis 8. März; Restaurant Di, Mi Mittag
Besitzer: M. und Mme Gardillou

Südwesten

Herrenhaus, Coly

Manoir d'Hautegente

Ein Leser, der seine vierte Reise hierher plant, beschreibt das Haus als »so gut, daß ich niemandem davon erzählen würde, wenn es nicht schon in Ihrem Führer stünde«. Wir hoffen, es stört ihn nicht, daß wir dem Manoir sogar noch größeren Raum widmen.

Das dichtbewachsene Haus in herrlicher Waldlandschaft gehört den Hamelins seit 300 Jahren und wird jetzt von Edith Hamelin und ihrem Sohn Patrick geleitet. Es stammt aus dem 13. Jh. und war eine Schmiede, später eine Mühle (da ein Bach vorbeifließt). Irgendwann wurde es dann der Familiensitz und noch später ein Hotel, ohne den privaten Anstrich zu verlieren. Aufenthaltsräume und Zimmer sind phantasievoll, mit Erbstücken und Bildern der Familie ausgestattet. Das Abendessen in dem hübschen Speiseraum mit Gewölbe ist ein 5-Gänge-Menü; die Küche ist erstklassig; Gänseleber wird selbst erzeugt (auch ein Teil des wirtschaftlichen Erfolgs). Es gibt Weine zu vernünftigen Preisen.

Auf dem Wiesengelände gibt es einen hübschen Pool mit viel Sonne. Die Familie ist sehr herzlich.

Umgebung: Schloß, alte Dordogne-Dörfer; Lascaux (15 km)

Coly, 24120 Terrasson
Tel.: (05)53516803
Fax: (05)53503852
Lage: in offener Landschaft, 6 km sö von Le Lardin an der D 62; eigenes Gelände mit großem Parkplatz
Mahlzeiten: Frühstück, Abendessen
Preise: Zimmer 500-950 FF; Frühstück 60 FF; Menüs 200-380 FF
Zimmer: 12 Doppelzimmer, alle mit Bad (2 mit Einzelbetten), Zentralheizung, Telefon, Fön, TV auf Wunsch
Anlage: Speiseraum, Salon, geheizter Swimmingpool
Kreditkarten: MC, V
Kinder: willkommen
Behinderte: ein Zimmer im Erdgeschoß
Tiere: erlaubt, falls gut erzogen
Geschlossen: Nov. bis Ostern
Besitzer: Edith Hamelin und Patrick Hamelin

Südwesten

Dorfhotel, Les-Eyzies-de-Tayac

Les Glycines

Ein glaubwürdiger Gutachter hält das Haus (19. Jh.) für das beste der Stadt, die Zentrum der prähistorischen Attraktionen ist. Das Hotel steht unweit vom Bahnhof am Rand von Les Eyzies in einem schönen, herrlich üppigen Garten. Glyzinen gibt es hier im Überfluß, außerdem ein Schwimmbad und eine Terrasse, auf der man bei gutem Wetter einen Drink nimmt.

Im Haus gibt es viel Platz und Lesestoff, man hält es also auch bei schlechtem Wetter aus. Sehr hübsch ist auch der Speiseraum mit der überdachten Terrasse. Die Zimmer sind bequem, aber wenig bemerkenswert, einige wirken recht großzügig, am besten sind die nach hinten. Obwohl man nicht das Gefühl hat, daß das Hotel so groß ist, gibt es viele Zimmer (einige in einem Anbau).

Das Essen ist sehr gut, und die anfangs etwas kühl wirkende Hausherrin ist nach dem ersten Kennenlernen sehr liebenswürdig.

Umgebung: Château de Fages (15 km); Sarlat (21 km); Höhlen von Lascaux (25 km); Beynac (30 km) – Dorf und Schloß

24620 Les Eyzies-de-Tayac
Tel.: (05)53069707
Fax: (05)53069219
Lage: am Stadtrand an der Hauptstraße; großer Garten; großer Parkplatz
Mahlzeiten: Frühstück, Mittag- und Abendessen
Preise: Zimmer 355-410 FF; Frühstück 52 FF; DB&B 402-450 FF; Menüs 140-190 FF
Zimmer: 25 Doppelzimmer mit Bad oder Dusche (12 mit Einzelbetten), Zentralheizung, Telefon
Anlage: 2 Salons, Speiseraum, Bar, Swimmingpool
Kreditkarten: AE, MC, V
Kinder: werden aufgenommen
Behinderte: Zugang möglich
Tiere: erlaubt
Geschlossen: Mitte Okt. bis Mitte April; Restaurant Sa Mittag außerhalb der Saison
Besitzer: M. und Mme Henri Mercat

Südwesten

Hotel im Bauernhaus, Florimont-Gaumiers

La Daille

Noch ein Dordogne-Hotel, das jetzt einen ausführlichen Eintrag bekommt. Da sind die Gebäude mit roten Dächern, der weiche Stein und die Gärten mit Kräuterbeeten, die auf den grünen Daumen der englischen Besitzer hinweisen. Die Produkte dieser Gegend werden in der Küche zu köstlich leichten Gerichten verarbeitet (etwas ganz anderes als die schwere Périgord-Küche).

Barbara und Derek Brown führen das ungewöhnliche Haus in dieser unberührten, hügeligen Landschaft seit fast 20 Jahren; ihre Nachmittags-Tees und ambitionierten Dinners sind in der ganzen Gegend bekannt und beliebt. Die kleine Pension versorgt nur 7 Hausgäste und 14 weitere Gäste (Halbpension obligatorisch, Mindestaufenthalt drei Tage, wenn nicht gerade ein Zimmer zwischendurch frei wird). Die komfortablen Doppelzimmer sind in einem modernen, einstöckigen Gebäude hinten im Garten untergebracht und haben große Bäder und Terrassen; im alten Bauernhaus befindet sich der kühle, ländliche Speiseraum. Das einzige, sehr hübsche Einzelzimmer liegt in einem alten Nebengebäude.

Umgebung: Golf, Bootfahren; Domme (15 km) – *bastide*; Sarlat (25 km)

Florimont-Gaumiers
24250 Domme
Tel.: (05)53284071
Lage: in offener Landschaft, 2 km s von Gaumiers (im Dorf ausgeschildert); großes Grundstück mit großem Parkplatz
Mahlzeiten: Frühstück, Nachmittagstee, Abendessen
Preise: DB&B (mit Wein) 455 FF
Zimmer: 3 Doppelzimmer (2 mit Einzelbetten), 1 Einzelzimmer; alle mit Bad oder Dusche, Zentralheizung
Anlage: Speiseraum, Terrasse
Kreditkarten: keine
Kinder: über 7 Jahre werden aufgenommen
Behinderte: Zugang schwierig
Tiere: nicht erlaubt
Geschlossen: Okt. bis 1. Mai
Besitzer: Mr. und Mrs. Derek Vaughan Brown

Südwesten

Schloßhotel, Lacave

Château de la Treyne

Wir haben das kleine Schloß an der Dordogne immer im Auge behalten, seit ein Tester vor Jahren so begeistert berichtet hat. Natürlich ist es nicht billig; trotzdem sollten wir froh sein, daß die Mitgliedschaft bei Relais & Château nicht zu noch höheren Preisen geführt hat.

Michèle Gombert-Devals' Schloß ist ein prachtvolles Hotel in wunderschöner, waldreicher Lage über den Felsen, in die sich der Fluß Dordogne tief eingeschnitten hat. Das Reizvollste aber ist der Gegensatz zwischen dem wehrhaft-strengen Herrenhaus und der wirklich heimeligen Atmosphäre. Der Bau stammt aus dem 14. Jh., wurde aber um 1600 neu errichtet. Er ist geschmackvoll mit ganz unterschiedlichem Mobiliar ausgestattet: bequeme Sofas vor dem offenen Kamin, aber auch prächtige Antiquitäten.

Man kann lange Spaziergänge durchs Gelände unternehmen und das Frühstück vor dem schönen, formstrengen Garten einnehmen. Die vorzügliche Küche hat regionale Akzente; bei schönem Wetter wird auf der herrlichen Terrasse über dem Fluß gegessen.

Lacave
46200 Souillac
Tel.: (05)65276060
Fax: (05)65276070
Lage: 3 km w des Dorfes an der D 43, 6 km sö von Souillac; großes Grundstück am Fluß; großer Privatparkplatz
Mahlzeiten: Frühstück, Mittag- und Abendessen
Preise: Zimmer 700-1600 FF, Appartements ab 1800 FF, DB&B 360 FF; Frühstück 80 FF, Menüs 180-280 FF

Zimmer: 14 Doppelzimmer, alle mit Bad, Telefon, TV
Anlage: 3 Salons, Bar, Billardzimmer, Konferenzraum; Sauna, Pool, Tennis
Kreditkarten: AE, DC, MC, V
Kinder: willkommen
Behinderte: Zugang schwierig
Tiere: erlaubt, sofern gut erzogen
Geschlossen: 15. Nov. bis Ostern
Besitzerin: Mme Michèle Gombert-Devals

Südwesten

Hostellerie Le Vert

Das abgelegene Bauernhaus aus dem 17. Jh. ist immer besser geworden. Inzwischen ist der Umbau abgeschlossen, und das Le Vert ist das Haus geblieben, in das man am Abend gern einkehrt. Nachdem auch das Schwimmbad fertig ist, möchte man gar nicht mehr abreisen.

Man tritt durch eine schmale Tür auf der Seite ein. Im Innern sind die Mauern und Balken erhalten. Der Speiseraum öffnet sich zur Terrasse mit weitem Blick; durch einen Bogen am einen Ende betritt man einen kleinen Raum, in dem man vor dem Essen einen Drink nehmen kann. Die Zimmer sind alle bequem und geschmackvoll modernisiert; man genießt eine schöne Aussicht. Die größten sind recht üppig mit Antiquitäten ausgestattet. Die hübschesten aber liegen in einem kleinen Gebäude, nicht weit vom Eingang, das untere mit gewölbter Decke, die oberen mit Balkendecke und Marmorboden. Der Garten mit Sesseln und Tischen wird trotz der trockenen Jahre immer schöner. Die Philippes sind ein liebenswürdiges, fleißiges Team (er kocht ausgezeichnet, sie serviert und spricht gut Englisch).

Umgebung: Bonaguil (15 km) – Schloß; Schloß Biron (35 km); Monpazier (50 km) – *bastide*; Cahors (50 km)

Mauroux, 46700 Puy-l'Evêque
Tel.: (05) 65365136
Lage: in offener Landschaft abseits der D 5, 10 km sw von Puy-l'Evêque, 10 km sö von Fumel; Garten, großer Privatparkplatz
Mahlzeiten: Frühstück, Mittag- und Abendessen
Preise: Zimmer 230-380 FF; Frühstück 38 FF, Menüs 100-160 FF; Kindermenü 50 FF
Zimmer: 7 Doppelzimmer mit Bad oder Dusche; alle Zimmer mit Zentralheizung, Telefon, TV
Anlage: Speiseraum, Salon, Terrasse, Swimmingpool
Kreditkarten: AE, MC, V
Kinder: willkommen
Behinderte: keine speziellen Einrichtungen
Tiere: zu Aufpreis erlaubt
Geschlossen: Mitte Nov. bis Mitte Febr.
Besitzer: Eva und Bernard Philippe

Südwesten

Hotel am See, Mimizan

Au Bon Coin du Lac

Der hohe Standard, den Jean-Pierre Caule (in der dritten Generation Besitzer des Hauses) und Madame (zuständig für die Pflege des Ganzen) sich gesetzt haben, ist erhalten geblieben.

Das zweistöckige Anwesen aus Stein und gestrichenem Holz hat eine wunderbare Lage am See; saubere, schmale Wege laden zu einem Spaziergang ein. Mittelpunkt des Hauses aber ist das Restaurant (mit Michelin-Stern), Küchenchef M. Caules Spezialität sind Meeresfrüchte. Daß es hier etwas teurer ist, erkennt man nicht nur an der Speisekarte. Vom reizend eingerichteten Speiseraum (runde Tische, weiße Tischtücher, Porzellan mit Blumenmuster und mit Blumenstoff bezogene Stühle) hat man einen unverstellten Blick auf den See. Die Bedienung ist zurückhaltend wie in Restaurants dieser Kategorie üblich, aber keineswegs unfreundlich.

Die Zimmer sind groß und luxuriös, nicht unpersönlich, aber etwas gleichförmig. Trotz der Möglichkeiten am See – Segeln, Angeln –, Schaukeln und Kindergerichten auf der Karte ist Au Bon Coin doch kein Familienhotel. Es bietet sich aber an für Leute, die den 4-Sterne-Service, eine entspannte, freundliche Atmosphäre und eine vorzügliche Küche genießen wollen.

Umgebung: Seen; Strände (5 km); Wald der Landes (30 km); Sabres (40 km) – Eisenbahn zum Marquèze Ecomuseum

34 Ave du Lac, Mimizan
40200 Landes
Tel: (05)58090155
Fax: (05)58094084
Lage: inmitten von Wäldern, 2 km n von Mimizan am See; Garten; Parkplatz
Mahlzeiten: Frühstück, Mittag- und Abendessen
Preise: Zimmer 360-650 FF; Menüs 160-350 FF; Ermäßigung für Kinder möglich
Zimmer: 5 Doppelzimmer, 4 Suiten; alle mit Bad und

Dusche, Zentralheizung, TV, Telefon, Radio, Minibar
Anlage: Salon, Speiseraum
Kreditkarten: AE, V
Kinder: willkommen; spezielle Mahlzeiten; Babyphone
Behinderte: Zimmer im Erdgeschoß
Tiere: erlaubt
Geschlossen: Febr.; Restaurant So abend und Mo außerhalb der Saison
Besitzer: Jean-Pierre Caule

Südwesten

Schloßhotel, Pauillac

Château Cordeillan-Bages

Hier handelt es sich um ein typisches Schloß des Bordeaux; es ist nicht so spektakulär wie die Loire-Schlösser, sondern ein schön proportioniertes, einstöckiges Herrenhaus aus dem 17. Jh. mit angeschlossenem Weingut (früher berühmt, jetzt wieder auf gutem Wege). Das Haus wurde 1989 vollständig restauriert; die Ausstattung ist sehr vornehm und behaglich. Es gibt gemütliche Salons und einen eleganten Speiseraum. Wenn man auf die Terrasse hinaustritt, ist man umgeben von Weinhängen. Die Zimmer sind sehr komfortabel und mit sicherer Hand ausgestattet.

Chefkoch Thierry Marx, der im Château Cordeillan-Bages fürs Kulinarische verantwortlich ist, pflegt sowohl eine kreative Küche mit Zutaten der Saison als auch die regionale Tradition. Natürlich ist die Weinkarte eindrucksvoll.

Die Ecole du Bordeaux, die hier ihren Sitz hat, organisiert zahlreiche Kurse für Weinliebhaber (Profis und Amateure) mit Ausflügen zu anderen Châteaus des berühmten Weingebietes.
Umgebung: Château Mouton-Rothschild (Museum) (2 km)

Route des Châteaux, 33250 Pauillac
Tel.: (05)56592424
Fax: (05)56590189
Lage: in einem Weindorf an der D 2, 20 km n von Bordeaux; auf eigenem Gelände mit großem Parkplatz
Mahlzeiten: Frühstück, Mittag- und Abendessen
Preise: Zimmer 720-990 FF, Junior-Suite 915-1100 FF; Frühstück 65-95 FF, Menüs 180-290 FF

Zimmer: 25 Doppelzimmer, alle mit Bad, Telefon, TV, Radio, Minibar, Fön, Safe
Anlage: Bar, Frühstücksraum
Kreditkarten: AE, DC, V
Kinder: willkommen
Behinderte: Aufzug, Zugangsrampe; Zimmer und Toiletten im Erdgeschoß
Tiere: nur kleine
Geschlossen: 10. Dez. bis Ende Jan.; Restaurant Sa Mittag
Geschäftsführer: Alain Rabier

Südwesten

Umgebaute Stallungen, Rocamadour

Domaine de la Rhue

Leider haben wir in letzter Zeit keine Berichte über das reizende, kleine Hotel bekommen, das so friedlich und völlig einsam in der sanften Hügellandschaft liegt und doch nur ein paar Kilometer vom Touristenzentrum Rocamadour entfernt ist. Doch wir vertrauen auf die netten jungen Besitzer Eric und Christine Jooris.

Vielleicht sind Sie enttäuscht, daß das Hotel nicht im prächtigen Château der Familie untergebracht ist, sondern in den dazugehörigen Stallungen. Doch der schöne steinerne Bau aus dem 19. Jh. wurde sorgfältig und mit viel Phantasie umgebaut und beherbergt ein Dutzend nette, geräumige Zimmer. Manche sind für Familien geeignet und haben auch eine winzige Küche und Zugang zum Garten. Das Frühstück wird in dem hübschen Salon (mit offenem Kamin) serviert; die Jooris bereiten auch kleine Imbisse, die man neben dem großen Schwimmbad vor dem Hotel einnimmt.

Vielleicht interessiert Sie auch das zweite Hobby des Besitzers: Ballonfahren; er ist ausgebildeter Heißluftballonfahrer und zeigt seinen Gästen auf Wunsch Rocamadour von oben, »was man sich nicht entgehen lassen sollte«.

Umgebung: Ballonfahren; Rocamadour (7 km); Padirac (10 km); Loubressac (20 km); Carennac (20 km)

La Rhue, 46500 Rocamadour
Tel.: (05)65337150
Fax: (05)65337248
Lage: auf dem Land, 55 km s von Brive La Gaillarde, auf der N 20 Richtung Cressensac, dann N 140. 1 km vor der Kreuzung mit der D 673 rechts (Rocamadour–Padirac); großes Gelände mit Parkplatz
Mahlzeiten: Frühstück
Preise: Zimmer 380-580 FF; Frühstück 45-65 FF

Zimmer: 11 Doppelzimmer, 1 Suite, mehrere geeignet für Familien; alle mit Bad, Telefon
Anlage: Salon, Swimmingpool
Kreditkarten: MC, V
Kinder: werden aufgenommen
Behinderte: Zugang leicht
Tiere: erlaubt
Geschlossen: Nov. bis Ostern
Besitzer: Eric und Christine Jooris

Südwesten

Dorfhotel, St-Cirq-Lapopie

La Pélissaria

Aus jüngsten Berichten läßt sich nur schließen, daß das kleine, distinguierte Hotel der Matuchets so liebenswert wie immer ist. Sie haben außerdem das Haus nebenan gekauft und drei weitere große Zimmer (2 Doppelbetten in jedem) ausgebaut.

Das Haus aus dem 13. Jh. klebt an einem steilen Hang am Rande eines reizenden mittelalterlichen Dorfes. Mit viel Liebe wurde es von den Besitzern selbst restauriert. Geht man zu den Zimmern mit Blick auf einen winzigen Garten die Treppe hinunter, so hat man einen faszinierenden Blick über das Lottal. Die Zimmer – zwei außerhalb des Hauses unten im Garten – sind hell, luftig, bequem und mit Bedacht eingerichtet.

Das köstliche Abendessen im eleganten Speiseraum mit Balkendecke (an kühlen Abenden brennt ein Feuer im Kamin) wird zum Erlebnis; Madame kocht selbst, weshalb die Zahl der Gerichte natürlich begrenzt ist. M. Matuchet ist Musiker, seine Aufnahmen bilden die Hintergrundmusik beim Essen. Das Frühstück wird im Freien oder auch im Zimmer serviert.

Umgebung: Pech-Merle-Höhlen und Museum; Cahors (35 km)

St-Cirq-Lapopie
46330 Cabrerets
Tel.: (05) 65312514
Fax: (05) 65302552
Lage: im Dorfzentrum, 30 km ö von Cahors; Garten; schwierig zu parken
Mahlzeiten: Frühstück, Mittag- und Abendessen
Preise: Zimmer: 400-600 FF, Suite 650 FF; Frühstück 50 FF, Abendessen ab 150 FF
Zimmer: 8 Doppelzimmer, 6 mit Bad, 2 mit Dusche (4 mit Einzelbetten); 2 Suiten mit Bad; alle Zimmer mit Telefon, TV
Anlage: Speiseraum, Salon, kleiner Swimmingpool
Kreditkarten: MC, V
Kinder: willkommen
Behinderte: 1 geeignetes Zimmer
Tiere: erlaubt
Geschlossen: Mitte Nov. bis April; Restaurant Do und Fr
Besitzerin: Marie-Françoise Matuchet

Südwesten

Hotel am Fluß, St-Etienne-de Baïgorry

Arcé

Das reizvolle Hotel in den baskischen Vorbergen der Pyrenäen, das in der fünften Generation von der Familie Arcé geführt wird und hier im Baskenland nicht viel Konkurrenz hat, wird vor allem von englischen Gästen besucht.

Die Lage in einem typisch baskischen Dorf an einem Fluß ist zauberhaft; man genießt sie besonders von der Speiseterrasse aus, die über den Fluß hinausragt und von einer riesigen Kastanie beschattet wird. Das Essen steht der Aussicht kaum nach; es gibt vor allem heimische Spezialitäten (Wild, Fisch). Den Michelin-Stern hat die Küche allerdings eingebüßt. Im Innern des Hauses mit hübschen Fensterläden gibt es große Aufenthaltsräume, einen wohnlichen Raum mit Balkendecke, verschiedenartigen Möbeln, einem offenen Kamin aus Ziegelsteinen und einer Bibliothek mit Büchern in mehreren Sprachen. Der schöne Speiseraum hat Panoramafenster. Einige Zimmer sind von eindrucksvoller Größe und haben auch einen Wohnbereich; andere haben kleine Terrassen und Bergblick. Jenseits des Flusses gibt es ein hübsches Schwimmbad.

Umgebung: Wandern, Angeln, Radfahren; Pyrenäen; spanische Grenze; Atlantikküste – Strände

64430 St-Etienne-de-Baïgorry
Tel.: (05)59374014
Fax: (05)59374027
Lage: im Dorf, 10 km w von St-Jean Pied-de-Port; Garten; Parkplatz
Mahlzeiten: Frühstück, Mittag- und Abendessen, Snacks
Preise: Zimmer 335-715 FF, Suite 915-1080 FF; Frühstück 50 FF, Menüs 110-260 FF
Zimmer: 22 Doppelzimmer, 1 Einzelzimmer, 20 mit Bad, 3 mit Dusche, 6 Familienzimmer mit Bad; 1 Suite; alle Zimmer mit Zentralheizung, Telefon, TV, Fön
Anlage: Speiseraum, Salons, Spielzimmer, Terrassen; Swimmingpool, Tennisplatz
Kreditkarten: MC, V
Kinder: willkommen
Behinderte: keine speziellen Einrichtungen
Tiere: erlaubt
Geschlossen: Mitte Nov. bis Mitte März
Besitzer: M. Arcé

Südwesten

Dorfgasthof, St-Saud-Lacoussière

Hostellerie St-Jacques

Je mehr wir über das Unternehmen der Babayous erfahren, desto stärker beeindruckt uns, wie sie die Bedürfnisse der Urlauber berücksichtigen. Die Vorderseite des dicht bewachsenen Hauses aus dem 18. Jh. verrät nicht viel von dem, was man hinter der Fassade vorfindet. Der »Sommer-Wohnraum« besteht aus sanft abfallenden Gärten mit Unmengen bunter Blumen, einem nicht zu kleinen Schwimmbad, Tennisplatz sowie schattigen Ecken und viel Platz für Kinder. Im Haus gibt es einen ungewöhnlich großen Speiseraum mit Bar in frischen Sommerfarben, dessen große Fenster zur Terrasse über dem Garten hinausgehen. Alle Zimmer sind komfortabel, groß und schön ausgestattet; mehrere sind auch für Familien geeignet.

Das Essen ist üppig und abwechslungsreich; selbst das einfachste Menü macht wohl jeden satt. Das Frühstück oder der Brunch wird im Garten oder am Pool serviert. Manchmal trifft man sich abends zum Tanzen oder Spielen oder man veranstaltet Abendessen zur Erkundung der heimischen Küche. Selbst der Nachmittagstee ist eine Überraschung.

Umgebung: Montbrun (15 km) – Festung; Brantôme (30 km) – Mönchsgarten, Château de Richemont; Rochechouart (45 km)

24470 Saint-Saud-Lacoussière
Tel.: (05)53569721
Fax: (05)53569133
Lage: in ruhigem Dorf, 30 km n von Brantôme; Garten und Parkplatz
Mahlzeiten: Frühstück, Brunch, Mittag- und Abendessen
Preise: Zimmer 300-450 FF, Suiten 750 FF, DB&B 255-285 FF; Frühstück 45 FF, Menüs 115-290 FF
Zimmer: 22 Doppelzimmer, 2 Suiten, alle mit Bad oder Dusche, Telefon; 10 Zimmer mit TV und Minibar
Anlage: 2 Speiseräume, Bar, TV-Zimmer, Pool, Tennis
Kreditkarten: MC, V
Kinder: sehr willkommen
Behinderte: keine speziellen Einrichtungen
Tiere: erlaubt
Geschlossen: Mitte Okt. bis März; Restaurant So abend und Mo, außer für Hausgäste
Besitzer: Jean-Pierre Babayou

Südwesten

Dorfhotel, Sare

Hôtel Arraya

1996 erhielten wir von einem Paar, das selbst ein Château besitzt, einen begeisterten Bericht über das Hotel.

Mit seinen weißen Fachwerkhäusern ist Sare sicherlich unter den baskischen Dörfern eine besondere Rarität. Das Haus aus dem 16. Jh. mitten im Dorf war früher eine Herberge für die Pilger nach Santiago de Compostela.

Hinter der etwas strengen Fassade des Hauses am Hauptplatz verbirgt sich ein interessantes Hotel, das mit Geschmack und Geschick ausgestattet ist. Salon, Bar und Speiseraum – aber auch alle Nischen und Winkel in Treppenhaus und Galerien werden von prachtvollen baskischen Möbeln geziert; Sofas und Sessel sind bequem und einladend, und überall gibt es Blumen. Auch die individuell gestalteten Zimmer (nicht sehr groß, aber hell und hübsch) schmücken Antiquitäten; einige gehen zum schönen Garten hinaus. Zu all den Vorzügen kommen noch eine gute Küche (»raffiniert und interessant«) und ein ungewöhnlich gut sortierter Weinkeller; es gibt sogar einen köstlichen Gâteau Basque.

Umgebung: Zahnradbahn nach La Rhune; Aïnhoa (10 km) – baskisches Dorf; Ascain (5 km) – baskische Kirche; St-Jean-de-Luz (14 km)

64310 Sare
Tel.: (05)59542046
Fax: (05)59542704
Lage: im Dorfzentrum, 14 km sö von St-Jean-de-Luz; Garten; großer öffentlicher Parkplatz
Mahlzeiten: Frühstück, Mittag- und Abendessen
Preise: Zimmer 385-530 FF; Frühstück 50 FF, Menüs 130-195 FF
Zimmer: 20 Doppelzimmer, 17 mit Bad, 3 mit Dusche (14 mit Einzelbetten); 1 Einzelzimmer mit Dusche; alle Zimmer mit Zentralheizung, Telefon; TV auf Wunsch
Anlage: Salon, Bar, Speiseraum
Kreditkarten: AE, MC, V
Kinder: willkommen; spezielle Mahlzeiten
Behinderte: keine speziellen Einrichtungen
Tiere: nur im Restaurant erlaubt
Geschlossen: Nov. bis April
Besitzer: Paul Fagoaga

Südwesten

Dorfhotel, Trémolat

Le Vieux Logis

Obwohl wir nur wenig Leserpost über dieses prächtige, alte Hotel bekommen (es ist wirklich ziemlich teuer), lassen wir es weiterhin im Führer, weil es selbst in einer Gegend mit vielen guten Hotels zu den kultiviertesten Adressen zählt. Doch weitere Berichte sind erwünscht.

Seit fast 400 Jahren leben die Giraudel-Destords in diesem Komplex aus Bauern- und Dorfhäusern. Da, wo heute das Speisezimmer ist, waren einst Schweine und die Weinfässer untergebracht. Heute ist alles im Designerstil gestaltet und bietet höchsten Komfort. Die Zimmer sind besonders reizvoll: individuell möbliert und auf eigenwillig ländliche Art sehr gemütlich; beste Stoffe und Möbel; in manchen Himmelbetten. Die Aufenthaltsräume sind elegant und bequem, und es gibt viele ruhige Ecken. Im kleinen Salon brennt ein offenes Feuer, überall stehen gute Antiquitäten. Der Speiseraum mit Galerie ist sehr gelungen; von hier sieht man in den Blumengarten, wo es auch das Frühstück gibt. Die klassische und moderne Küche von Pierre-Jean Duribreux ist ausgezeichnet (zwei *toques* von Gault-Millau).

Umgebung: Les Eyzier-de-Tayac (25 km) – prähistorisches Nationalmuseum; Monpazier (30 km) – *bastide*; Beynac (30 km).

24510 Trémolat
Tel.: (05)53228006
Fax: (05)53228489
Lage: im Dorf, 15 km sw von Le Bugue; Garten und Privatparkplatz
Mahlzeiten: Frühstück, Mittag- und Abendessen
Preise: Zimmer 740-1545 FF; Frühstück 75 FF, Menüs 180-370 FF; Kinderessen 85 FF
Zimmer: 24 Doppelzimmer (13 mit Einzelbetten) mit Bad, Zentralheizung, Telefon, TV, Minibar
Anlage: 2 Speiseräume, 3 Salons, Bar, Konferenzraum, Swimmingpool
Kreditkarten: AE, DC, MC, V
Kinder: willkommen
Behinderte: Zugang zum Speiseraum leicht; 1 speziell ausgerüstetes Zimmer
Tiere: willkommen
Geschlossen: nie
Besitzer: M. Bernard Giraudel

Südwesten

Hostellerie Fénelon

In dem lustig aussehenden Haus mit roten Dächern und Blumenkästen (in einem hübschen Dorf) wird man herzlich empfangen, freundlich bedient, man bekommt »sehr gute Hausmannskost«, und das alles zu günstigem Preis. Am kleinen Pool stehen Tische; gegessen wird auch auf der Terrasse.

■ 46110 Carennac (Lot) **Tel.:** (05)65109646 **Fax:** (05)65109486 **Mahlzeiten:** Frühstück, Mittag- und Abendessen **Preise:** Zimmer 280-300 FF; DB&B 290-310 FF, Frühstück 40 FF, Menüs 88-300 FF **Zimmer:** 16, alle mit Bad oder Dusche, Zentralheizung, Telefon, TV **Kreditkarten:** MC, V **Geschlossen:** Anfang Jan. bis Mitte März

---

Hôtel des Trois Lys

Herzlich empfängt Jeannette Manet ihre Gäste in dem reizenden Haus aus dem 17. Jh. mit sandfarbenen Mauern, weißen Läden und dezent eleganter Ausstattung. Die Zimmer sind groß und chic mit schönen Möbeln und Antiquitäten eingerichtet; überall frische Blumen. Schwimmbad. Ein neues Restaurant, »Le Dauphin«, wurde eröffnet.

■ 38 Rue Gambetta, 32100 Condom (Gers) **Tel.:** (05)62283333 **Fax:** (05)62284185 **Mahlzeiten:** Frühstück **Preise:** Zimmer 260-560 FF; Frühstück 42 FF **Zimmer:** 10, alle mit Bad oder Dusche, Zentralheizung, Telefon, TV, Fön **Kreditkarten:** AE, MC, V **Geschlossen:** Febr.

Auberge sans Frontière

Die neuen Besitzer der einfachen Auberge heißen einen zurückhaltend, aber freundlich willkommen. Das Haus paßt in das touristisch kaum erschlossene Dégagnac. Der Speiseraum dient auch als Bar und Wohnzimmer. Die Zimmer sind klein, aber bequem und nett, das Essen ist sehr preiswert.

■ Dégagnac, 46340 Salviac (Lot) **Tel.:** (05)65415288 **Mahlzeiten:** Frühstück, Mittag- und Abendessen **Preise:** DB&B 220-240 FF; Menüs 58-140 FF **Zimmer:** 8, alle mit Zentralheizung **Kreditkarten:** MC, V **Geschlossen:** nie

---

Hôtel de l'Esplanade

Das Hotel in dem Touristendorf mit herrlichem Blick über den Fluß hat drei Kamine, ist mit Geschmack und Flair ausgestattet und wirkt bestens gepflegt. Der Service ist besonders aufmerksam. Einige Zimmer sind im Anbau. Küche mit Michelin-Stern. Parkplatzprobleme.

■ 24250 Domme (Dordogne) **Tel.:** (05)53283141 **Fax:** (05)53284992 **Mahlzeiten:** Frühstück, Mittag- und Abendessen **Preise:** Zimmer 300-590 FF; Frühstück 50 FF, Menüs 160-350 FF **Zimmer:** 25, alle mit Bad oder Dusche, Zentralheizung, Telefon, TV, Fön **Kreditkarten:** AE, MC, V **Geschlossen:** Nov. bis Mitte Febr.; Restaurant Mo und So abend außerhalb der Saison

Südwesten

Relais des Voyageurs

Das ehemalige Presbyterium – der Blumengarten war einst der Friedhof der Kirche nebenan – wurde geschickt umgebaut. Einige Zimmer sind etwas seltsam, die besten aber sehr großzügig; der Speiseraum wirkt hell und warm. »Angenehm lockere Atmosphäre.«

■ Place de l'Église, 64270 Escos (Pyrénées-Atlantiques) **Tel.:** (05)59384239 **Mahlzeiten:** Frühstück, Mittag- und Abendessen **Preise:** Zimmer 110-230 FF; Menüs 60-150 FF **Zimmer:** 8, alle mit Bad oder Dusche, Zentralheizung, Telefon **Kreditkarten:** MC, V **Geschlossen:** nie

---

Moulin de la Beune

Trotz des städtischen Getriebes ist diese kleine Mühle am Ufer des Flusses Beune ein friedlicher Platz. Die Zimmer in hellen Farben sind sehr angenehm. Es gibt einen schlichten Frühstücksraum und ein hübsches Restaurant (»sehr günstige Preise«) in einem Nebengebäude im Garten.

■ 24620 Les Eyzies-de-Tayac (Dordogne) **Tel.:** (05)53069433 **Fax:** (05)53069806 **Mahlzeiten:** Frühstück, Mittag- und Abendessen **Preise:** Zimmer 260 FF, DB&B 320 FF; Frühstück 40 FF, Menüs 85-315 FF **Zimmer:** 20, alle mit Bad oder Dusche, Zentralheizung, Telefon **Kreditkarten:** AE, MC, V **Geschlossen:** Nov. bis März; Restaurant Di Mittag

---

Hôtel les Falaises

Dieser preiswerte Familienbetrieb hat eine beneidenswerte Lage unterhalb eines Felsens am Rande eines mittelalterlichen Dorfes an der Dordogne. Im Garten gibt es eine schattige Terrasse. Der Speiseraum ist hell und luftig, die schlichten Zimmer sind licht und sehr hübsch.

■ Gluges, 46600 Martel (Lot) **Tel.:** (05)65373359 **Fax:** (05)65373419 **Mahlzeiten:** Frühstück, Mittag- und Abendessen **Preise:** Zimmer 220-310 FF **Zimmer:** 15, alle mit Bad oder Dusche, Zentralheizung, Telefon **Kreditkarten:** MC, V **Geschlossen:** Nov. bis März

---

Les Huitrières du Lac

Im Mittelpunkt steht das Restaurant, das natürlich auf Fisch und Meeresfrüchte spezialisiert ist. Weitere Vorzüge: Vom großen Speiseraum und einigen Zimmern hat man einen schönen Blick über den See; die Zimmer – einige mit Balkon – sind schlicht, aber geräumig. Preiswert.

■ 1187 Ave du Touring Club, 40150 Hossegor (Landes) **Tel.:** (05)58435148 **Fax:** (05)58417311 **Mahlzeiten:** Frühstück, Mittag- und Abendessen **Preise:** Zimmer 300-400 FF; DB&B 390-490 FF; Menüs 95-135 FF **Zimmer:** 9, alle mit Bad, Zentralheizung, Telefon **Kreditkarten:** AE, MC, V **Geschlossen:** Jan. bis Anfang Febr.

Südwesten

Hotel am Fluß, Lacave

Hôtel du Pont de l'Ouysse

Das Spektakulärste an dieser friedlichen, kleinen Herberge ist die wunderbare, von Bäumen beschattete Terrasse mit Blick auf den Fluß. Gekocht wird mit den Produkten der Gegend, darunter das Öl aus Ouysse; hübsch ausgestattete Zimmer, elegantes neues Schwimmbad.

■ Lacave, 46200 Souillac (Lot) **Tel.:** (05)65378704 **Fax:** (05)65327741 **Mahlzeiten:** Frühstück, Mittag- und Abendessen **Preise:** Zimmer 400-700 FF; Frühstück 60 FF, Menüs ab 160 FF **Zimmer:** 12, alle mit Bad, Telefon, TV **Kreditkarten:** V **Geschlossen:** Mitte Nov. bis Ende Febr.

Hotel am Fluß, Lalinde

Le Château

Nachdem seine Küche bekannt geworden ist, hat sich Guy Gensou dem Hotel zugewandt, einem ungewöhnlichen Bauwerk mit Turm, das über der Dordogne thront. Zimmer und Bäder sind neu gestaltet, ein neuer Aufenthaltsbereich wurde geschaffen. Freundlicher Service; Schwimmbad.

■ Rue de Verdun, 24150 Lalinde (Dordogne) **Tel.:** (05)53610182 **Fax:** (05)53247460 **Mahlzeiten:** Frühstück, Mittag- und Abendessen **Preise:** Zimmer 250-850 FF, in der Hochsaison Halbpension obligatorisch 320-620 FF; Frühstück 60 FF, Menüs 160-220 FF **Zimmer:** 7, alle mit Bad oder Dusche, Telefon, TV **Kreditkarten:** MC, V **Geschlossen:** Jan.; Restaurant Mo außerhalb der Saison, Mo Mittag im Juli und Aug.

Landgasthof, Lestelle-Bétharram

Le Vieux Logis

Moderne Anbauten ohne Charakter beeinträchtigen das blühende Hotel in den Vorbergen der Pyrenäen. Doch Garten und Schwimmbad sind sehr hübsch, die unpersönlichen Zimmer preiswert, und die Küche ist überdurchschnittlich. Die Räumlichkeiten liegen im Haupthaus oder in kleinen Holzchalets im Garten.

■ Rte des Grottes, 64800 Lestelle-Bétharram (Pyrénées-Atlantiques) **Tel.:** (05)59719487 **Mahlzeiten:** Frühstück, Mittag- und Abendessen **Preise:** Zimmer 210-270 FF; Menüs 75-210 FF **Zimmer:** 40, alle mit Bad oder Dusche, Zentralheizung, Telefon, TV **Kreditkarten:** AE, MC, V **Geschlossen:** Ende Okt., Febr.

Ländliches Hotel, Montfort-en-Chalosse

Aux Tauzins

Die nachdrückliche Empfehlung eines Lesers hat das für die Gegend typische Haus mit weißen Mauern, grünen Läden und flachem Ziegeldach in diesen Führer gebracht. Vom großen Speiseraum hat man einen schönen Blick. Viele Zimmer mit Balkon. Freundlicher Service, vorzügliches Essen.

■ 40380 Montfort-en-Chalosse (Landes) **Tel.:** (05)58986022 **Fax:** (05)58984579 **Mahlzeiten:** Frühstück, Mittag- und Abendessen **Preise:** Zimmer 220-260 FF; Frühstück 30 FF, Menüs 95-140 FF **Zimmer:** 16, alle mit Bad oder Dusche, Zentralheizung, Telefon, TV **Kreditkarten:** MC, V **Geschlossen:** erste 2 Okt.-Wochen, letzte 3 Jan.-Wochen

Südwesten

Dorfhotel, Plaisance

Le Ripa Alta

»Für eine Nacht bestellt, drei Tage geblieben«, lautet ein Bericht über das schlichte Hotel. Alles dreht sich ums Restaurant und die exquisite Küche von Maurice Coscuella (»höchst unterhaltsam«). Außergewöhnlich gutes Frühstück; freitags ist eine laute Disco in der Nähe.

■ 3 Place de l'Église, 32160 Plaisance (Gers) **Tel.:** (05)62693043 **Fax:** (05)62693699 **Mahlzeiten:** Frühstück, Mittag- und Abendessen **Preise:** Zimmer 170-460 FF; Frühstück 32 FF, Menüs 77-278 FF, Kinderteller 50 FF **Zimmer:** 13, alle mit Bad oder Dusche, Zentralheizung, Telefon; die meisten mit TV **Kreditkarten:** AE, DC, MC, V **Geschlossen:** Nov.

Umgebaute Mühle, Poudenas

Auberge à la Belle Gasconne

Ein Abstecher in das hübsche Dorf ist schon allein wegen der vorzüglichen Küche von Marie-Claude Garcia sehr zu empfehlen. Die behaglichen Zimmer liegen in der liebevoll umgebauten Wassermühle neben dem Müllerhaus, das in den Fluß Gélise hineinragt; romantische Terrasse, großer Garten, Schwimmbad.

■ 47170 Poudenas (Lot-et-Garonne) **Tel.:** (05)53657158 **Fax:** (05)53658739 **Mahlzeiten:** Frühstück, Mittag- und Abendessen **Preise:** Zimmer 520-650 FF; Frühstück 55 FF, Menüs 180-285 FF **Zimmer:** 7, alle mit Bad oder Dusche, Zentralheizung, Telefon **Kreditkarten:** AE, DC, MC, V **Geschlossen:** 7. Jan. bis 10. Febr.; Restaurant So Abend und Mo, ausgenommen Juli bis Aug.

Dorfhotel, Puymirol

Les Loges de l'Aubergade

Das Agenais ist nicht gerade als kulinarische Oase bekannt; aber die Küche von Michel Trama, vor allem die Patisserie, gehört zu den besten in Frankreich. Die zehn großen Zimmer sind höchst individuell in modernem italienischem Stil möbliert.

■ 52 Rue Royale, 47270 Puymirol (Lot-et-Garonne) **Tel.:** (03)53953146 **Fax:** (03)53953380 **Mahlzeiten:** Frühstück, Mittag- und Abendessen **Preise:** Zimmer 750-1450 FF; Menüs ab 280 FF **Zimmer:** 10, alle mit Bad oder Dusche, Zentralheizung, Klimaanlage, Telefon, TV **Kreditkarten:** AE, DC, V **Geschlossen:** 2 Wochen im Febr.; Restaurant Mo, außerhalb der Saison

---

Ländliches Hotel, Razac d'Eymet

La Petite Auberge

Der umgestaltete Bauernhof, der 1990 von seinen englischen Besitzern eröffnet wurde, liegt in der stillen, offenen Landschaft südlich von Bergerac und hat sich seine lockere, familiäre Atmosphäre bewahrt; beliebt bei Gästen wie Einheimischen. Bequeme Zimmer, ländlicher Speiseraum; riesiges Freiluft-Schach und Schwimmbad.

■ 24500 Razac d'Eymet (Dordogne) **Tel.:** (05)53246927 **Fax:** (05)53273355 **Mahlzeiten:** Frühstück, Mittag- und Abendessen **Preise:** Zimmer 180-450 FF; Frühstück 32 FF, Menüs 70-200 FF **Zimmer:** 7, alle mit Heizung, Telefon; 2 Doppelzimmer-Appartements **Kreditkarten:** MC, V **Geschlossen:** Restaurant So und Mo

Südwesten

Stadthotel, Ribérac

Hôtel de France

Der alte, blumengeschmückte Gasthof im Zentrum des belebten Marktfleckens ist eine klassische französische Auberge mit zwei Kaminen; dazu ein hübsches, gemütliches Restaurant und bescheidene, aber große Zimmer (auch für Familien) zu sehr günstigem Preis.

■ 3 Rue Marc Dufraisse, 24600 Ribérac (Dordogne) **Tel.:** (05)53900061 **Fax:** (05)53910605 **Mahlzeiten:** Frühstück, Mittag- und Abendessen **Preise:** Zimmer 170-265 FF; Frühstück 30 FF, Menüs 70-200 FF **Zimmer:** 20, alle mit Bad oder Dusche, TV, Telefon **Kreditkarten:** MC, V **Geschlossen:** nie

---

Landhotel, Rocamadour

Les Vielles Tours

Wunderschön restauriertes steinernes Bauwerk aus dem 13. und 17. Jh., dessen mittelalterliche Atmosphäre weitgehend erhalten blieb. In einem Rundturm ist ein behaglicher Salon untergebracht. Geräumige, gut möblierte Zimmer. Überall hängen die Bilder des Besitzers Roger Zozzoli (zum Verkauf). Madame steht in der Küche. Gemischte Berichte.

■ Lafage, 46500 Rocamadour (Lot) **Tel.:** (05)65336801 **Fax:** (05)65336859 **Mahlzeiten:** Frühstück, Mittagessen auf Wunsch, Abendessen **Preise:** Zimmer 210-460 FF; Halbpension 310-440 FF; Frühstück 41-61 FF, Menü 115-300 FF **Zimmer:** 18 mit Bad oder Dusche, Telefon, TV auf Wunsch **Kreditkarten:** MC, V **Geschlossen:** 12. Nov. bis 22. März

---

Ländliches Hotel, Sabres

Auberge des Pins

Ein ausgezeichnetes Beispiel für ein gutgeführtes französisches Hotel liefert Familie Lesclauze mit diesem Logis im Chaletstil; hier findet man seine Bequemlichkeit und Essen in gepflegter Umgebung zu günstigem Preis. Im Restaurant trifft man auch viele Einheimische.

■ Route de la Piscine, 40630 Sabres (Landes) **Tel.:** (05)58075047 **Fax:** (05)58075674 **Mahlzeiten:** Frühstück, Mittag- und Abendessen **Preise:** Zimmer 280-650 FF; Menüs 100-350 FF **Zimmer:** 22, alle mit Bad oder Dusche, Zentralheizung, Telefon, Kabel-TV **Kreditkarten:** AE, V **Geschlossen:** Jan.

Dorfhotel, St-Cyprien

L'Abbaye

Das freundliche, ständig besser werdende Hotel wirkt besonders einladend. Im ländlichen Aufenthaltsraum mit Steinfußboden stehen ein alter Backofen und ein Potager. Die besten Zimmer (im 1. Stock des Anbaus) sind sehr schön und geräumig.

■ 24220 St-Cyprien (Dordogne) **Tel.:** (05)53292048 **Fax:** (05)53291585 **Mahlzeiten:** Frühstück, Mittag- und Abendessen **Preise:** Zimmer 300-680 FF; Menüs 95 FF (mittags), 140-320 FF **Zimmer:** 24, alle mit Bad oder Dusche, Telefon **Kreditkarten:** AE, MC, V **Geschlossen:** Mitte Okt. bis April

Südwesten

Hostellerie de Plaisance

Die »Empfehlung kann nur bestätigt werden«, schreibt ein Leser über das umgebaute Kloster, das mitten in St-Émilion auf einem Felsen liegt. Man genießt, auch aus dem üppigen Speiseraum, einen herrlichen Blick. Die Zimmer sind chic und bequem. Gutes Essen mit »besonders preiswertem« 3-Gänge-Menü.

■ Place du Clocher, 33330 St-Émilion (Gironde) **Tel.:** (05)57247232 **Fax:** (05)57744111 **Mahlzeiten:** Frühstück, Mittag- und Abendessen **Preise:** Zimmer 500-790 FF, Suiten 1350 FF; Frühstück 56 FF, Menüs 140-270 FF **Zimmer:** 12, alle mit Bad, Zentralheizung, Telefon; die meisten mit Klimaanlage **Kreditkarten:** AE, DC, MC, V **Geschlossen:** Jan.

Auberge du Poids Public

Von diesem besonders gut geführten Gasthaus aus bietet sich eine eindrucksvolle Aussicht über die Hügellandschaft des Lauragais. Der Speiseraum ist ländlich-fröhlich, die Zimmer wirken etwas nobler. »Essen köstlich, Personal liebenswürdig«, so ein begeisterter Gast.

■ 31540 St-Félix-Lauragais (Haute-Garonne) **Tel.:** (05)61830020 **Fax:** (05)61838621 **Mahlzeiten:** Frühstück, Mittag- und Abendessen **Preise:** Zimmer 250-300 FF; Menüs 135-305 FF **Zimmer:** 13, alle mit Bad oder Dusche, Zentralheizung, Telefon, TV, Minibar **Kreditkarten:** AE, V **Geschlossen:** Jan.; Restaurant So abend außerhalb der Saison

La Fayette

Der kleine Familienbetrieb liegt an bevorzugter Stelle im Fußgängerbereich des belebten Hafen- und Badeortes St-Jean. Das rote Ziegelhaus im holländischen Stil hat eine Speiseterrasse an der Straße und kleine, schlichte, aber freundliche Zimmer.

■ 18–20 Rue de la République, 64500 St-Jean-de-Luz (Pyrénées-Atlantiques) **Tel.:** (05)59261774 **Fax:** (05)59511108 **Mahlzeiten:** Frühstück, Mittag- und Abendessen **Preise:** Zimmer 200-350 FF; DB&B 450 FF **Zimmer:** 18, alle mit Zentralheizung, Telefon, TV **Kreditkarten:** AE, DC, MC, V **Geschlossen:** nie

Hostellerie de Meysset

»Großartiges Zimmer, bestes Essen, nette Besitzer, schöne Aussicht«, hieß es vor längerer Zeit im Bericht eines Lesers, der das dicht bewachsene typische Périgord-Haus empfahl. Alles ist traditionell und unprätentiös. Die Küche pflegt bevorzugt regionale Traditionen.

■ Rte des Eyzies, 24200 Sarlat (Dordogne) **Tel.:** (05)53590829 **Fax:** (05)53284761 **Mahlzeiten:** Frühstück, Mittag- und Abendessen **Preise:** Zimmer 320-450 FF; Suiten 580-700 FF; Frühstück 45 FF, Menü 145-250 FF **Zimmer:** 26, alle mit Bad oder Dusche, Telefon **Kreditkarten:** AE, DC, MC, V **Geschlossen:** Mi Mittag; Ende Sept. bis Ende April

Südwesten

La Bergerie

Mme Clavier hat aus ihrem gepflegten weißgetünchten, einstöckigen Haus in südlichem Stil eine stille und kultivierte Oase gemacht, in der es keine Hektik gibt. Das obligatorische Abendessen enthält die Produkte der Saison. Die Zimmer gehen auf den reizenden Garten hinaus.

■ Ave du Lac, 40140 Soustons (Landes) **Tel.:** (05)58411143 **Mahlzeiten:** Frühstück, Abendessen **Preise:** Zimmer 260-380 FF; DB&B 360-400 FF **Zimmer:** 12, alle mit Bad, Zentralheizung, Telefon **Kreditkarten:** DC, MC, V **Geschlossen:** Nov. bis März

---

La Source Bleue

Ein begeisterter Leser hat uns veranlaßt, die alte Papiermühle erneut aufzunehmen. Die schöne, friedliche Lage am Fluß Lot ist die Hauptattraktion, aber auch der ländliche Speiseraum und die besten Zimmer sind reizend. Schwimmbad, Fischteich, Bambuswald.

■ Moulin de Leygues, Touzac, 46700 Puy-l'Evêque (Lot) **Tel.:** (05)65365201 **Fax:** (05)65246569 **Mahlzeiten:** Frühstück, Mittag- und Abendessen **Preise:** Zimmer 295-460 FF; Frühstück 35 FF, Menüs 105-220 FF **Zimmer:** 16, alle mit Bad, Zentralheizung, Telefon; einige mit TV **Kreditkarten:** AE, MC, V **Geschlossen:** Jan. bis März; Restaurant Mi Mittag

---

Manoir de Rochecourbe

Alljährlich erwarten wir, daß M. und Mme Roger, die beide schon älter sind, ihr schönes Landhaus schließen werden, aber der Tag ist noch nicht gekommen. Der Rundturm mit dem Treppenhaus verleiht dem Bau, ebenso wie die schweren Balken und Kamine, eine besondere Würde. Fahren Sie also hin, solange es noch möglich ist.

■ Vézac, 24220 St-Cyprien (Dordogne) **Tel.:** (05)53310984 **Fax:** (05)53285907 **Mahlzeiten:** Frühstück **Preise:** Zimmer 240-550 FF; Frühstück 45 FF **Zimmer:** 6, alle mit Bad oder Dusche, Zentralheizung, Telefon **Kreditkarten:** AE, DC, MC, V **Geschlossen:** Dez. bis April

---

Château de Vieux Mareuil

Die dicken, efeubewachsenen Mauern dieses festungsähnlichen Hauses beherbergen ein elegantes Hotel, das hübsch und mit Liebe zum Detail ausgestattet ist. Geräumige Zimmer, behaglicher Aufenthaltsraum, riesiger Park, überdurchschnittliches Essen, Schwimmbad. Wegen Besitzerwechsel Berichte erwünscht.

■ Route Angoulême–Périgueux, 24340 Vieux-Mareuil (Dordogne) **Tel.:** (05)53607715 **Fax:** (05)53564933 **Mahlzeiten:** Frühstück, Mittag- und Abendessen **Preise:** Zimmer 550 FF; Frühstück 60 FF, Menüs 180-250 FF **Zimmer:** 14, alle mit Bad, Zentralheizung, Telefon, TV, Fön **Kreditkarten:** AE, MC, V **Geschlossen:** Ende Okt. bis April; Restaurant Mo, So abend außerhalb der Saison

Massif Central

Für viele ausländische Gäste ist das Massif ein ganz unbekanntes Frankreich, eine abgelegene Gegend zwischen Périgord im Westen und dem Rhônetal im Osten. Für einen Hotelführer erweist es sich als eine recht problematische Region, vor allem wenn man (wie bei allen behandelten Regionen) nach Departements vorgeht. Die Gegenden, in denen nach landläufiger Meinung das Massif beginnt und endet, stimmt oft nicht mit den Verwaltungsbezirken überein (so gehört das Departement Ardèche beispielsweise für uns in die Region Südfrankreich, umfaßt aber Gebiete, die durchaus zum Massif gehören).

Man kann das Massif gut als Teil des noch »unberührten Frankreichs« einstufen. Deshalb findet man hier auch noch besonders günstige Angebote.

Boisset, Auberge de Concasty (04)71622116; fröhliches, kleines, umgebautes Bauernhaus mit Schwimmbad in einem grünen Garten; ländliche Küche.

Champagnac, Château de Lavendès (04)71696279; schlichte, aber angenehme Unterkunft auf dem Land; einfaches Schwimmbad.

Conques, Hostellerie de l'Abbay (04)65728030; schön eingerichtetes, altes Haus mit herrlicher Aussicht.

Meyrueis, Château d'Ayres (04)66456010; mittelalterliches Haus in schönem Gelände mit Schwimmbad.

Kommentare des Lesers

Wir möchten sehr gern von den Lesern erfahren, welche Erfahrungen sie in den Hotels machen. Wir können nicht jedes Jahr alle Häuser besuchen, und selbst wenn das möglich wäre, würden wir nicht alles sehen. Nur Sie können herausfinden, ob es genügend heißes Wasser gibt, wie das hochgelobte 70-FF-Frühstück wirklich ist und wie man auf Sonderwünsche wie ein zusätzliches Kissen reagiert. Teilen Sie uns deshalb bitte mit, was Sie in Frankreich erlebt haben.

Und schreiben Sie uns bitte auch, ob Sie Ihr kleines Hotel mit Hilfe unseres Führers gefunden haben. Viele melden sich bei uns, wenn unsere Empfehlung den Tatsachen nicht entsprach (wir hoffen, nur deshalb, weil das Haus nachgelassen hat). Wenn ein Hotel aber den Erwartungen entspricht, bekommen wir verständlicherweise meist kein Echo.

Natürlich erwarten wir keine detaillierte Beschreibung des Hotels (auch wenn sie uns sehr willkommen ist). Vor allem möchten wir wissen, wie Sie sich als Gast gefühlt haben. Wir haben auf Seite 11 aufgelistet. was wir gern wissen möchten, aber natürlich müssen Sie sich nicht daran halten. Ihre Hinweise sind in jeder Form willkommen.

Massif Central

Hotel im Herrenhaus, Castelpers

Château de Castelpers

Wenn wir richtig gerechnet haben, steht Yolande Tapié de Celeyran jetzt 30 Jahre am Ruder (und am Herd) des zum Hotel umgebauten Familiensitzes, und es gibt kein Anzeichen für ihren Rückzug. Das Haus mit Turm und Bogenfenstern, eine geruhsame Zuflucht, stammt aus dem 17. Jh. und wurde in verschiedenen Stilen von ländlicher Architektur bis zur Neugotik erbaut; die Zimmer sind angemessen mit Antiquitäten ausgestattet. Aber es ist doch kein Château großen Stils, hier fühlen sich auch Familien wohl, es gibt Schaukeln und Rasenflächen mit großen alten Bäumen, auf denen Kinder spielen dürfen; Forellenbäche sind zu erkunden. Die Preise entsprechen der bescheidenen Größe einiger Zimmer.

Umgebung: Château du Bosc (10 km); Sauveterre-de-Rouergue (20 km)

Castelpers 12170 Requista
Tel.: (05)65692261
Fax: (05)65692531
Lage: in offener Landschaft, 9 km sö der RN 88, 10 km s von Naucelle; Park
Mahlzeiten: Frühstück, Mittag- und Abendessen
Preise: Zimmer 285-485 FF; Menü 135 FF
Zimmer: 6 Doppelzimmer (4 mit Einzelbetten), 2 Familienzimmer; 3 Zimmer mit Bad, 5 Zimmer mit Dusche; alle

Zimmer mit Telefon, 5 mit TV
Anlage: Salon; Angeln
Kreditkarten: AE, MC, V
Kinder: willkommen, wenn gut erzogen
Behinderte: ein spezielles Zimmer im Erdgeschoß
Tiere: erlaubt, nicht aber im Speiseraum
Geschlossen: Okt. bis März; Restaurant gelegentlich am Abend oder tagsüber
Besitzerin: Mme de Saint Palais

Massif Central

Dorfhotel, Conques

Grand-Hôtel Sainte-Foy

Die Erweiterung des Eintrags für dieses wunderschöne Hotel in einem reizenden alten Dorf ist überfällig; immerhin haben ihm die französischen Fremdenverkehrsbehörden bereits 1993 den Status eines 4-Sterne-Hotels gegeben (als erstem Haus in Aveyron überhaupt). Marie-France und Alain Garcenot, die es 1987 übernommen haben, sind zu Recht stolz auf diese Anerkennung, aber die Einrichtungen, die ihnen die Sterne eingebracht haben, machen nicht unbedingt den Charme des Hauses aus.

Das Hotel ist ein liebevoll restauriertes, altes Haus (teilweise Fachwerk), das nach der großen Klosterkirche gegenüber benannt ist. Es ist dem Charakter des Hauses entsprechend mit Sorgfalt eingerichtet. Nirgendwo wurde mit schönem Holz gespart. Der große, zweiteilige Aufenthaltsraum ist mit Antiquitäten möbliert. Die Zimmer mit Blick auf die Kirche oder in den Innenhofgarten sind groß, geschmackvoll und sehr individuell eingerichtet. Man kann im Hof oder in den großzügigen Räumen im Innern speisen. Die phantasievolle Küche Maxime Dechamps' (täglich wechselnde Karte) findet viel Beifall.

Umgebung: Kirche von Ste-Foy (interessantes Giebelfeld und Schatzkammer)

Conques, 12320 St-Cyprien-sur-Dourdou
Tel.: (05)65698403
Fax: (05)65728104
Lage: im Herzen des Dorfes, 40 km n von Rodez
Mahlzeiten: Frühstück, Mittag- und Abendessen
Preise: Zimmer 390-990 FF; Suiten 1100-1200 FF; Frühstück 58 FF, Menüs 160-330 FF, Mittagessen 100 FF
Zimmer: 15 Doppelzimmer, 2 Suiten, alle mit Bad, Zentralheizung, Telefon
Anlage: 3 Speiseräume, Salon, Bar, Patio, Konferenzraum, Übungsraum, 2 Terrassen
Kreditkarten: AE, MC, V
Kinder: werden aufgenommen
Behinderte: keine speziellen Einrichtungen
Tiere: erlaubt
Geschlossen: Ende Okt. bis Ostern
Besitzer: Marie-France und Alain Garcenot

Massif Central

Le Grand Écuyer

Ein Gutachter meint, daß die Küche von Yves Thuriès nicht mehr so eindrucksvoll ist wie vor ein paar Jahren. Aber er hat immer noch einen Michelin-Stern und zwei *toques* von Gault-Millau; zudem sind da all die anderen Attraktionen dieses alten Jagdhauses in dem berühmten mittelalterlichen Dorf Cordes.

Das Haus ist ein geschütztes Baudenkmal, das zu einem bequemen, eleganten Hotel mit viel Atmosphäre umgestaltet wurde. Der mittelalterlich wirkende Speiseraum mit dicken Mauern, Steinfußboden, dunkler Balkendecke und alten Drucken wirkt durch die Spitzentischtücher, das glänzende Silber, die bemalten Teller und die Gobelinstühle noch edler. Der Aufenthaltsraum und die etwas düstere Bar wirken mit ihren Sesseln, niedrigen Tischen und Zimmerpflanzen behaglich. Die unterschiedlich großen Zimmer mit modernen Bädern haben Balkendecken, riesige Kamine, Teppiche auf blanken Fußböden und sind sehr schön mit Antiquitäten eingerichtet. Der Besitzer und das freundliche Personal sorgen für eine angenehm entspannte Atmosphäre.

Umgebung: Rue Droite (Häuser aus dem 14. Jh.); Fôret Grésigne (15 km) – markierte Wanderwege; Albi – *la ville rouge*

Rue Voltaire, 81170 Cordes
Tel.: (05)63560103
Fax: (05)63561883
Lage: im Dorfzentrum, 25 km nw von Albi; öffentlicher Parkplatz in der Nähe
Mahlzeiten: Frühstück, Mittag- und Abendessen
Preise: Zimmer 600-850 FF; Suite 1400 FF; Menüs 170-420 FF
Zimmer: 12 Doppelzimmer, 1 Suite; alle mit Bad, Zentralheizung, Telefon, Radio
Anlage: 2 Speisesäle, Frühstücksraum, Salon, Bar
Kreditkarten: DC, MC, V
Kinder: werden aufgenommen
Behinderte: keine speziellen Einrichtungen
Tiere: erlaubt
Geschlossen: Nov. bis Ostern
Besitzer: Yves Thuriès

Massif Central

Ländliches Hotel, Coulandon

Le Chalet

Die Erinnerung an dieses Logis im Bourbonnais erfüllt mit Heiterkeit, nicht nur wegen des Besitzernamens. Wir besuchten es erstmals an einem Sommerabend, als uns der abgeschlossene, bewaldete Garten so idyllisch erschien. Man konnte, ein Glas in der Hand, um den großen Fischteich spazieren, bevor man sich auf der erhöhten Terrasse niederließ und schließlich zum Abendessen schritt.

Le Chalet ist bescheiden und traditionell. Die Zimmer im Haus und in den umgestalteten Nebengebäuden sind unterschiedlich in Stil und Größe; sie wirken nicht gerade elegant, aber die besten sind sehr hübsch und bequem (mit Balken und hellen Tapeten). Im traditionellen Speiseraum gibt es heimische Spezialitäten, die Bedienung ist liebenswert.

Umgebung: Moulins – Fachwerkhäuser, Kathedrale

03000 Coulandon
Tel.: (04) 70445008
Fax: (04) 70440709
Lage: in offener Landschaft, 6 km w von Moulins abseits der D 945; große Anlage; großer Parkplatz
Mahlzeiten: Frühstück, Mittag- und Abendessen
Preise: Zimmer 290-460 FF; Frühstück 45 FF pro Person, Menüs 110-230 FF
Zimmer: 19 Doppelzimmer; 5 mit Bad, 14 mit Dusche (5 mit Einzelbetten); 9 Familienzimmer, 6 mit Bad, 3 mit Dusche; alle mit Telefon, TV
Anlage: Speiseraum, Salon; Swimmingpool, Angeln
Kreditkarten: AE, DC, MC, V
Kinder: werden aufgenommen
Behinderte: 6 Zimmer im Erdgeschoß
Tiere: erlaubt
Geschlossen: Mitte Dez. bis Ende Jan.
Besitzer: M. H. Hulot

Massif Central

Ländliches Hotel, Lacabarede

Demeure de Flore

Ein Antiquitätenladen (»L'Insolite«) ergänzt jetzt dieses ausnehmend reizvolle Hotel in den Hügeln am Fuß der Berge des Haut-Languedoc, das 1992 eröffnet wurde. Monike und Jean-Marie Tronc haben hier das fast ideale Hotel geschaffen.

Das *maison de maître* aus dem 19. Jh. ist zwar nichts Besonderes, aber es liegt so hübsch in einem waldreichen englischen Garten, der weit genug von der RN 112 entfernt ist. Im Innern haben die beiden ein liebenswertes Ambiente gestaltet; nichts von den Klischees traditioneller französischer Gastlichkeit. Elegante Blumendrucke an den Wänden in warmen Farben, große Fenster vom Boden bis zur Decke, das Ganze hell und frisch. Sorgsam ausgewählte Antiquitäten und Dekorstücke machen die Räume behaglich. Die elf Zimmer sind ebenso liebevoll ausgestattet.

Bei gutem Wetter wird auf der Terrasse serviert, und mittags bekommt man einen Imbiß am hübschen Swimmingpool. Wir haben die Küche nicht getestet (»cuisine maison Bourgeoise«, meint Monike), deshalb sind Berichte über das Essen willkommen.

Umgebung: Castres (35 km); Albi (60 km); Toulouse (100 km); Mittelmeerstrände in der Nähe

106 Route Nationale, 81240 Lacabarede
Tel.: (05)63983232
Fax: (05)63984756
Lage: gegenüber der Tankstelle im Außenbereich des Dorfes, an der RN 112 zwischen St-Pons und Mazamet; mit Gärten
Mahlzeiten: Frühstück, Mittag- und Abendessen
Preise: Zimmer 400-500 FF; Frühstück 55 FF, Menüs 100-150 FF

Zimmer: 10 Doppelzimmer, 1 Suite; alle mit Bad, Zentralheizung, Telefon, TV, Fön
Anlage: Aufenthaltsraum, Speiseraum; Swimmingpool
Kreditkarten: MC, V
Kinder: willkommen
Behinderte: ein geeigneter Raum
Tiere: nicht erlaubt, außer nach Absprache
Geschlossen: Febr.
Besitzerin: Monike Flore Tronc

Massif Central

Hotel im Bauernhof, Moudeyres

Le Pré Bossu

Das abgelegene, kleine Anwesen ist Gegenstand vieler Berichte ganz unterschiedlichen Inhalts. »Absolut erfreulich«, sagt der eine; ein anderer: »überbewertet«. Allgemein wird gelegentlich eine gewisse Herzlichkeit vermißt. Doch zuletzt heißt es: »Ausgezeichnet, komfortabel, Essen großartig und schön angerichtet; sein Geld wert; wir fahren wieder hin.«

Moudeyres ist ein stilles Dorf in 1200 Meter Höhe auf dem vulkanischen Mézenc-Massiv, umgeben von blühenden Wiesen; im Herbst wachsen hier viele Pilze. Das Dorf besteht aus Bruchsteinhäusern, von denen viele schön restauriert sind. Das gilt auch für das Hotel, obwohl es erst 1969 gebaut wurde, allerdings aus alten Steinen. Die flämischen Besitzer haben mit viel Mühe ein reizvolles, bequemes Haus geschaffen. Die Räume mit ihren Balkendecken, Holzböden und Kaminecken sind mit schönen, alten Schränken, Pflanzen und Büchern ausgestattet. Alles wirkt frisch und gepflegt. Die Zimmer sind ländlich, schlicht und sauber und haben gute Duschen; es ist wunderbar ruhig. Ambitionierte Küche, die einen Michelin-Stern verdient.

Umgebung: restaurierter Bauernhof aus dem 18. Jh.; Le Puy – vulkanische Felsformationen

43150 Moudeyres
Tel.: (04) 71051070
Fax: (04) 71051021
Lage: am Dorfrand, 25 km sö von Le Puy, hinter Laussonne; Garten
Mahlzeiten: Frühstück, Mittag- und Abendessen
Preise: Zimmer 365-490 FF; Frühstück 55 FF, Menüs 168-295 FF
Zimmer: 10 Doppelzimmer, 5 mit Bad, 5 mit Dusche (4 mit Einzelbetten); 1 Familienzimmer; alle Zimmer mit Zentralheizung, Telefon
Anlage: Bar, TV-Zimmer
Kreditkarten: AE, MC, V
Kinder: werden aufgenommen
Behinderte: keine speziellen Einrichtungen
Tiere: auf den Zimmern, nicht aber im Speiseraum erlaubt
Geschlossen: Mitte Nov. bis Ostern
Besitzer: Carlos Grootaert

Massif Central

Ländliches Hotel, Najac

Longcol

Das prächtige mittelalterliche Gutshaus mit Turm, das ein paar
Kilometer von Najac in den Wäldern liegt, bekommt schließlich
die verdiente Würdigung. »Bauernweiler« wäre wohl eine passendere Beschreibung, da der Hotelkomplex aus mehreren Steinhäusern besteht, die sich fast alle um das zentrale Schwimmbad
gruppieren und schöne Walmdächer und Sprossenfenster haben.

»Long col« ist eine Schleife des Flusses Aveyron, der sich vor
diesem stillen Fleckchen durch Schluchten windet. Die Familie
Luyckx kaufte den Bauernhof 1982 und restaurierte sechs Jahre
daran, bevor das Hotel eröffnet wurde. Seitdem haben sie keine
Mühen gescheut und die Zahl der Zimmer verdoppelt, ohne daß
die angenehm einladende Atmosphäre darunter gelitten hätte.
Man sieht, daß sie große Sammler sind; die Räume mit den niedrigen Balkendecken sind voll von schönen Möbelstücken, Tapisserien und asiatischen Kunstgegenständen. Das Essen wird im
hellen, luftigen Speiseraum oder im Sommer auf der kleinen,
ummauerten Terrasse serviert oder auch am Schwimmbad mit
Blick auf den Wald. Die Küche ist gut und die Weinkarte ausgezeichnet.

Umgebung: Najac – mittelalterliche Häuser und Burg

La Fouillade, 12270 Najac
Tel.: (05)65296336
Fax: (05)65296428
Lage: auf einem großen
bewaldeten Grundstück in
Dorfnähe; nö von Najac; Gar-
ten und Parkplatz
Mahlzeiten: Frühstück,
Mittag- und Abendessen
Preise: Zimmer 550-800 FF;
Mahlzeiten 135-290 FF
Zimmer: 17 Doppelzimmer,
15 mit Bad, 2 mit Dusche; alle
mit Zentralheizung, Telefon,
TV, Radio, Minibar
Anlage: Speiseraum, Salon,
Billardzimmer, Terrasse;
Swimmingpool, Tennisplatz
Kreditkarten: AE, V
Kinder: willkommen; Babysit-
ting auf Wunsch
Behinderte: keine speziellen
Einrichtungen
Tiere: willkommen
Geschlossen: 15. Nov. bis
Ostern; Restaurant Di, außer-
halb der Saison
Besitzer: Familie Luyckx

Massif Central

Hôtel du Midi-Papillon

Alljährlich bekommen wir von Jean-Michel Papillon, der in der 4. Generation den reizenden Postgasthof führt, einen handschriftlichen Bericht über Neuerungen. Auch erreichen uns begeisterte Berichte von Lesern, die bestätigen, daß das Anwesen so liebenswert geblieben ist, wie es war. Als letztes sind zwei Zimmer renoviert und eine Suite eingerichtet worden. »Wunderbares Essen«, »herzliches Willkommen«, »außerordentlich preiswert«, heißt es in Leserbriefen.

Das Midi ist ein beispielhaftes ländliches Logis, ein Dorfgasthaus in schöner Landschaft mit einladenden Zimmern (verschiedener Größe) und vorzüglichem Essen zu unwiderstehlichem Preis. Ein Familienbetrieb, in dem Madame sich um den Service kümmert, Jean-Michel um die Küche. Gemüse kommt aus dem Garten, das Geflügel ist selbst gezogen, Marmelade und Croissants sind hausgemacht. Die Aufteilung des Speiseraums, bei der eine Hälfte zum intimen Salon mit Ledermöbeln geworden ist, hat auch Nachteile: Manche Gäste genießen die Flußlandschaft, die anderen sind hinter Wandschirme verbannt; man sollte hier seine Platzwünsche äußern.

Umgebung: Gorges de la Dourbie (10 km); Montpellier-le-Vieux

12230 St-Jean-du-Bruel
Tel.: (05)65622604
Fax: (05)65621297
Lage: im Dorf am Fluß an der D 991, 40 km sö von Millau; mit Garten und Garagen
Mahlzeiten: Frühstück, Mittag- und Abendessen
Preise: Zimmer 81-200 FF; Menüs 74-204 FF
Zimmer: 12 Doppelzimmer, 8 mit Bad (5 mit Einzelbetten); 1 Suite; 1 Einzelzimmer; 5 Familienzimmer, 3 mit Bad, 2 mit Dusche; alle Zimmer mit Zentralheizung, Telefon
Anlage: 3 Speiseräume, Salon, Bar, TV-Zimmer; Swimmingpool, Whirlpool
Kreditkarten: MC, V
Kinder: willkommen; spezielle Mahlzeiten
Behinderte: Zugang nur zum Speiseraum möglich
Tiere: erlaubt
Geschlossen: Mitte Nov. bis Ostern
Besitzer: Familie Papillon

Massif Central

Hotel im Herrenhaus, St-Martin-Valmeroux

Hostellerie de la Maronne

Über das Landhaus aus dem 19. Jh. in einem schönen, friedlichen Tal der Auvergne gab es früher auch Kritisches zu hören, doch jetzt spenden die Leser nur noch Lob. Oder doch fast: Eine Leserin moniert, daß das Anwesen etwas steif wirke, allerdings mehr wegen der eleganten Möblierung als wegen der Atmosphäre; sie meint andererseits, Besitzer und Personal seien »sehr herzlich und liebenswürdig«.

Wer nur seine Ruhe sucht, aber auch wer sich sportlich betätigen möchte, ist in dem Haus mit modernem Schwimmbad und Tennisplatz, umgeben von schönen Gärten und weiter Landschaft, gut aufgehoben. Vieles hat sich verändert seit Alain de Cocks Übernahme: Ein eleganter Speiseraum wurde in den Hang gebaut, die Aufenthaltsräume hat man schön ausgestattet, neugebaute Zimmer haben die weniger attraktiven von früher ersetzt; andere wurden neu eingerichtet.

Die Küche gibt sich große Mühe, das Ergebnis ist »ausgezeichnet«. Es gibt mehrere Menüs (mit kulinarischem Anspruch), aber auch eine preiswertere Karte. Die Weinkarte ist umfassend. Eine Gault-Millau-*toque*.

Umgebung: Salers (10 km); Anjony (20 km) – Schloß

Le Theil
15140 St-Martin-Valmeroux
Tel.: (04) 71692033
Fax: (04) 71692822
Lage: in offener Landschaft, 3 km ö von St-Martin an der D 37; Garten
Mahlzeiten: Frühstück, Mittag- und Abendessen
Preise: Zimmer 460-580 FF; DB&B 355-455 FF; Frühstück 60 FF, Menüs 150-250 FF
Zimmer: 21 Doppelzimmer; alle mit Bad, Zentralheizung,

Telefon, Minibar, 10 haben Balkon oder Terrasse
Anlage: Speiseraum, Salon, Frühstücksraum, Seminarraum, Swimmingpool; Tennis, Pétanque, Sauna, Garten
Kreditkarten: MC, V
Kinder: willkommen; Babysitting möglich
Behinderte: Lift
Tiere: erlaubt, nicht aber im Speiseraum
Geschlossen: Nov. bis März
Besitzer: Alain de Cock

Massif Central

Schloßhotel, Target

Château de Boussac

Die Präsentation des Hotels in diesem und anderen Hotelführern scheint dem gewinnenden Charme, mit dem die Marquise und der Marquis de Longueil die Gäste in ihrem Haus begrüßen, keinen Abbruch zu tun.

Das Château liegt im stillen Bourbonnais zwischen Vichy und Moulin und ist nicht ganz leicht zu finden. Der solide Bau mit Türmen und Graben könnte an sich schon ein Touristenziel sein. Es wurde um einen Hof erbaut; die Empfangsräume, die mit Louis-XV-Möbeln und Kronleuchtern ausgestattet sind, öffnen sich auf eine weite Terrasse mit einem See davor und formell angelegten Gärten.

Aber das Schloß wirkt überhaupt nicht steif, sondern sehr lebendig. Der Marquis arbeitet tagsüber in den Anlagen und steht abends in der Küche und bereitet mindestens einen Gang des Abendessens selbst. Seine Frau kümmert sich um die Zimmer, in denen die antiken Möbel glänzen und Blumen duften. Das Diner en famille kann manchmal recht steif sein, aber das Essen ist tadellos, und der Marquis plaudert angeregt mit den Gästen.

Umgebung: Souvigny (35 km) – mittelalterliche Kirche; Vichy (40 km) – Badeort; Moulins (50 km) – Fachwerkhäuser

Target, 03140 Chantelle
Tel.: (04)70406320
Fax: (04)70406003
Lage: in offener Landschaft abseits der D 42, 12 km nw von Chantelle, 50 km w von Vichy; großer Park
Mahlzeiten: Frühstück, Abendessen
Preise: Zimmer 600-1100 FF; Frühstück 55 FF, Menüs 220-320 FF mit Wein
Zimmer: 4 Doppelzimmer (3 mit Einzelbetten), 1 Suite, alle mit Bad, Zentralheizung
Anlage: Speiseraum; Salon
Kreditkarten: AE, MC, V
Kinder: werden aufgenommen, wenn gut erzogen
Behinderte: keine speziellen Einrichtungen
Tiere: erlaubt, falls gut erzogen
Geschlossen: Nov. bis Febr. (außer bei rechtzeitiger Voranmeldung)
Besitzer: Marquis und Marquise de Longueil

Massif Central

Château de Trancis

Berichte von Leuten, die die ausgetretenen Pfade des Tourismus verlassen und in dieses eindrucksvolle Schloß einkehren, sind uns höchst willkommen. Das kleine Schloß im Loire-Stil liegt in den 500 Meter hohen Ausläufern des Regionalparks Auvergne. Das ist leichter zu verstehen, wenn man weiß, daß die Schnörkelarchitektur im italienischen Stil aus dem 20. Jh. stammt.

Sie haben das Gebäude renoviert und ein stilvolles Ambiente geschaffen, wie man es in dieser Gegend sonst kaum findet. Die Zimmer sind gut ausgestattet und individuell mit antiken Möbeln und Teppichen auf den polierten Böden eingerichtet. Die Aufenthaltsräume umfassen einen pompösen Louis-XIV-Salon, ein »deutsches« Eßzimmer und eine »englische« Bibliothek. Der Blick von der Terrasse über den hübschen kleinen Teich ist sehr idyllisch und wird durch die selten benutzte Eisenbahnstrecke hinter dem Feld kaum gestört. Da das Abendessen nur für die Hausgäste serviert wird, ergibt sich eine angenehm private Atmosphäre. Allerdings sind hier Kinder nicht gern gesehen.
Umgebung: Dordogne-Schluchten, Parc Régional des Volcans d'Auvergne.

15210 Ydes
Tel.: (04)71406040
Fax: (04)71406213
Lage: an der D 15, die von der D 22 abbiegt, 2 km n des Dorfes Saignes, 3 km ö von Ydes; auf dem Land
Mahlzeiten: Frühstück, Abendessen
Preise: Zimmer 560-950 FF, Suite 1300 FF, mit Frühstück; DB&B 580-900 FF; Menü 280 FF
Zimmer: 6 Doppelzimmer

(1 mit Einzelbetten), 1 Suite; alle mit Bad oder Dusche, Telefon, TV, Tee-/Kaffee-Maschine; elektr. Ventilator
Anlage: 3 Aufenthaltsräume; 2 Terrassen, Park, Pool
Kreditkarten: AE, MC, V
Kinder: keine
Behinderte: Zugang schwierig
Tiere: keine Hunde
Geschlossen: Mitte Okt. bis Ende März
Besitzer: Innes und Fiona Fennell

Massif Central

Mittelalterlicher Gasthof Cordes

Hostellerie du Vieux Cordes

Das steinerne Haus aus dem 13. Jh. liegt hoch oben in der alten Bergstadt und ist eine schlichtere Unterkunft als das Grand Ecuyer. Herrlicher Blick von der grasbewachsenen Terrasse. Einfaches, ländliches Mobiliar (etwas überladener Wohnraum), gutes Essen, preiswert.

■ Rue St-Michel, 81170 Cordes (Tarn) **Tel.:** (05)63560012 **Fax:** (05)63560247 **Mahlzeiten:** Frühstück, Mittag- und Abendessen **Preise:** Zimmer 265-420 FF; Frühstück 40 FF, Menüs 80-160 FF **Zimmer:** 21, alle mit Bad oder Dusche, Zentralheizung, Telefon, TV **Kreditkarten:** AE, DC, MC, V **Geschlossen:** Jan

---

Landhotel, Cuq-Toulza

Cuq en Terrasses

Das 1993 eröffnete Hotel in einem von den Besitzern Tim und Zara Whitmore restaurierten alten Pfarrhaus ist mit handgefertigten Kacheln und Naturmaterialien liebevoll ausgestattet. »Herrliche Terrasse, Aussicht bis zu den Pyrenäen«, begeistert sich ein Besucher. Blumengarten, Swimmingpool.

■ Cuq-le-Château, 81470 Cuq-Toulza (Tarn) **Tel.:** (05)63825400 **Fax:** (05)63825411 **Mahlzeiten:** Frühstück, Mittag- und Abendessen **Preise:** Zimmer 400-900 FF; Frühstück 55 FF, Menüs 130-150 FF **Zimmer:** 5, 2 Suiten, 1 Appartement, alle mit Bad oder Dusche, mit Zentralheizung, Telefon, TV **Kreditkarten:** DC, MC, V **Geschlossen:** 4. Jan. bis 6. Febr.

Landhaushotel, La Malène

Manoir de Montesquiou

»Geräumige Zimmer, gutes Essen, schöne Aussicht«, schreibt ein Leser über das schloßähnliche Herrenhaus aus dem 15. Jh. Vielleicht liegt Ihr Zimmer in einem der Türme, und Sie haben ein Himmelbett. Alles ist bequem und gepflegt. Angenehmer Familienbetrieb.

■ 48210 La Malène (Lozère) **Tel.:** (04)66485112 **Fax:** (04)66485047 **Mahlzeiten:** Frühstück, Mittag- und Abendessen **Preise:** Zimmer 430-760 FF; Frühstück 60 FF, Menüs 165-250 FF **Zimmer:** 12, alle mit Bad oder Dusche, Zentralheizung, Klimaanlage, Telefon; einige mit TV **Kreditkarten:** DC, MC, V **Geschlossen:** Mitte Okt. bis Anfang April

---

Dorfgasthof, Montsalvy

Auberge Fleurie

Mittelpunkt dieser reizenden, grünbewachsenen Auberge sind die schönen Speiseräume mit polierten Schränken, blankem Kupfergeschirr und rotkarierten Tischtüchern. Unser letzter Besuch fand vor dem Besitzerwechsel statt, daher sind aktuelle Berichte willkommen.

■ Place du Barry, 15120 Montsalvy (Cantal) **Tel.:** (04)71492002 **Mahlzeiten:** Frühstück, Mittag- und Abendessen **Preise:** Zimmer 120-160 FF; Frühstück 25 FF, Menüs 50-180 FF **Zimmer:** 13, alle mit Zentralheizung **Kreditkarten:** AE, DC, MC, V **Geschlossen:** Restaurant Mitte Jan. bis Mitte Febr.

Massif Central

Dorfhotel, Najac

L'Oustal del Barry

Seit dem Tod von Jean-Marie Miquel (1994) führt die liebenswürdige Cathérine das kleine Logis (seit fünf Generationen in der Familie). Das behagliche Haus ist bemerkenswert preiswert und hat eine ausgezeichnete Küche. Geräumige, schlichte Zimmer.

■ Place du Bourg, 12270 Najac (Aveyron) **Tel.:** (05)65297432 **Fax:** (05)65297532 **Mahlzeiten:** Frühstück, Mittag- und Abendessen **Preise:** Zimmer 350-550 FF mit Frühstück; Menüs 98-320 FF **Zimmer:** 22, alle mit Zentralheizung, Telefon, TV, Fön **Kreditkarten:** AE, MC, V **Geschlossen:** Nov. bis März

---

Hotel in einem Bauernhaus, Pont-de-L'Arn

La Métairie Neuve

In dem geschmackvoll renovierten Bauernhof mit Balkendecken, steinernen Wänden und Steinfußböden herrscht eine entspannte Atmosphäre. Mme Tourner ist eine reizende Gastgeberin, in den antik eingerichteten Wohnräumen herrscht peinliche Sauberkeit.

■ Pont-de-L'Arn, 81660 Mazamet (Tarn) **Tel.:** (05)63612331 **Fax:** (05)63619475 **Mahlzeiten:** Frühstück und Abendessen **Preise:** Zimmer 340-450 FF; Menüs 100-250 FF **Zimmer:** 11, alle mit Bad, Zentralheizung, Telefon, TV **Kreditkarten:** DC, MC, V **Geschlossen:** Mitte Dez. bis 20. Jan.; Restaurant So

---

Hotel am Fluß, St-Sernin-sur-Rance

Hôtel Carayon

Das Haus ist eigentlich zu groß für diesen Führer, aber offenbar ein Lieblingshotel vieler Leser. Ein weißgetünchter Bau mit Fensterläden und Tischen vor dem Haus; die meisten Zimmer sind im modernen Anbau. Pierre Carayon kocht ausgezeichnet; dabei sind die Menüpreise günstig (*repas* von Michelin).

■ Place du Fort, 12380 St-Sernin-sur-Rance (Aveyron) **Tel.:** (05)65996026 **Fax:** (05)65996926 **Mahlzeiten:** Frühstück, Mittag- und Abendessen **Preise:** Zimmer 179-349 FF, Suiten 500-600 FF; Menü 70-300 FF **Zimmer:** 26 mit Bad oder Dusche, Zentralheizung, Telefon, TV, Minibar **Kreditkarten:** AE, DC, MC, V **Geschlossen:** So abend und Mo (außerhalb der Saison)

Dorfgasthof, Vitrac

La Tomette

»Das Hotel entspricht, was Ruhe, Herzlichkeit, Umgebung und Küche angeht, allen Erwartungen die man an ein kleines, feines Haus stellt«, schreibt ein Leser. Liebenswerter Gasthof, der seit 15 Jahren ständig ausgebaut und verbessert wurde, ohne seinen Stil einzubüßen. Hübscher Garten, Swimmingpool.

■ 15220 Vitrac (Cantal) **Tel.:** (04)71647094 **Fax:** (04)71647711 **Mahlzeiten:** Frühstück, Mittag- und Abendessen **Preise:** Zimmer 230-440 FF; Frühstück 40 FF, Menüs 65-185 FF **Zimmer:** 18, alle mit Bad oder Dusche, Zentralheizung, Telefon, TV **Kreditkarten:** AE, MC, V **Geschlossen:** Jan. bis März

Süden

Mediterranes Frankreich: Meer, Sonne, Wein, Blumen, Früchte, Berge, römischer Ruinen, Himmel auf Erden. Hier empfehlen wir mehr Hotels und mehr Anwärter (unten) als anderswo.

Anwärter im Süden

Aigues-Mortes, Les Arcades (04)66538113; gediegenes Restaurant mit individuell gestalteten Zimmern in einem alten Haus.

Aix-en-Provence, Hôtel des Augustins (04)42272859; umgebautes Kloster im Zentrum; Frühstücksgarten.

Aix-en-Provence, Hôtel des Quatre-Dauphins (04)42381639; stilvoll ausgestattetes, kleines Haus im Quartier Mazarin.

Montfavet, Les Frênes (04)90311793; elegante Villa, herrlicher Garten, schöner Swimmingpool, gute Küche.

Les-Baux-de-Provence, Mas de l'Oulivie (04)90543578; neu, aber im traditionellen Stil (*mas*) gebaut, mit Swimmingpool zwischen Olivenbäumen.

Les-Baux-de-Provence, La Cabro d'Or (04)90543321; Restaurant mit Stern, Garten, Schwimmbad, komfortable Zimmer.

Bonnieux, Hostellerie Le Prieuré (04)90758078; schöne Abtei aus dem 17. Jh. in kleinem Dorf in Hügellage.

Castillon-du-Gard, Le Vieux Castillon (04)66370077; luxuriös-elegant umgebautes, altes Haus in einem uralten Bergdorf.

Collias, Hostellerie Le Castellas (04)66228888; stilvolles, fast zu schickes Haus in einem alten Dorf; Garten, Swimmingpool.

Coursegoules, Auberge de l'Escaou (04)93591128; schlichtes, modernisiertes Gasthaus, in abgelegenem Bergdorf.

Gordes, Les Romarins (04)90721213; geschmackvoll möbliertes Haus über dem Dorf; Swimmingpool.

Gordes, Les Bories (04)90720051; teures Restaurant mit Zimmern (Blick übers Tal) in einem mittelalterlichen Dorf.

Joucas, Mas des Herbes Blanches (04)90057979; reizvolles altes *mas* mit schöner Aussicht; gut ausgestattete Zimmer, Swimmingpool, gutes Essen.

Joucas, Le Phébus (04)90057883; behagliches Haus in bäuerlichem Stil, gutes Essen, schönes Schwimmbecken.

Malemort-du-Comtat, Château Unang (04)90699137; elegant möbliertes, ungezwungenes B&B in einem Haus aus dem 18. Jh.; formal gestaltete Gärten, Weinberge ringsum.

Montpellier, Hôtel le Guilhem (04)67529090; geschmackvoll gestaltetes, altes Haus in der Altstadt mit Terrasse; nur B&B.

Pernes-les-Fontaines, Hôtel l'Hermitage (04)90665141; elegant, aber uneinheitlich möbliertes Logis in schönem Garten mit Swimmingpool.

Le-Puy-Ste-Reparade, Domaine de la Cride (04)42619696; wohnliches restauriertes Bauernhaus in einem Garten mit Bäumen und Pool.

Roquebrune-sur-Argens, La Maurette (04)94454681; Bauernhaus am Berg mit schöner Aussicht; Zimmer zum Garten.

St-Remy, Mas de la Tour (04)90926100; Haus im traditionellen Stil mit Blumengarten und Swimmingpool.

Ste-Maxime-sur-Mer, La Croisette (04)94961775; Pastellfarbene Villa mit Garten und schöner Aussicht; gute Meeresfrüchte.

Vence, Château du Domaine St-Martin (04)93580202; elegant ausgestattetes Schloß (Relais & Châteaux) in herrlicher Hochlage; Terrasse, schöner Pool, Tennis.

Süden

Mas d'Entremont

Zu dem Hotel im Stil eines Bauernhofs außerhalb von Aix gibt es zahllose lobende Berichte von Lesern (einer fährt bereits mehr als zehn Jahre hierher); auch unser letzter Gutachter war höchst beeindruckt.

Das Hotel besteht aus neuen, aber aus altem Material gebauten, niedrigen Gebäuden mit roten Dächern, die um einen herum Hof angeordnet sind. Im Innern Holzbalken und -säulen, bäuerliches Mobiliar, Steinfußböden und offene Kamine. Die Zimmer sind ländlich, bequem und stilvoll. Im Hauptgebäude sind fünf (relativ klein, aber mit Balkon oder Terrasse), die größeren befinden sich in Bungalows. Schöne Lage und herrlicher Garten, großes Schwimmbad unter Zypressen, viele ruhige Ecken, Teich mit Springbrunnen, Seerosen und Karpfen. Über allem der wie eine Dachterrase wirkende Eßraum für den Sommer mit Schiebefenstern.

Vorzügliche klassische Küche mit provenzalischem Einschlag; sonntags beim Mittagessen ist alles ausgebucht. Angenehm familiäre Atmosphäre.

Umgebung: Aix-en-Provence; Abbaye de Silvacane (25 km)

Montée d'Avignon
13090 Aix-en-Provence
Tel.: (04)42234532
Fax: (04)42211583
Lage: in offener Landschaft abseits der N 7, 2 km nw von Aix; großer Garten
Mahlzeiten: Frühstück, Mittag- und Abendessen
Preise: Zimmer 640-840 FF; Suiten 960 FF; Frühstück 70 FF; DB&B 1200-1400 FF (für zwei); Menüs 200-230 FF
Zimmer: 17 Doppelzimmer (7 mit Einzelbetten) mit Bad, Klimaanlage, Sat-TV, Telefon, Minibar, Safe, Privatterrasse
Anlage: Speiseraum, Sitzecken, Swimmingpool, Tennis
Kreditkarten: MC, V
Kinder: werden aufgenommen
Behinderte: Lift
Tiere: erlaubt
Geschlossen: Nov. bis Mitte März; Restaurant So abend und Mo Mittag
Besitzer: Familie Marignane

Süden

Stadtvilla, Aix-en-Provence

Villa Gallici

Es ist sicher eines der teuersten und kleinsten Hotels in Aix und unserer Meinung nach das beste. Die Villa liegt mehr am Stadtrand als in der Stadt und wirkt mit ihrem schönen Garten nördlich vom Zentrum schon fast ländlich.

Alles hier atmet Frieden, die Unterschiede zwischen drinnen und draußen sind fast verwischt. Sessel und Sofas mit dicken Polstern machen die Terrasse zum Wohnraum im Freien; hier kann man auch das Frühstück einnehmen. In die behaglichen Innenräume bringen helle Stoffe und Farben viel Licht. Die Zimmer sind prächtig mit extravaganten Stoffen und Möbeln im Stil des 18. Jh. ausgestattet; die Dekoration ist unterschiedlich.

Am von Bäumen und Blütensträuchern umgebenen Schwimmbecken werden leichte Mahlzeiten serviert. Zum Essen aber bietet sich das Restaurant Clos de la Violette (Michelin-Stern und 3 Gault-Millau-*toques*) an – es ist das beste der Stadt. Die Villa Gallici bietet auch Kurse (»Wieder in Form kommen«) an.

Umgebung: Aix-en-Provence; Abbaye de Silvacane (25 km)

Avenue de la Violette
13100 Aix-en-Provence
Tel.: (04)42232923
Fax: (04)42963045
Lage: gleich nördlich vom Zentrum und 500 m von der Kathedrale; Gartenanlage
Mahlzeiten: Frühstück, Mittag- und Abendessen
Preise: Zimmer 900-2800 FF; Frühstück 95 FF, Menü 300 FF
Zimmer: 19 Doppelzimmer mit Bad, Zentralheizung, Klimaanlage, Telefon, TV, Radio, Minibar, Fön
Anlage: Aufenthaltsraum, Bar, Speiseraum; Terrasse, Swimmingpool
Kreditkarten: AE, DC, MC, V
Kinder: keine
Behinderte: 1 Zimmer im Erdgeschoß
Tiere: erlaubt (50 FF Aufpreis)
Geschlossen: nie; Restaurant Do (im Winter)
Besitzer: M. Dez, M. Montemarco, M. Jouve

Süden

Ländliches Hotel, Céret

La Terrasse au Soleil

Das größtenteils moderne Haus im katalanischen Stil hat seinen Standard stetig verbessert und gehört jetzt zur 4-Sterne-Kategorie. Eigentlich ist es für diesen Führer zu groß geworden, aber im Bereich Pyrenées-Orientales ist das Angebot nicht überwältigend. So haben wir uns die Meinung eines Lesers zu eigen gemacht, daß das Hotel einen großen Eintrag wert sei.

Hauptattraktion ist die herrliche Lage, an Sonnentagen mit dem wunderbaren Mont Canigou im Hintergrund (320 Sonnentage sind die Regel). Natürlich gibt es eine Speiseterrasse, auf der schon Picasso gesessen haben soll. Auch Aktivurlauber haben viele Möglichkeiten. Trotz modernsten Komforts herrscht eine entspannt-behagliche Atmosphäre. Die schönsten der gut ausgestatteten Zimmer sind besonders groß und elegant.

Das Restaurant heißt jetzt La Cerisaie. Mittags bietet es eine verlockende *carte brasserie* als leichtere Alternative zur klassischen Küche mit Gault-Millau-*toque*.

Umgebung: Perpignan; Strände (30 km); Castelnou (30 km)

Rte de Fontfrède, 66400 Céret
Tel.: (04)68870194
Fax: (04)68873924
Lage: an den Ausläufern der Pyrenäen, 26 km sw von Perpignan; Garten; Parkplatz
Mahlzeiten: Frühstück, Mittag- und Abendessen
Preise: Zimmer: 595-795 FF, Suiten 1100-1200 FF; Frühstück 80 FF
Zimmer: 25 Doppelzimmer mit Bad; 1 Suite mit Bad; alle Zimmer mit Klimaanlage, TV, Telefon, Minibar, Fön
Anlage: Speiseraum, Salon, Bar, Swimmingpool, Tennis, Petanque, Golfübungsplatz
Kreditkarten: MC, V
Kinder: werden aufgenommen
Behinderte: geeignete Einrichtungen
Tiere: erlaubt
Geschlossen: Ende Okt. bis Ende Febr.
Besitzer: M. Leveille-Nizerolle

Süden

Stadthotel, Château-Arnoux

La Bonne Étape

»Ausgezeichnetes Essen, bester Service, reizvolles Schwimmbad, Zimmer, die ihr Geld wert sind«, meint ein Besucher über diese altbewährte »Zwischenstation«.

Die Lage an einer belebten Straße der sonst wenig bemerkenswerten Stadt verheißt nicht viel; man sieht von außen nicht, was einen hier erwartet: kultivierte Gastlichkeit, wie sie in Frankreich ihresgleichen sucht. Das fängt in der Küche an, wo Pierre und Jany Gleize (Vater und Sohn) aus vorwiegend selbstgezogenen Produkten köstliche Gerichte kreieren (Michelin-Stern und 18/20 von Gault-Millau). Zu den Spezialitäten gehört Sisteron-Lamm (von würzigen provenzalischen Weiden). Der helle, freundliche Speiseraum wirkt mit den großen, runden Tischen sehr behaglich.

Die Zimmer sind höchst komfortabel, reizend ausgestattet und mit antiken und neuen Möbel geschmackvoll eingerichtet; selbst die Bäder wirken individuell (»groß, mit Doppelwaschbecken, riesigen Spiegeln, gutem Licht«). Das sonnige Schwimmbecken hat ringsum eine hübsche Terrasse. Die Mitglieder der Familie Gleize sind herzliche und begeisterte Gastgeber.

Umgebung: Les Mées (10 km) – Felsformationen; Sisteron – Zitadelle

Chemin du Lac
04160 Château-Arnoux
Tel.: (04)92640009
Fax: (04)92643736
Lage: Landstädtchen an der RN 85, 14 km sö von Sisteron; Garten, Garagen
Mahlzeiten: Frühstück, Mittag- und Abendessen
Preise: Zimmer 600-900 FF, Suiten 900-1300 FF; Frühstück 85 FF, Menüs 220-520 FF
Zimmer: 11 Doppelzimmer, 7 Suiten mit Bad; alle Zimmer mit Klimaanlage, Telefon, TV, Radio, Minibar
Anlage: 2 Speiseräume, Salon, Bar, Konferenzraum, Pool
Kreditkarten: AE, DC, MC, V
Kinder: werden aufgenommen
Behinderte: keine speziellen Einrichtungen
Tiere: erlaubt
Geschlossen: Jan. bis Mitte Febr.; Restaurant So abend und Mo von Nov. bis März
Besitzer: Familie Gleize

Süden

La Vieille Fontaine

Das reizvolle kleine Hotel steht innerhalb der Mauern der zerstörten Burg eines mittelalterlichen Festungsdorfs mit Kopfsteinpflaster-Straßen und efeuumrankten Wällen. Patron und Chefkoch M. Audibert stammt aus Marseille; seit langem sind *gratinée de langoustines* und *chou farci à la provençale* die Hauptattraktion der Küche; dazu trinkt man den heimischen Tavel, einen Rosé.

Mme stammt aus dem eine Zeitlang fast verlassenen Dorf und ist fürs Hotel verantwortlich. Angeregt von der Louvre-Pyramide hat sie die Außen-Wendeltreppe zu den Zimmern mit einer eleganten Glaskonstruktion verkleiden lassen. Ihr Ausstattungsstil ist schlicht und hübsch: gefliese Bäder, provenzalische Stoffe, Möbel aus den Antiquitätenläden der Gegend. Die meisten haben Terrassen; von Nr. 7 und 8 sieht man über die Mauern nach Süden. Über eine steile Steintreppe gelangt man durch den Terrassengarten zum Schwimmbad. Hier stürzt das Wasser vom Berg herab, und man badet wie in einem Gebirgsbach. Die Begrüßung ist spontan und herzlich. Beim Abendessen auf der Terrasse sieht man über die Hügel und Weinhänge von Gard.

Umgebung: Orange; Avignon; Schluchten von Ardéche

30630 Cornillon
Tel.: (04)66822056
Fax: (04)66823364
Lage: Mitten im Dorf; beschränkte Zufahrt
Mahlzeiten: Frühstück, Mittag- und Abendessen
Preise: 550 FF-950 FF; Frühstück 45 FF
Zimmer: 8 Doppelzimmer, alle mit Bad und Dusche, Telefon, TV, elektrischer Heizung und Diele; 6 mit Terrasse
Anlage: Salon, Speiseraum, Hof, Terrasse, Terrassengarten, Schwimmbad
Kreditkarten: AE, MC, V
Kinder: willkommen
Behinderte: nicht geeignet
Tiere: erlaubt; 55 FF pro Tag
Geschlossen: Jan. und Febr.
Besitzer: M. und Mme Audibert

Süden

Dorfhotel, Crillon-le-Brave

Hostellerie de Crillon le Brave

Ein zufriedener Gast des luxuriösen Hotels im alten Pfarrhaus der Bergstadt Crillon-le-Brave ist begeistert: »Wunderbar, gutes Restaurant, vorzüglicher Service, reizende Gegend, charmanter Patron.«

Das steinerne Haus aus dem 16. Jh. ist solide und ruhig, aber das Geheimnis des Erfolgs – das Hotel wurde erst 1989 eröffnet – geht auf den erwähnten Patron, den kanadischen Juristen Peter Chittick, zurück, der ganz genaue Vorstellungen von der Führung eines Hotels hat. Natürlich spielt auch die Landschaft mit prächtigen Olivenhainen und Weinhängen eine wichtige Rolle.

Den beiden Besitzern ist es gelungen, modernen Luxus mit dem Charme des alten Gebäudes zu vereinbaren. Trotz Designerstoffen, Spannteppichen und schicken Bädern prägen Balkendecken, weißgetünchte Wände und ländliches Mobiliar den Stil aller Räume und Zimmer. Man speist unter mächtigen Gewölben oder draußen auf der hübschen Terrasse. Chefkoch Philippe Monti bereitet exquisite provenzalische Gerichte, die wunderbar in diese gesegnete Landschaft passen.

Umgebung: Mont Ventoux; Orange (35 km); Avignon; Gordes

Place de l'Eglise, 84410 Crillon-le-Brave
Tel.: (04)90656161
Fax: (04)90656286
Lage: in hochgelegenem Dorf 35 km nö von Avignon, an der D 138, die von der D 974 abbiegt, mit Garten
Mahlzeiten: alle, Mittagessen nur Sa und So
Preise: Zimmer 750-1250 FF, Suiten 1450-2300 FF; Frühstück 80 FF, Abendessen ca. 350 FF

Zimmer: 19 Doppelzimmer (7 mit Einzelbetten), 18 mit Bad, 1 mit Dusche; 5 Suiten; alle mit Telefon, Minibar, Fön
Anlage: 3 Aufenthaltsräume, Speiseraum, Swimmingpool
Kreditkarten: AE, MC, V
Kinder: willkommen
Behinderte: Zugang schwierig
Tiere: erlaubt
Geschlossen: Jan. bis März; Restaurant Mittag an Mo–Sa
Besitzer: Peter Chittick und Craig Miller

Süden

Umgebaute Burg, Dieulefit

Les Hospitaliers

Nach wie vor sind unsere Leser beeindruckt von dem distinguierten Hotel, einer früheren Festung über dem mittelalterlichen
Dorf Le Poët-Laval. Abgesehen von der prächtigen Aussicht (vor
allem von Terrasse und Schwimmbad) sind auch die Herzlichkeit
der Besitzer und der behagliche obere Aufenthaltsraum erwäh-
nenswert. Im Restaurant hängen interessante Bilder; Yvon Morin
war Kunsthändler, bevor er ins Hotelfach wechselte. Die Tische
sind mit feinem Porzellan, weißem Leinen, Spitzen und Kerzen
gedeckt. Der Service ist perfekt, das Essen exquisit; empfehlenswert die täglich wechselnde »preiswerte« Karte. Die Zimmer
(Preis nach Größe) sind mit Antiquitäten ausgestattet.
Umgebung: Montélimar (20 km); Viviers (30 km)

Le-Poët-Laval,
26160 La Bégude-de-Mazenc
Tel.: (04)75462232
Fax: (04)75464999
Lage: über dem alten Dorf,
5 km w von Dieulefit; Garten
Mahlzeiten: Frühstück, Mit-
tag- und Abendessen
Preise: Zimmer 375-1100 FF;
Menüs 160-450 FF
Zimmer: 21 Doppelzimmer,
20 mit Bad, 1 mit Dusche;
3 Familienzimmer mit Bad;
alle mit Telefon

Anlage: 2 Speiseräume, 2 Sa-
lons, Bar, Swimmingpool
Kreditkarten: AE, DC, MC, V
Kinder: werden aufgenom-
men
Behinderte: keine speziellen
Einrichtungen
Tiere: Hunde und Katzen
erlaubt
Geschlossen: Mitte Nov. bis
Febr. (ausgenommen Fr und
Sa abend und So Mittag)
Besitzer: M. und Mme Yvon
Morin

Süden

Landhotel, Les Essareaux

La Manescale

Der König der Belgier hat hier geschlafen und war sicher entzückt von dem, was er in dem alten Schäferhaus im Hügelland vorgefunden hat. Die Besitzer haben mit Bedacht ein Hotel im Taschenformat, aber mit viel Komfort geschaffen. An alles ist gedacht, von den Handtüchern am Pool bis zu der kleinen, anspruchsvollen Bibliothek und den beschrifteten Lichtschaltern. Mme Warland steht mit der Schürze in der Küche, pflückt aber auch frische Blumen für die Tische. M. Warland schreibt die Speisekarte und serviert die köstlichen Gerichte seiner Frau, etwa *magrets de canard* mit Äpfeln und Heidelbeeren. Steinerne Stufen und Wege verbinden das Hauptgebäude mit den Gartenzimmern, die sehr privat wirken und eine herrliche Aussicht bieten. Zwei sind nach den Lieblingsmalern von M. Warland benannt: Tiepolo und Dali. Für Leute, die es still und naturnah lieben, gibt es im Wald viele Spazierwege. Zur Aperitif-Stunde ertönt klassische Musik auf der Terrasse. Der Blick über Weinhänge und Täler bis zum Mont Ventoux in der Ferne ist prachtvoll. Ein steiler Pfad führt vom Parkplatz zum Hotel; es gibt aber einen Gepäckwagen.

Umgebung: Vaison-la-Romaine (7 km); Weinberge

Route de Faucon Les Essareaux
84340 Entrechaux
Tel.: (04)90460380
Fax: (04)90460389
Lage: im Hügelland
Mahlzeiten: Frühstück und Abendessen
Preise: Zimmer 425F-850F; Frühstück 65F
Zimmer: 5; 2 mit Bad, 3 mit Dusche; alle mit Zentralheizung, Telefon, TV, Minibar

Anlage: Terrasse, Garten; Schwimmbad; gesicherter Parkplatz
Kreditkarten: AE, DC, EC, MC, V
Kinder: willkommen (wenn gut erzogen)
Behinderte: nicht geeignet
Tiere: erlaubt
Geschlossen: Ende Okt. bis Ostern
Besitzer: M. und Mme Warland

Süden

Moulin de la Camandoule

Wir bleiben bei unserer Empfehlung dieser reizvoll restaurierten Ölmühle; in letzter Zeit gibt es nur Lob für das gemütliche Landhotel der Rillas. Während der Saison ist der Mindestaufenthalt drei Tage, aber das sollte kein Problem sein.

Das Anwesen liegt in einem Gelände, das durch ein römisches Aquädukt, über das das Wasser für den Mühlenbetrieb kam, geteilt wird. Die Gebäude stammen aus dem 19. Jh. und wurden vor 30 Jahren instand gesetzt. Die Rillas (er Deutscher, sie Engländerin) kamen 1986 hierher.

Das Essen begeistert die Gäste (auch unseren Prüfer) besonders. Es wird im Sommer auf der Terrasse zum Kirschgarten hin oder am Schwimmbecken serviert, sonst im reizenden Speiseraum mit allerlei Gerätschaften aus der Mühle. Zwischen dem Eßzimmer und dem hohen Aufenthaltsraum mit Balkendecke und gemütlicher Ecke sieht man hinter Glas das alte Mühlrad. Die Zimmer sind unterschiedlich in Stil und Größe, aber alle reizend ausgestattet. Bücher, Familienbilder, frische Blumen verstärken noch die herzliche Atmosphäre.

Umgebung: Grasse (23 km) — Parfüms; Cannes (30 km)

Chemin Notre-Dame-des-Cyprès
83440 Fayence
Tel.: (04)94760084
Fax: (04)94761040
Lage: unterhalb des Dorfes, 30 km nw von Cannes; großes, eigenes Gelände
Mahlzeiten: alle
Preise: Zimmer 250-700 FF, DB&B 455-580 FF (obligatorisch von 25. März bis 15. Okt.); Frühstück 51 FF, Menü 185-265 FF

Zimmer: 10 Doppelzimmer, 8 mit Bad, 2 mit Dusche; 2 Einzelzimmer mit Dusche; alle mit TV, Telefon
Anlage: Salon mit Bar, Swimmingpool mit Bar, Barbecue
Kreditkarten: MC, V
Kinder: willkommen
Behinderte: keine speziellen Einrichtungen
Tiere: erlaubt
Geschlossen: nie
Besitzer: Wolf und Shirley Rilla

Süden

Umgebaute Mühle, Fontvieille

La Régalido

Unsere Vorliebe für die Ölmühle aus dem 19. Jh. wurde bestätigt; das Hotel (Relais & Châteaux) ist trotz eleganter Ausstattung und hoher Preise liebenswert geblieben, was vor allem der Allgegenwart und Herzlichkeit des Besitzers zu danken ist.

Das Régalido, ein Anwesen im provenzalischen Stil, wurde von Madame Michel mit viel Charme ausgestattet. Im blumengeschmückten Salon brennt an kühlen Tagen Feuer im Kamin. Im ruhigen, gewölbten Speiseraum, wo die Tische wunderschön gedeckt sind, werden Jean-Pierres vorzügliche klassische Gerichte mit provenzalischer Note (Meeresfrüchte, Oliven, Kräuter, Knoblauch) serviert. Neben Silberplatten beherrschen Terrakotta- und Schmiedeeisen das Bild.

Die Zimmer sind sehr persönlich und komfortabel, die Bäder perfekt ausgestattet. Nettes Personal, ein reizender Blumengarten und die mit Mimosen gezierte und von Feigen und Oliven beschattete Terrasse vervollständigen das Bild.

Umgebung: Abtei Montmajour; Arles; Camargue (10 km) – Flamingos, weiße Pferde; Tarascon (15 km) – Schloß

Rue Frederic-Mistral
13990 Fontvieille
Tel.: (04)90546022
Fax: (04)90546429
Lage: im Dorfzentrum, 9 km nö von Arles; Garten; großer Parkplatz
Mahlzeiten: Frühstück, Mittag- und Abendessen
Preise: Zimmer 660-1510 FF; Frühstück 98 FF, Menüs 260-410 FF
Zimmer: 15 Doppelzimmer, 12 mit Bad, 2 mit Dusche, alle mit Zentralheizung, Telefon, Minibar, Klimaanlage
Anlage: Speiseraum, 2 Salons, Bar
Kreditkarten: AE, DC, MC, V
Kinder: werden aufgenommen
Behinderte: 1 speziell ausgerüstetes Zimmer im Erdgeschoß
Tiere: zum Aufpreis erlaubt
Geschlossen: Jan.; Restaurant Mo und Di Mittag, Mo abend außerhalb der Hauptsaison
Besitzer: Jean-Pierre Michel

Süden

Ländliches Hotel, Gémenos

Relais de la Magdeleine

»Wenn es nur mehr von diesen Hotels gäbe«, heißt es in einem Bericht über dieses reizende alte *bastide*. Wir können nur zustimmen. Jeder, dem Relais & Châteaux zu teuer oder zu gewollt ist, wird dieses Anwesen schätzen. Es ist ein Familienbetrieb. Daniel Marignanes Mutter hat das Hotel 1932 eröffnet, er und seine Frau leiten es mit viel Charme und Humor; ihr Sohn hat mit großem Erfolg die Küche übernommen. Die Feuerprobe für ein Hotel ist die Reaktion der Gäste auf Mängel. So steht in einem sonst sehr lobenden Bericht: »Ein reizvoller Hauch von Schäbigkeit erhöht noch den Charme.«

Das Geheimnis des Erfolgs der Marignanes ist, daß sie einen Mittelweg gehen. Die Aufenthaltsräume sind elegant, aber sehr wohnlich, die Zimmer ebenfalls behaglich, doch die besten haben todschicke Bäder. Hier werden Erwachsene verwöhnt, aber auch Kinder fühlen sich wohl. Die Preise halten sich in dem von den meisten Urlaubern erwünschten Rahmen. In der Tat, wenn es nur mehr solche Unterkünfte gäbe!

Umgebung: Cassis (15 km) – Buchten; Massif Ste-Baume

13420 Gémenos
Tel.: (04)42322016
Fax: (04)42320226
Lage: am Stadtrand, 23 km ö von Marseille; Garten; großer Parkplatz
Mahlzeiten: Frühstück, Mittag- und Abendessen
Preise: Zimmer 395-750 FF; Menü 250 FF
Zimmer: 24 Doppelzimmer, 20 mit Bad, 4 mit Dusche (12 mit Einzelbetten); 4 Familienzimmer mit Bad; alle Zimmer mit Zentralheizung, Telefon, TV
Anlage: Salons, Speiseräume, Swimmingpool
Kreditkarten: MC, V
Kinder: werden aufgenommen
Behinderte: keine speziellen Einrichtungen
Tiere: keine
Geschlossen: Dez. bis Mitte März
Besitzer: M. und Mme Marignane

Süden

Dorfhotel, Grimaud

Le Coteau Fleuri

In unserer Kartei haben wir viel Erfreuliches über dieses reizvolle Haus, das in den Hügeln am Rand des bekannten Bergdorfes Grimaud steht und seit 1988 von Jacques Minard (früher Mas de Chatelas) betrieben wird. Der jüngste Bericht lobt vor allem die Küche (»beste Mahlzeit des Urlaubs«).

Das Haus im provenzalischen Stil ist etwa 100 Jahre alt und hat einen üppigen Garten mit Olivenbäumen und eine Blumenterrasse. Die makellos reinen Zimmer sind hübsch ausgestattet und haben schicke Bäder; die meisten sind klein, doch genießt man den Blick über die Weinberge und zu den Maures (von manchen auch auf Burgruinen und Kapelle). Die Aufenthaltsräume sind reizend und behaglich. Es gibt eine kleine Bar, einen geteilten Speiseraum (von beiden hat man Zugang zur Terrasse mit herrlichem Blick) und einen großen Salon mit gefliestem Boden und Flügel. Überall stehen frische Blumen, im Winter brennt Feuer in den Kaminen.

Das Essen ist vorzüglich – nouvelle, aber doch reichlich – und wird vom netten Personal schwungvoll angerichtet. Bei der Mousse au chocolat kommt man ins Schwärmen.
Umgebung: St-Tropez (10 km); Pampelonne (15 km)

Place des Pénitents, Grimaud
83310 Cogolin
Tel.: (04)94432017
Fax: (04)94433342
Lage: im Dorfzentrum hinter der Kapelle
Mahlzeiten: Frühstück, Mittag- und Abendessen
Preise: Zimmer 300-550 FF; Frühstück 45 FF, Menüs ab 190 FF
Zimmer: 13 Doppelzimmer, 8 mit Bad, 5 mit Dusche; 1 Familienzimmer mit Bad; alle Zimmer mit Telefon
Anlage: Salon, Bar
Kreditkarten: AE, DC, MC, V
Kinder: willkommen
Behinderte: keine speziellen Einrichtungen
Tiere: erlaubt, wenn gut erzogen
Geschlossen: 3 Wochen im Dez., 2 Wochen im Jan.; Restaurant außer Juli und Aug. Di
Besitzer: Jacline und Jacques Minard

Süden

Ländliches Hotel, Grimaud

Le Verger

»Ein Haus, das gar nicht wie ein Hotel wirkt«, meint ein Leser, der »das hübsche kleine Anwesen« schon seit Jahren kennt und sich gewundert hat, daß es nicht in unserem Führer stand. Tatsächlich haben die Zacharys ihrem Haus (seit 1987 Hotel) die private Atmosphäre bewahrt. Es ist ein typischer Bau der Provence, niedrig mit flachen Dächern und hellen Ziegeln.

»Unsere Freunde nennen die Gegend »Klein-Normandie, weil es hier so grün ist«, sagt Anne Zachary. Doch das ist nur ein positiver Aspekt. Die hohen französischen Fenster der freundlichen, neu ausgestatteten Zimmer öffnen sich auf den Rasen mit Schwimmbad. Im Sommer wird auf der teilweise überdachten Terrasse mit Blick auf Wälder und Hügel gegessen, wenn es kühl ist, vor dem offenen Kamin im Speiseraum. Der erfahrene Küchenchef M. Zachary bietet abwechslungsreiche, solide Mittelmeerküche. Und während Sie zu Abend essen, wird Ihr Bett aufgedeckt, auch das ein Service für mehr Wohlbehagen.
Umgebung: Landschaft der Provence; St-Tropez (12 km)

Route de Collobrières, 83360 Grimaud
Tel.: (04)94432593
Fax: (04)94433392
Lage: auf dem Lande 1 km w von Grimaud, an der D 14, 12 km w von St-Tropez; große Gärten, Privatparkplatz
Mahlzeiten: alle
Preise: Zimmer 500-850 FF; Frühstück 60 FF, Menüs 100-150 FF
Zimmer: 2 Einzelzimmer, eines mit Bad, eines mit Dusche; 6 Doppelzimmer, alle mit Bad; die Zimmer haben alle Telefon, TV
Anlage: Aufenthaltsraum, Speiseraum, Swimmingpool
Kreditkarten: MC, V
Kinder: erlaubt, keine speziellen Einrichtungen
Behinderte: nicht geeignet
Tiere: erlaubt
Geschlossen: Nov. bis Ostern; Restaurant auch Weihnachten und Ostern
Besitzer: Mme Zachary

Süden

Mittelalterlicher Gasthof, Haut-de-Cagnes

Le Cagnard

Der kritische Bericht eines Lesers hat uns veranlaßt, einen Prüfer in das reizvolle Hotel an den alten Befestigungsmauern des Bergdorfes zu schicken, um den Service des Restaurants (Michelin-Stern) unter die Lupe zu nehmen. Schließlich ist es teuer genug, um Erwartungen zu wecken. Zum Glück fanden wir alles in Ordnung.

Mehrere mittelalterliche Häuser wurden behutsam umgewandelt, die meisten mit Eingang zur Straße. Im Hauptgebäude gibt es einen eindrucksvollen Speiseraum mit altem Gewölbe, wo man bei Kerzenlicht diniert. Spektakulär aber ist der Speiseraum oben, der auf die Terrasse führt. Die bemalte Decke wird auf Knopfdruck weggeschoben, und man sitzt unter freiem Himmel. Die Zimmer sind unterschiedlich; die meisten wirken durch alte Steinböden und stilvolle Möblierung historisch, aber es gibt Ausnahmen. Drei Räume in einem der Häuser haben einen reizenden Garten. Die Zufahrt in einem größeren Auto ist schwierig, und zu einigen Zimmern sind die Wege (mit Gepäck) recht lang.

Umgebung: Château Grimaldi – Museum für moderne Kunst mit Renaissance-Hof; Nizza (15 km); Grasse (30 km) – Parfüms

Rue Pontis-Long, Haut-de-Cagnes, 06800 Cagnes-sur-Mer
Tel.: (04)93207321
Fax: (04)93220639
Lage: im Zentrum des Bergdorfes, 2 km über Cagnes; Parkplatz am Dorfrand
Mahlzeiten: Frühstück, Mittag- und Abendessen
Preise: Zimmer 400-1050 FF, Suiten 1300-1500 FF; Frühstück 80 FF, Menüs 300-500 FF
Zimmer: 18 Doppelzimmer, 10 Appartements, alle mit Bad, Telefon, TV, Minibar, die meisten mit Klimaanlage
Anlage: Speiseraum, Bar
Kreditkarten: AE, DC, MC, V
Kinder: willkommen
Behinderte: keine speziellen Einrichtungen
Tiere: erlaubt
Geschlossen: Restaurant Do Mittag und von Nov. bis Mitte Dez.
Besitzer: Familie Barel Laroche

Süden

Dorfgasthof, Llo

Auberge Atalaya

Der reizende, ländliche Gasthof der Toussaints ist nach wie vor beeindruckend; allerdings gibt es nur wenig Resonanz.

Llo ist ein nettes, für die Cerdagne typisches, hochgelegenes Pyrenäendorf (1450 m); das sonnige Hochplateau mit Weiden und Pinienwäldern wird als Sommer- und Winterurlaubsort geschätzt. Die Auberge mitten im Dorf ist 1969 aus einem alten Bauernhaus entstanden. Die Zimmer sind ruhig, bequem und dank der freundlichen Stoffe und Lampen gemütlich. Im ländlichen Speiseraum (mit Steinwänden und Antiquitäten) oder auf der Blumenterrasse werden heimische Spezialitäten serviert.

Umgebung: Odeillo (10 km); Font-Romeu (15 km)

Llo, 66800 Saillagouse
Tel.: (04)68047004
Fax: (04)68040129
Lage: im Dorfzentrum, 2 km ö von Saillagouse, 10 km ö von Bourg-Madame
Mahlzeiten: Frühstück, Mittag- und Abendessen
Preise: Zimmer 490-750 FF; Frühstück 60 FF, Menüs 155-195 FF
Zimmer: 12 Doppelzimmer, 10 mit Bad, 2 mit Dusche, 1 Suite; alle mit Telefon, TV, Minibar, Safe
Anlage: Salon, Bar, Speiseraum, Swimmingpool
Kreditkarten: MC, V
Kinder: willkommen, wenn gut erzogen
Behinderte: keine speziellen Einichtungen
Tiere: nur auf den Zimmern erlaubt
Geschlossen: 5. Nov. bis 20. Dez.
Besitzer: M. und Mme H. Toussaint

Süden

Château de Madières

Die prachtvoll gelegene Burg aus dem 14. Jh. hoch über der Schlucht des Flusses Vis ist seit ein paar Jahren ein 4-Sterne-Hotel. Wichtiger aber ist, daß die Restaurierung dem Bau zu neuem Leben verholfen hat. Das Haus ist nicht nur historisch interessant, sondern insgesamt unwiderstehlich.

Die Brucys haben die Burg Mitte der 80er Jahre vor dem Verfall bewahrt. 1986 war sie wiedererstanden – mit komfortablen Zimmern im Gewirr der mittelalterlichen Mauern und Gewölbe. Nicht zwei Zimmer sind gleich, doch alle haben moderne Bäder, und fast alle bieten einen herrlichen Blick. Die besten sind geräumig und reizvoll mit farbigen Stoffen, getünchten Wänden und Orientteppichen auf Steinfußböden ausgestattet. Die Attraktion aber sind die Aufenthaltsräume, ein Salon mit Galerie und mächtigem Renaissance-Kamin und der gewölbte Speiseraum mit Erker und Aussicht ins Tal. Darüber ist die Hauptterrasse.

Madame hat die Küche an Chefkoch Guy Bonafous übergeben, der sich im Oustal del Barry in Najac (S.170) einen Namen gemacht hat. Die Gault-Millau-*toque* ist geblieben.

Umgebung: Cirque de Navacelles; Grotte des Demoiselles; Ganges

Madières, 34190 Ganges
Tel.: (04)67738403
Fax: (04)67735571
Lage: auf einem Hügel mit Blick auf das Dorf; an der Kreuzung der D 48 und der D 25; schattiger Park
Mahlzeiten: Frühstück, Mittag- und Abendessen
Preise: Zimmer 585-1150 FF; Frühstück 80 FF, Menüs 195-380 FF, Kinderessen 130 FF
Zimmer: 7 Doppelzimmer (1 mit Einzelbetten),

3 Appartements, alle mit Bad, Telefon, TV, Minibar
Anlage: 3 Salons, 2 Speiseräume, Bar, 3 Terrassen; Swimmingpool, Fitneßraum
Kreditkarten: AE, MC, V
Kinder: werden aufgenommen
Behinderte: keine speziellen Einrichtungen
Tiere: erlaubt
Geschlossen: Nov. bis Ostern
Besitzer: Bernard und Françoise Brucy

Süden

Hotel auf einem Hügel, Mougins

Les Muscadins

»Wirklich köstlich«, heißt es im jüngsten Bericht, und es wird nicht klar, ob sich das aufs Essen oder auf das ganze Haus bezieht.

Vermutlich hat der Gutachter an das Hotel gedacht, denn sonst wäre er uneins mit den Kollegen vom Guide Michelin, die den Stern, den die Küche vor Jahren bekommen hat, zurückzogen. Aber das gastronomische Erdbeben in Mougins hat auch andere Häuser getroffen, Roger Vergés berühmte »Moulin« besitzt zwar noch ihre zwei Sterne, doch hat Gault-Millau die *toques* gestrichen. Man kann darüber denken, wie man will.

Stern oder nicht – Les Muscadins ist mit seinen weißen Mauern und der tropischen Vegetation ringsum einfach unwiderstehlich. Der amerikanische Besitzer Edward Bianchini hat es mit herrlichen Antiquitäten möbliert, von denen viele aus den Villen reicher Gecken stammen, die im 18. Jh. *muscadins* hießen. Die luxuriösen Zimmer – die meisten mit Blick aufs Meer - sind ganz individuell gestaltet und haben höchst elegante Bäder. Selbst die Terrasse ist edel möbliert.

Umgebung: Cannes; Grasse; Vallauris (10 km) – Picasso-Museum

18 Bd Courteline
06250 Mougins
Tel.: (04)93900043
Fax: (04)92928823
Lage: an der ö Zufahrtsstraße zum Dorf, 2 km n der A 8, 6 km n von Cannes; mit Parkplatz
Mahlzeiten: Frühstück, Mittag- und Abendessen
Preise: Zimmer 750-950 FF, Suiten 1200 FF; Frühstück 60 FF, Menüs 165-290 FF

Zimmer: 7 Doppelzimmer, 1 Suite, alle mit Zentralheizung, Klimaanlage, Telefon, TV, Minibar
Anlage: Salon, Speiseraum, Bar
Kreditkarten: AE, DC, MC, V
Kinder: willkommen
Behinderte: Zugang schwierig
Tiere: erlaubt
Geschlossen: 1 Woche im Dez., Mitte Febr. bis Mitte März
Besitzer: Edward Bianchini

Süden

Dorfgasthof, Peillon

Auberge de la Madone

»Einfach entzückend«, »phantastische Lage«, heißt es in Leserbriefen über das erstklassige Logis; in diesem Hotel verbinden sich besondere Gastlichkeit und günstige (nicht niedrige) Preise. Inzwischen haben die Millos im Dorf selbst ein zweites Haus, Auberge du Pourtail, eröffnet, wo die Zimmer preiswerter sind; gegessen wird aber im Madone.

Man glaubt, sich verfahren zu haben, wenn man zum erstenmal das Dorf Peillon erblickt, wie es an einem Felsen klebt, und obwohl es nicht den Anschein hat, geht die Straße dennoch weiter, und es lohnt sich. Hier steht die Zeit still. Das mittelalterliche Dorf besteht nur aus ein paar dunklen, gepflasterten Gassen, die zur Kirche hinaufführen.

Der Gasthof mit einer ähnlich spektakulären Aussicht liegt knapp außerhalb des von einer Mauer umgebenen Dorfes. Von hier führen Wege, vorbei an bimmelnden Schafherden, in die Berge hinauf. Davor liegen der Parkplatz und das Boule-Feld des Dorfes. Die kleinen Zimmer mit ihren winzigen Balkonen sind hübsch und bequem und haben schicke, weiße Bäder. Gegessen wird auf der angenehmen Sonnenterrasse mit großer Markise oder im gemütlichen provenzalischen Speiseraum. Das Essen ist außergewöhnlich gut (*toque* von Gault-Millau) und nicht zu teuer.
Umgebung: Monaco – Schloß, Museen, exotische Gärten

06440 Peillon-Village
Tel.: (04)93799117
Fax: (04)93799936
Lage: am Rand des Dorfes, 19 km nö von Nizza, großer Parkplatz
Mahlzeiten: Frühstück, Mittag- und Abendessen
Preise: Zimmer 460-780 FF; Frühstück 56 FF; DB&B 460-680 FF; Menüs 130-360 FF
Zimmer: 20 Doppelzimmer, 15 mit Bad, 5 mit Dusche; alle Zimmer mit Zentralheizung, Telefon, TV
Anlage: Bar, 2 Speiseräume; Tennisplatz
Kreditkarten: MC, V
Kinder: sehr willkommen
Behinderte: keine speziellen Einrichtungen
Tiere: nach Absprache erlaubt
Geschlossen: Mitte Okt. bis Mitte Dez., 2 Wochen im Jan.
Besitzer: Familie Millo

Süden

Ländliches Gästehaus, Plan-de-la-Tour

Mas des Brugassières

»Angenehme Atmosphäre, das Richtige zum Entspannen«, heißt es im jüngsten Bericht über das moderne, 1974 gebaute »Bauernhaus« inmitten von üppigen Gärten und Weinbergen. Die Zimmer (einige für Nichtraucher) haben Steinböden und ländliche Möbel; manche gehen direkt zum Garten und Schwimmbad hinaus (man lüftet sie, indem man die Tür offenläßt). Es gibt einen Wohnraum mit Bar und schlichter Einrichtung sowie großen französischen Fenstern, doch von Ostern bis Oktober sitzt man die meiste Zeit draußen. Am Pool kann man frühstücken, aber in der Hauptsaison auch einen kleinen Imbiß bekommen.

Umgebung: Ste-Maxime – Badestrand; Port-Grimaud (15 km)

Plan-de-la-Tour
83120 Ste-Maxime
Tel.: (04)94437242
Fax: (04)94430020
Lage: in offener Landschaft, 8 km nw von Ste-Maxime; Gärten; großer Parkplatz
Mahlzeiten: Frühstück
Preise: Zimmer 420-550 FF; Frühstück 40 FF
Zimmer: 14 Doppelzimmer mit Bad und Dusche (5 mit Einzelbetten), Zentralheizung, Telefon

Anlage: Salon/Bar, Swimmingpool, Tennis
Kreditkarten: MC, V
Kinder: werden aufgenommen
Behinderte: Zimmer im Erdgeschoß
Tiere: Hunde bei 60 FF Aufpreis erlaubt
Geschlossen: Nov. bis Mitte März
Besitzer: Steve und Annick Geffine

Süden

Gasthof, Le Pontet

Auberge de Cassagne

Obwohl der typisch provenzalische Gasthof in einem grünen Vorort von Avignon für diesen Führer zu groß ist, entspricht er genau unseren Vorstellungen. Allerdings sind weitere Berichte willkommen.

Das reizende Haus aus dem 18. Jh. liegt in einem wunderschönen Garten. Es gibt viel Platz zum Entspannen: einen Swimmingpool, die von Platanen beschattete Terrasse, gepflegte Rasenflächen, gepflasterte Höfe, an denen die ruhigen Zimmer im Bungalowstil liegen; sie sind mit hübschen provenzalischen Möbeln, farbigen Stoffen und modernem Komfort ausgestattet. Weitere Zimmer gibt es im Hauptgebäude, ebenso einen behaglichen Salon. Vom hohen Speiseraum mit Balkendecke und französischen Fenstern blickt man über den Garten.

Als Philippe Boucher hierher kam, galt er als ein Schüler von Paul Bocuse und Georges Blanc; jetzt genießt er selbst einen guten Ruf (Michelin-Stern und zwei Gault-Millau-*toques*).
Umgebung: Avignon – Palais des Papes, Pont St-Bénèzet

84130 Le Pontet-Avignon
Tel.: (04)90310418
Fax: (04)90322509
Lage: in Vorort von Avignon, 4 km nw des Zentrums, 3 km w der A 7; mit Gärten
Mahlzeiten: Frühstück, Mittag- und Abendessen
Preise: Zimmer 490-1180 FF; Menüs 230-460 FF, Kinderessen 110 FF
Zimmer: 27 Doppelzimmer; alle mit Bad oder Dusche; 5 Familienzimmer mit Bad;

alle mit Telefon, TV, Minibar, Safe, Klimaanlage
Anlage: Speiseraum, 2 Salons, Bar, Swimmingpool
Kreditkarten: AE, DC, MC, V
Kinder: willkommen
Behinderte: keine speziellen Einrichtungen
Tiere: zu 60 FF Aufpreis erlaubt
Geschlossen: nie
Besitzer: Jean-Michel Gallon, Philippe Boucher, André Trestour

Süden

Landhaushotel, Reillanne

Auberge de Reillanne

Wir bekommen nur wenige Berichte über dieses reizvolle alte Haus, aber alle sind positiv, manche sogar begeistert. Maurice Bellaiche, der die ländliche Auberge vor fünf Jahren übernommen hat, ist inzwischen fest etabliert.

Trotz des herrschaftlichen Gebäudes (vorwiegend 18. Jh., manches aus dem 12. Jh.) ist das Hotel nicht hochgestochen. Das friedliche, von Feldern umgebene Haus (mit Blick auf das Lubéron-Massiv) wirkt sehr privat und ist sparsam, aber höchst stilvoll und individuell möbliert. In den sieben großen Zimmern mit Balkendecken ersetzen Bücherschränke Radio und Fernsehen. Im Speiseraum sorgen Bilder und Skulpturen für viel Atmosphäre.

Maurice Bellaiche, »höchst einfallsreicher Hobbykoch«, kümmert sich auch um die Küche, aus der einfache, unverfälschte Gerichte kommen. Berichte willkommen.

Umgebung: Lubéron-Park – markierte Wege; St-Michel (10 km) – Observatorium; Aix-en-Provence (70 km); Avignon (80 km)

04110 Reillanne
Tel.: (04)92764595
Lage: in offener Landschaft, 1 km vom Dorf entfernt, 19 km sw von Forcalquier; im Garten mit Parkplatz
Mahlzeiten: Frühstück, Abendessen
Preise: Zimmer 270-370 FF; DB&B 370 FF; Frühstück 45 FF, Menüs 135-180 FF
Zimmer: 5 Doppelzimmer (2 mit Einzelbetten), 2 Familienzimmer, alle Zimmer mit Bad, Zentralheizung, Telefon, Minibar
Anlage: Salon, 2 Speiseräume
Kreditkarten: MC, V
Kinder: willkommen
Behinderte: keine speziellen Einrichtungen
Tiere: willkommen, wenn gut erzogen
Geschlossen: nie
Besitzer: Maurice Bellaiche

Süden

Ländliches Hotel, Roquefort-les-Pins

Auberge du Colombier

In diesem reizenden provenzalischen Hotel gibt es tatsächlich Zimmer für 160 FF pro Nacht; doch das sind Einzelzimmer nach vorne hinaus und im Winter. Ob Sie die Doppelzimmer mit Gartenterrasse für 600-700 FF im Sommer teuer finden, hängt auch vom Wetter ab. Die Zimmer sind relativ einfach, Garten und Pool aber wunderbar.

Das alte, niedrige, weiße Landhaus (*mas*), dessen größter Bonus die Lage zwischen hohen Bäumen mit Blick auf Hügel bis zum Meer ist, hat herrliche Außenanlagen. Im Sommer wird auf der hübschen Terrasse gegessen, es gibt einen Tennisplatz, viel Platz am Swimmingpool. Schlechtwetterstunden verbringt man im angenehmen, ländlichen Salon.

Wir haben keine neueren Berichte über die Küche, aber das Frühstück ist gut. Von hier aus kommt man gut zu den Sehenswürdigkeiten der Côte d'Azur, obwohl die Versuchung hierzubleiben groß ist; die Wolffs und ihr Personal sind liebenswerte Gastgeber.

Umgebung: St-Paul (10 km); Grasse – Parfümherstellung

06330 Roquefort-les-Pins
Tel.: (04)93771027
Fax: (04)93770703
Lage: in offener Landschaft unweit der D 2085, 15 km ö von Grasse, 18 km n von Cannes; großer Garten
Mahlzeiten: Frühstück, Mittag- und Abendessen
Preise: Zimmer 160-650 FF, Appartements 450-800 FF; Frühstück 50 FF, Menüs 125-190 FF
Zimmer: 18 Doppelzimmer, 2 Appartements, alle mit Bad, Telefon, TV
Anlage: 2 Speiseräume, Salon, Bar, Konferenzraum, Swimmingpool, Tennisplatz, privater Nachtclub
Kreditkarten: AE, DC, MC, V
Kinder: werden aufgenommen
Behinderte: keine speziellen Einrichtungen
Tiere: erlaubt
Geschlossen: Jan.
Besitzer: M. Wolff

Süden

Ländliche Villa, Roussillon

Mas de Garrigon

»Wir kamen unangemeldet und wurden herzlich aufgenommen; das Zimmer im provenzalischen Stil war bequem und gut ausgestattet, der Pool himmlisch nach der langen Fahrt, die Gegend reizvoll; wir bekamen köstliches Essen, große Auswahl und reichliche Portionen«, heißt es in einem Bericht. Der ausführliche Eintrag hat also seinen Grund.

Das ockerfarbene Haus der Rech-Druarts stammt aus den späten 70er Jahren; dabei sieht es mit den vielen Ziegeldächern und Anbauten wie ein über Jahre entstandenes procenzalisches Bauernhaus aus. Es steht einsam zwischen Pinien und Buschwerk mit Blick auf die Lubéron-Berge. Vor dem Haus liegt ein hübscher Swimmingpool, von dem man wie von den Zimmerbalkonen die Aussicht genießt. Die Zimmer sind zurückhaltend modern.

Im Hotel geht es sehr privat zu. Die Gäste können die große Bibliothek benutzen, im behaglichen Salon Musik hören (im Winter vor dem offenen Kamin). Sylvain Bourlet ist jetzt der Chefkoch, doch Mme Rech-Druart kümmert sich weiterhin um den Speiseplan und macht die täglichen Einkäufe.

Umgebung: Gordes (7 km) – Schloß; Village des Bories (5 km)

Rte de St-Saturnin d'Apt, Roussillon
84220 Gordes
Tel.: (04)90056322
Fax: (04)90057001
Lage: in offener Landschaft an der D 2, 3 km n von Roussillon, 7 km ö von Gordes
Mahlzeiten: Frühstück, Mittag- und Abendessen
Preise: Zimmer 590-960 FF; Frühstück 85 FF, Menüs 185-330 FF
Zimmer: 7 Doppelzimmer, 2 Familienzimmer, alle mit Bad, Telefon, TV, Terrasse
Anlage: 3 Speiseräume, Bar, Bibliothek, Salon, Pool
Kreditkarten: AE, DC, V
Kinder: Ältere werden aufgenommen, wenn gut erzogen
Behinderte: Zimmer im Erdgeschoß
Tiere: nach Absprache
Geschlossen: Mitte Nov. bis März; Restaurant Mo
Besitzerin: Mme Christiane Rech-Druart

Süden

Ländliche Villa, St-Paul-de-Vence

Le Hameau

Wenn Leser regelmäßig berichten, daß sie hier länger geblieben sind als vorgesehen, ist das eine gute Empfehlung. Le Hameau ist nicht nur einladend, sondern auch preiswert.

St-Paul-de-Vence ist ein sehr schön erhaltenes Bergdorf. Von den Festungsmauern, die sich über Terrassen mit Weinreben und Bougainvilleen erheben, sieht man die Alpes-Maritimes. In den alten Straßen gibt es Galerien, Werkstätten und schicke Boutiquen. Unter den wenigen Hotels ist dieses eins der angenehmsten; ein liebenswürdiges junges Paar leitet das ungewöhnlich stilvolle, ruhige Haus.

Mehrere provenzalische Villen mit roten Dächern bilden den von Orangen-, Zitronen- und Obstbäumen umgebenen Hotelkomplex. Die Zimmer sind ländlich mit Balken, dunklen Möbeln und Teppichen auf roten Steinböden; Größe und Preise sind unterschiedlich; einige haben eine eigene Terrasse. Der kühle, saubere Frühstücksraum wird selten benutzt, das schönste hier ist nämlich das Frühstück mit selbstgemachter Marmelade im großen Terrassengarten, in dem es auch einen kleinen, aber reizenden Pool gibt.

Umgebung: Maeght Foundation – zeitgenössische Kunst; Cagnes-sur-Mer (5 km); Nizza (15 km); Grasse (25 km) – Parfümherstellung

528 Rte de la Colle
06570 St-Paul-de-Vence
Tel.: (04)93328024
Fax: (04)93325575
Lage: 1 km außerhalb des Dorfes, 20 km entfernt von Nizza; Garten, Parkplatz
Mahlzeiten: Frühstück
Preise: Zimmer 400-620 FF, Suiten 720 FF; Frühstück 52 FF
Zimmer: 11 Doppelzimmer, 1 Einzelzimmer, 3 Suiten, alle mit Bad oder Dusche; 1 Kinderzimmer; alle mit Telefon, Minibar, Klimaanlage, Safe
Anlage: Salon, Swimmingpool
Kreditkarten: AE, MC, V
Kinder: willkommen, wenn gut erzogen
Behinderte: keine speziellen Einrichtungen
Tiere: erlaubt, falls gut erzogen
Geschlossen: 15. Nov. bis 24. Dez.; Mitte Jan. bis Mitte Febr.
Besitzer: Xavier Huvelin

Süden

Schloßhotel, St-Rémy-de-Provence

Château de Roussan

Familie McHugo, die das schöne Anwesen vor einigen Jahren übernommen hat, hat inzwischen die notwendig gewordene Renovierung (z.B. der Küche) hinter sich. Doch die private Atmosphäre, die schon von der Familie Roussel gepflegt wurde, blieb erhalten.

Das Schloß ist vom Enkel des Nostradamus (Astrologe der Katharina von Medici) zu Beginn des 18. Jh. erbaut worden. Eine prächtige Baumreihe führt zu dem reizvollen, cremefarbenen Gebäude. Die Räume sind mit Antiquitäten geschmackvoll eingerichtet, die Zimmer unterschiedlich groß, aber alle stilvoll ausgestattet (die Bäder sind modern). Das Ganze hat viel Atmosphäre. Im ältesten Teil des Hauses gibt es eine etwas steife Bibliothek (Salon); im Frühstücksraum mit Gewölbe steht ein Fernseher.

Mahlzeiten und Drinks nimmt man auf der Terrasse ein. Im reizvollen Landschaftspark gibt es viele lauschige Ecken – mit Blick auf einen Springbrunnen oder auf das Bauernhaus aus dem 16. Jh., das Nostradamus selbst gehörte.

Umgebung: Tarascon (15 km) – Schloß; Avignon (30 km); Arles (30 km) und die Camargue

Rte de Tarascon
13210 St-Rémy-de-Provence
Tel.: (04)90921163
Fax: (04)90925059
Lage: in offener Landschaft, 2 km w der Stadt; großer Park; großer Parkplatz
Mahlzeiten: Frühstück, Abendessen
Preise: Zimmer 360-750 FF; Menüs 75-135 FF
Zimmer: 21 Doppelzimmer (7 mit Einzelbetten), 17 mit Bad, 4 mit Dusche, alle mit Zentralheizung, Telefon
Anlage: TV-Zimmer, Bibliothek
Kreditkarten: AE, MC, V
Kinder: willkommen
Behinderte: 1 Erdgeschoßzimmer
Tiere: erlaubt
Geschlossen: nie
Besitzer: Judy und Brian McHugo

Süden

Stadthotel, St-Tropez

La Ponche

Sie glauben vielleicht, St-Tropez sei nicht die richtige Stadt für diesen Führer, aber La Ponche ist das richtige Hotel – das hat unser letzter Besuch bestätigt.

Das an einem winzigen Platz mit Blick auf den Fischerhafen und den kleinen Strand von La Ponche gelegene Hotel besteht aus mehreren Häusern des 17. Jh. und wirkt anspruchsvoll und freundlich zugleich. 1937 eröffnete Margerite Barbier ihre Fischerkneipe; ihre Tochter, Simone Duckstein, machte daraus nach und nach ein stilvolles, sehr persönliches 4-Sterne-Hotel. An den Wänden hängen Bilder ihres ersten Mannes.

Man ißt auf der Terrasse und sieht über den kleinen Platz aufs Meer oder speist in einem der Innenräume, etwa im gemütlichen und doch anspruchsvollen Speiseraum. Die Küche (vor allem Meeresfrüchte) ist ausgezeichnet. Die Zimmer sind einladend und komfortabel, viele wurden kürzlich neu ausgestattet und überzeugen durch schöne Farben und elegante Bäder. In Sommernächten muß man, so vermuten wir, die gut isolierten Fenster wegen des Straßenlärms geschlossen halten und die Klimaanlage einschalten. Leider!

Umgebung: Strände – La Bouillabaisse (1 km); Tahiti (4 km)

3 Rue des Remparts, 83990 St-Tropez
Tel.: (04)94970253
Fax: (04)94977861
Lage: im Herzen der Altstadt mit Blick auf Port des Pêcheurs; Privatgaragen
Mahlzeiten: Frühstück, Mittag- und Abendessen
Preise: Zimmer 500-1700 FF, Suiten 1100-2300 FF; Frühstück 60 FF, Mittagessen 120 FF, Abendessen ab 180 FF
Zimmer: 11 Doppelzimmer

mit Bad; 2 Familienzimmer mit Bad; 2 Appartements; 3 Suiten; alle mit Klimaanlage, Telefon, TV, Minibar
Anlage: TV-Zimmer, Bar, 2 Speiseräume
Kreditkarten: AE, MC, V
Kinder: werden aufgenommen
Behinderte: Zugang schwierig
Tiere: erlaubt
Geschlossen: Ende Okt. bis Ende März
Besitzerin: Mme Barbier

Süden

Strandhotel, Les Stes-Maries-de-la-Mer

Mas de la Fouque

Angesichts der Preise ist es verständlich, daß wir über dieses zwanglose, aber sehr exklusive Haus an der Lagune ganz in der Nähe des Hauptbadeorts der Camargue nur selten Berichte bekommen. Doch die jüngste Prüfung hat die Reize dieses schönen, friedlichen Hotels bestätigt. Hinzu kommen die berühmten weißen Wildpferde der Camargue. Alle Räume sind chic eingerichtet: weiße Wände, gefliste Böden, Holzdecken. Die Zimmer mit Privatterrassen über der Lagune sind der Inbegriff des Komforts. Trotz 4-Sterne-Luxus ist das Hotel ein Familienbetrieb mit freundlicher, entspannter Atmosphäre. Die Küche (der Region) ist ausgezeichnet, alles wird elegant angerichtet; Gemüse und Kräuter kommen aus dem Garten.

Umgebung: Camargue; Aigues-Mortes (25 km); Arles (38 km)

Rte du Petit Rhône, 13460 Les Stes-Maries-de-la-Mer
Tel.: (04)90978102
Fax: (04)90979684
Lage: Camargue, 4 km nw von Les Stes-Maries-de-la-Mer
Mahlzeiten: Frühstück, Mittag- und Abendessen
Preise: Zimmer 980-2020 FF; Mittagessen 170-235 FF, Abendessen 235-395 FF
Zimmer: 10 Doppelzimmer mit Bad und Terrasse (4 mit Einzelbetten); 1 Familienzimmer und 2 Suiten mit Whirlpool, Bad und Dusche; alle mit TV, Telefon, Klimaanlage
Anlage: 2 Salons, Bar, Tennis, Swimmingpool, Putting-Green
Kreditkarten: AE, DC, MC, V
Kinder: willkommen, wenn gut erzogen
Behinderte: Zugang leicht, da alles im Erdgeschoß
Tiere: Hunde erlaubt
Geschlossen: 2. Nov. bis 25. März
Besitzer: Jean-Paul Cochat

Süden

Dörfliches Landhaus, Seillans

Hôtel des Deux Rocs

Zu diesem einladenden Hotel in einem berühmten Bergdorf gehen, nachdem es in den 80er Jahren sehr gefragt war, in den letzten Jahren kaum noch Leserbriefe ein. Weitere Informationen wären also willkommen.

Die Lage der Villa aus dem 18. Jh. gleich vor den mittelalterlichen Mauern ist immer noch eine ihrer Hauptattraktionen. Parken kann ein Problem sein, doch was bedeutet das schon angesichts eines Frühstücks oder Dämmerschoppens auf dem kleinen, gepflasterten Platz neben dem Brunnen – mit Blick über das grüne Tal.

Das Haus hat zwei behagliche Salons mit Bar und einen langen Speiseraum in Holz und Stein. Hier wird traditionell, aber vorzüglich gekocht. Größe und Ausstattung der Zimmer sind unterschiedlich. Die nach hinten gelegenen sind etwas eng, die vorderen aber wirken dank der schönen Farben freundlich und weit. Die dynamische Mme Hirsch ist überall und achtet auf peinliche Sauberkeit und gepflegte Wäsche. Beim Abendessen nimmt sie die Bestellungen auf; sie gibt auch Ratschläge für Ausflüge.

Umgebung: Lac de Saint Cassien (15 km); Gorges du Verdon (40 km); Grasse 32 km); Cannes (47 km)

Place Font d'Amont
83440 Seillans
Tel.: (04)94768732
Fax: (04)94768868
Lage: am höchsten Punkt eines kleinen Dorfes, 30 km w von Grasse; Terrasse
Mahlzeiten: Frühstück, Mittag- und Abendessen
Preise: Zimmer 260-520 FF; Frühstück 43 FF, DB&B 310-440 FF; Menüs 140-210 FF
Zimmer: 15 Doppelzimmer (5 mit Einzelbetten) mit Bad

oder Dusche, Zentralheizung, Telefon, Minibar
Anlage: Speiseraum, Bar, Salon
Kreditkarten: MC, V
Kinder: werden aufgenommen
Behinderte: keine speziellen Einrichtungen
Tiere: Hunde erlaubt, nicht aber im Speiseraum
Geschlossen: Nov. bis Mitte März
Besitzerin: Mme Hirsch

Süden

Château de Trigance

Seit mehr als 20 Jahren führen Jean-Claude Thomas und seine Frau jetzt das prächtige, komfortable Hotel, das einsam auf den Kalksteinhügeln um die wilden Gorges du Verdon thront; doch es scheint ihnen immer noch Spaß zu machen. Trigance ist in einer Gegend mit wenigen Dörfern und noch weniger Hotels eine freundliche Oase. Der junge Küchenchef Philippe Joffroy ist ein weiterer Pluspunkt.

Bei der Ankunft schaut man verblüfft nach oben. Ist diese Festung wirklich ein Hotel? Und wie gelangt man hinauf? Man muß über steile Felstreppen nach oben klettern, und dann befindet man sich in einer mittelalterlichen Welt. Stein für Stein hat M. Thomas die Burg aus dem 11. Jh. (die den Dorfbewohnern lange als Steinbruch diente) restauriert. Gern zeigt er Gästen Fotos vom früheren Zustand. Der eindrucksvolle gewölbte Speiseraum im Kerzenlicht und der Salon darunter haben keine Fenster, aber viel Atmosphäre; die Möbel sind mittelalterlich. Ähnlich wirken auch die teilweise in den Fels gebauten Zimmer, die mit Himmelbetten, alten Möbeln, Gobelins und Flaggen ausgestattet sind. Von den Fenstern genießt man einen herrlichen Blick.
Umgebung: Schlucht von Verdon

83840 Trigance
Tel.: (04)94769118
Fax: (04)94856899
Lage: über einem kleinen Dorf, 10 km nw von Comps-sur-Artuby; Terrasse; Privatparkplatz
Mahlzeiten: Frühstück, Mittag- und Abendessen
Preise: Zimmer 550-750 FF, Suiten 900 FF; Menüs 200-360 FF
Zimmer: 8 Doppelzimmer

mit Bad, 2 Suiten, alle Zimmer mit Zentralheizung, Telefon, TV
Anlage: Speiseraum, Salon
Kreditkarten: AE, DC, MC, V
Kinder: willkommen
Behinderte: Zugang äußerst schwierig
Tiere: erlaubt
Geschlossen: Nov. bis Mitte März
Besitzer: Jean-Claude Thomas

Süden

Dorfgasthof, Vallon-Pont-d'Arc

Le Manoir du Raveyron

Das Haus ist nicht so herrschaftlich, wie der Name sagt, doch Dorfgasthöfe wie diese bilden das Rückgrat der französischen Hotellerie. Das schlichte Logis mit offenen Kaminen bietet ausreichende Ausstattung, Herzlichkeit und gutes, gesundes Essen zu bescheidenen Preisen. Sonntags ist es hier zum Brechen voll mit Familien aus der Umgebung. Gegenüber liegt leider ein häßlicher Bau; doch die Umgebung wirkt nicht störend, weil das alte Steinhaus von der Straße durch ein Tor und einen großen Garten mit Bäumen und Hof getrennt ist. Wir bekommen zufriedene Berichte von hier; weitere sind willkommen.

Umgebung: Gorges de l'Ardèche; Pont d'Arc (5 km); Marzal (20 km)

Rue Henri Barbusse
07150 Vallon-Pont-d'Arc
Tel.: (04)75880359
Fax: (04)75371112
Lage: im Dorf an der D 579, 33 km s von Aubenas, 51 km nö von Alés; Garten und Parkplatz
Mahlzeiten: Frühstück, Mittag- und Abendessen
Preise: Zimmer 175-275 FF; Menüs 98-220 FF, Kinderteller 42 FF
Zimmer: 15 Doppelzimmer, 1 Einzelzimmer, alle mit Dusche, Zentralheizung
Anlage: Speiseraum, Salon/Bar
Kreditkarten: MC, V
Kinder: willkommen
Behinderte: keine speziellen Einrichtungen
Tiere: erlaubt
Geschlossen: 15. Okt. bis 15. März
Besitzer: M. Bourdat und M. Gauthier

Süden

Umgebaute Burg, Les Arcs

Le Logis du Guetteur

Die Festung aus dem 11. Jh. wirkt noch fast so, wie sie vor 900 Jahren ausgesehen haben muß. Die modernen Zimmer sind ruhig; wunderbare Aussicht, hübscher Swimmingpool. Das Beste aber sind die klassischen Gerichte im Kellerrestaurant oder auf der Terrasse.

■ Place du Château, 83460 Les Arcs (Var) **Tel.:** (04)94733082 **Fax:** (04)94733995 **Mahlzeiten:** Frühstück, Mittag- und Abendessen **Preise:** Zimmer 450 FF; Frühstück 48 FF, Menüs 135-280 FF **Zimmer:** 11, alle mit Bad oder Dusche, Zentralheizung **Kreditkarten:** AE, DC, MC, V **Geschlossen:** Mitte Jan. bis Mitte Febr.

Strandhotel, Argelès-sur-Mer

Le Cottage

Der begeisterte Bericht eines Lesers hat zur Wiederaufnahme des offenbar verschönerten Hauses geführt: »Wir fahren wieder hin. Helle, schlichte Zimmer, elegante, kreative, köstliche Mahlzeiten.« Hübscher Garten mit Pool.

■ 21 Rue Arthur-Rimbaud, 66700 Argelès-sur-Mer (Pyrénées-Orientales) **Tel.:** (04)68810733 **Fax:** (04)68815969 **Mahlzeiten:** Frühstück, Mittag- und Abendessen **Preise:** Zimmer 290-520 FF; Frühstück 50 FF, Mittagessen 80 FF, Menüs 150-270 FF **Zimmer:** 32 (1 Suite), alle mit Zentralheizung, Telefon; Sat-TV, Fön, Safe **Kreditkarten:** MC, V **Geschlossen:** Nov. bis Ende März

---

Ländliches Hotel, Auribeau

Auberge de la Vignette Haute

Das ungewöhnliche Hotel ist seit dem verheerenden Brand von 1986 neu gebaut worden, wirkt aber wie ein ehrwürdiges Bauernhaus mit schönen, ländlichen Antiquitäten. Geräumige, individuelle Zimmer. Schwimmbad. Für Partys beliebt, an Wochenenden deshalb unruhig.

■ 06810 Auribeau (Alpes-Maritimes) **Tel.:** (04)93422001 **Fax:** (04)93423116 **Mahlzeiten:** Frühstück, Mittag- und Abendessen **Preise:** Zimmer 750-1900 FF; Frühstück 80-110 FF, Mittagessen 160-350, Menüs 360-510 FF (Drinks inbegriffen) **Zimmer:** 12, alle mit Bad, Zentralheizung, Telefon, TV, Radio, Minibar **Kreditkarten:** AE, MC, V **Geschlossen:** nie; Restaurant Mitte Nov. bis Mitte Dez.

Ländliches Hotel, Baix

Hostellerie La Cardinale

Geburtsstätte der Kette Relais & Châteaux; dank des neuen Küchenchefs wieder zum Leben erweckt. Ein herrlich einladendes altes Haus mit vier schönen Zimmern; alles andere, darunter ein Pool, sind 3 km entfernt im Résidence.

■ Quai du Rhône, 07210 Baix (Ardèche) **Tel.:** (04)75858040 **Fax:** (04)75858207 **Mahlzeiten:** Frühstück, Mittag- und Abendessen **Preise:** Zimmer 700-1200 FF; Suite 1500-1800 FF; Frühstück 100 FF **Zimmer:** 14, alle mit Bad oder Dusche, Klimaanlage, TV, Telefon, Minibar **Kreditkarten:** AE, DC, V **Geschlossen:** Jan. bis Mitte März

Süden

Dorfhotel, Le Barroux

Les Géraniums

Eine schlichte, friedliche Auberge wie diese ist heute eine Seltenheit. Es gibt komfortable, ländliche Zimmer mit schicken Bädern
(manche Zwischenwände sind recht dünn) und einem hübschen,
luftigen Speiseraum. Das Essen aus heimischen Produkten ist nicht
extravagant, aber »ausgezeichnet«. Günstige Preise.

Le Barroux, 84330 Caromb (Vaucluse) **Tel.:** (04)90624108 **Fax:**
(04)90625648 **Mahlzeiten:** Frühstück, Mittag- und Abendessen **Preise:**
Zimmer 210-250 FF; Frühstück 35 FF, Menüs 80-250 FF **Zimmer:** 20, alle
mit Bad oder Dusche, Zentralheizung, Telefon **Kreditkarten:** AE, DC, MC,
V **Geschlossen:** Restaurant Jan. bis Mitte Febr.

Ländlicher Gasthof, Les Baux-de-Provence

Auberge de la Benvengudo

Das von Kletterpflanzen umrankte Hotel der Familie Beaupied
bleibt unwiderstehlich und ist preiswerter als die meisten in dieser
Gegend. Räume wie in einem privaten Landhaus: gemütlicher
Wohnraum, intimer Speiseraum, Zimmer mit hübschen Vorhängen. Pool, an dem leichte Mahlzeiten serviert werden. Tennis.

■ Vallon de l'Arcoule, 13520 Les Baux-de-Provence (Bouches-du-Rhône)
Tel.: (04)90543254 **Fax:** (04)90544258 **Mahlzeiten:** Frühstück, Mittag-
und Abendessen **Preise:** Zimmer 520-670 FF, Suiten 800-930 FF (Preis-
nachlässe im Febr., März und Okt.); Menüs 240 FF **Zimmer:** 20, alle mit
Bad, Zentralheizung, Klimaanlage, Telefon, TV, Safe **Kreditkarten:** AE,
MC, V **Geschlossen:** Nov. bis Mitte Febr.; Restaurant So

Umgebaute Mühle, Les Beaumettes

Le Moulin Blanc

Reizvolle (nicht gerade preiswerte) Bleibe für längeren Aufenthalt;
weite Rasenflächen, hübsches Schwimmbad. Große, relativ
schmucklose Zimmer mit schönen Antiquitäten. Heller, hoher
Speiseraum, Salon mit steinernem Gewölbe und Teppichen auf
dem blankpolierten Boden. Ausgezeichnete klassische Küche.

■ Les Beaumettes, 84220 Gordes (Vaucluse) **Tel.:** (04)90723450
Fax: (04)90722541 **Mahlzeiten:** Frühstück, Mittag- und Abendessen
Preise: Zimmer 450-920 FF; Frühstück 60 FF, Menüs 160-250 FF
Zimmer: 18, alle mit Bad, Telefon, TV, Radiowecker, Minibar; manche
Zimmer mit Terrasse **Kreditkarten:** AE, DC, MC, V **Geschlossen:** nie

---

Strandhotel, Cap d'Antibes

La Gardiole

Es gibt gegensätzliche Berichte über das für diese exklusive
Gegend bescheidene rosa Hotel. Schlicht, aber praktisch eingerichtet (dunkle Holzstühle und Teppiche auf blanken Fliesen),
freundliche Aufnahme; Regionalküche (»nicht billig, aber gut«).

■ Chemin de la Garoupe, 06600 Cap d'Antibes (Alpes-Maritimes)
Tel.: (04)93613503 **Fax:** (04)93676187 **Mahlzeiten:** Frühstück, Mittag-
und Abendessen **Preise:** Zimmer 420-650 FF; Menüs 99-175 FF
Zimmer: 21, alle mit Bad oder Dusche, Klimaanlage, Telefon, Safe, TV auf
Wunsch **Kreditkarten:** AE, DC, MC, V **Geschlossen:** Nov. bis Febr.

Süden

Domaine d'Auriac

Ein Landhaus zum Erholen mit vielen Attraktionen im Freien: Golf und Tennis vor der Haustür, Swimmingpool mit gepflegten Gärten ringsum, Terrasse mit herrlicher Aussicht. Auch im Innern ist alles komfortabel (Relais & Châteaux).

■ Route de Saint-Hilaire, 11009 Carcassonne (Aude) **Tel.:** (04)68257222 **Fax:** (04)68473554 **Mahlzeiten:** Frühstück, Mittag- und Abendessen **Preise:** Zimmer 700-1300 FF; Frühstück 80 FF; Menüs 180-350 FF **Zimmer:** 25, alle mit Bad oder Dusche, Zentralheizung, Telefon, TV, Minibar **Kreditkarten:** AE, DC, MC, V **Geschlossen:** 8. Jan. bis 2. Febr.; Restaurant So, Mo Mittag außerhalb der Saison

---

Le Mas Trilles

Zwei sehr positive Berichte liegen uns vor. Gelobt wurden die herrliche Lage und die herzliche Gastlichkeit. Einfache, stilvolle Möblierung der geräumigen Zimmer. Üppiger Garten mit Schwimmbecken. Abgeschlossener Parkplatz.

■ Le Pont de Reynès, 66400 Céret (Pyrénées-Orientales) **Tel.:** (04)68873837 **Fax:** (04)68874262 **Mahlzeiten:** Frühstück, Abendessen **Preise:** Zimmer 440-975 FF; Frühstück 65 FF, Menüs 180-220 FF **Zimmer:** 10, alle mit Bad, Zentralheizung, Telefon, TV **Kreditkarten:** AE, MC, V **Geschlossen:** Nov. bis Ende März

---

Lou Calen

Das schönste sind der schattige Garten, die Speiseterrasse und der Pool; hübsches Haus mit Fensterläden am manchmal lauten Dorfplatz. Ausstattung mit antiken und ländlichen Möbeln. Unterschiedlich große und teure Zimmer. Einfache, herzhafte Küche.

■ 1 Cours Gambetta, 83850 Cotignac (Var) **Tel.:** (04)94046040 **Fax:** (04)94047664 **Mahlzeiten:** Frühstück, Mittag- und Abendessen **Preise:** Zimmer 300-550 FF; DB&B 480-730 FF; VP 620-870 FF (Ermäßigung für 2); Menüs 105-245 FF **Zimmer:** 16, alle mit Bad oder Dusche, Zentralheizung, Telefon, TV **Kreditkarten:** AE, DC, MC, V **Geschlossen:** Jan. bis Ende März; Restaurant Mi, außer Juli und Aug.

Mas de la Brune

Das prachtvolle, denkmalgeschützte Renaissance-Anwesen ist ein typisch provençalisches Landhaus. Im Sommer ißt man auf der Terrasse mit Blick über den Park. Speiseraum und Salon haben Steingewölbe; die Zimmer sind sorgfältig mit farbenfrohen Stoffen ausgestattet. Seit kurzem neue Besitzer. Hinweise erwünscht.

■ 13810 Eygalières-en-Provence (Bouches-du Rhône) **Tel.:** (04) 90959077 **Fax:** (04)90959921 **Mahlzeiten:** Frühstück, Mittag- und Abendessen **Preise:** DB&B 845-1025 FF inkl. Aperitif, Wein und Kaffee **Zimmer:** 10 mit Bad, Zentralheizung, Klimaanlage, Telefon, TV, Minibar, Fön, Safe **Kreditkarten:** MC, V **Geschlossen:** Jan.-März

Süden

Strandhotel, Eze

Château Eza

Von diesem Luxushotel über dem mittelalterlichen Dorf Eze genießt man einen herrlichen Ausblick. Prachtvolle Zimmer und Suiten mit kostbaren Antiquitäten und Marmorbädern. Italienisch und provenzalisch beeinflußtes Essen im verglasten Speiseraum.

■ Rue de la Pise, 06360 Eze (Alpes-Maritimes) **Tel.:** (04)93411224 **Fax:** (04)93411664 **Mahlzeiten:** Frühstück, Mittag- und Abendessen **Preise:** Zimmer 2000-3000 FF, Suiten 2500-3500 FF; Mittagessen 250 FF (inkl. Wein und Kaffee), Menüs 350-490 FF **Zimmer:** 10, alle mit Bad, Zentralheizung, Klimaanlage, Telefon, TV, Radio, Minibar, Fön, Videorecorder **Kreditkarten:** AE, DC, MC, V **Geschlossen:** Nov. bis Anfang April

---

Landhotel, La Favède

A l'Auberge Cévenole

Umgeben von Hügeln, liegt das Haus, eine stark ausgebaute Villa aus den 50er Jahren, mit einem großartigen Garten, lauschigen Ecken und einem nicht geheizten Schwimmbad mittlerer Größe, in einer friedlichen und reizvollen Landschaft. Einfache bis sehr komfortable Zimmer und Bäder.

■ La Favède, 30110 Les Salles-du-Gardon (Gard) **Tel.:** (04)66341213 **Fax:** (04)66345050 **Mahlzeiten:** Frühstück, Mittag- und Abendessen **Preise:** Zimmer 300-600 FF; Frühstück 45 FF, Menüs 165-265 FF **Zimmer:** 19 mit Bad oder Dusche, Zentralheizung, Telefon **Kreditkarten:** MC, V **Geschlossen:** Mitte Okt. bis März

---

Ländlicher Gasthof, Gigondas

Les Florets

Der kleine Familienbetrieb trägt den richtigen Namen; Zimmer mit Blumenmustern, Blumen auf den Tischen und (zur richtigen Jahreszeit) Blütenzauber an den umliegenden Hängen. Das Essen ist ausgezeichnet, der Patron ist Winzer.

■ Route des Dentelles, 84190 Gigondas (Vaucluse) **Tel.:** (04)90658501 **Fax:** (04)90658380 **Mahlzeiten:** Frühstück, Mittag- und Abendessen **Preise:** Zimmer 350-410 FF; Frühstück 50 FF, Mittagessen 95 FF, Menüs 120-210 FF **Zimmer:** 15, alle mit Zentralheizung, Telefon; einige mit TV **Kreditkarten:** AE, DC, MC, V **Geschlossen:** Jan. und Febr.; Restaurant Mi

---

Bäuerliches Gästehaus, Gordes

La Ferme de la Huppe

»Reizende Zimmer in umgebauter Stallung; reizender Garten mit Schwimmbad, gut geführter Familienbetrieb, ausgezeichnetes Essen«, heißt es über die Gruppe von landwirtschaftlichen Gebäuden. Stilvolle Einrichtung mit Antiquitäten und schönen Stoffen.

■ Les Pourquiers, 84220 Gordes (Vaucluse) **Tel.:** (04)90721225 **Fax:** (04)90720183 **Mahlzeiten:** Frühstück, Mittagessen (nur So) und Abendessen **Preise:** Zimmer 400-650 FF mit Frühstück; Menüs 145-200 FF, Kindergerichte 110 FF **Zimmer:** 8, 4 mit Klimaanlage, alle mit Bad, Zentralheizung, Telefon, TV, Minibar, Fön **Kreditkarten:** MC, V **Geschlossen:** Anfang Nov. bis Ende März

Süden

Ländliches Hotel, Gordes

Le Gordos

Kein Restaurant, dafür aber andere Annehmlichkeiten in diesem *mas de pierre sèche* außerhalb von Gordes – vor allem wenn die provenzalische Sonne scheint. Die meisten Zimmer in Gebäuden mit direktem Zugang zum Garten; Tennis und hübscher kleiner Pool. Guter Service.

■ Rte de Cavaillon, 84220 Gordes (Vaucluse) **Tel.:** (04)90720075 **Fax:** (04)90720700 **Mahlzeiten:** Frühstück, Imbisse **Preise:** Zimmer 390-800 FF; Frühstück 55 FF **Zimmer:** 19, alle mit Bad oder Dusche, Telefon, TV **Kreditkarten:** AE, V **Geschlossen:** Nov. bis Mitte März

---

Schloßhotel, Lamastre

Château d'Urbilhac

Das hochgelegene Märchenschloß im Renaissance-Stil mit Rundturm und steilem Dach stammt aus dem 19. Jh. und liegt in einem großen Park mit Schwimmbad. Die Einrichtung ist wuchtig, aber stilvoll und komfortabel. Steife Atmosphäre, aber gutes Essen.

■ 07270 Lamastre (Ardèche) **Tel.:** (04)75064211 **Fax:** (04)75065275 **Mahlzeiten:** Frühstück, Mittag- und Abendessen **Preise:** Zimmer 500-700 FF; Menüs ab 230 FF; DB&B (in der Saison obligatorisch) 550-625 FF **Zimmer:** 12, alle mit Bad oder Dusche, Telefon **Kreditkarten:** AE, DC, MC, V **Geschlossen:** Okt. bis April

---

Stadthotel, Lamastre

Hôtel du Midi

Herz des Hotels ist das Restaurant mit einer Mischung aus traditioneller und neuer Küche. Die Speiseräume sind gemütlich, der Service ist freundlich. Geräumige, geschmackvoll eingerichtete Zimmer in einem anderen Gebäude (1 Minute entfernt).

■ Place Seignobos, 07270 Lamastre (Ardèche) **Tel.:** (04)75064150 **Fax:** (04)75064975 **Mahlzeiten:** Frühstück, Mittag- und Abendessen **Preise:** Zimmer 300-480 FF; Menüs 195-400 FF **Zimmer:** 13, alle mit Bad oder Dusche, Zentralheizung, Telefon, einige mit TV **Kreditkarten:** AE, DC, MC, V **Geschlossen:** Mitte Dez. bis Febr.; Restaurant So abend, Mo

---

Strandhotel, Le Lavandou

Auberge de la Calanque

Dieses Arkadenhotel mit Blick auf den Yachthafen von Le Lavandou gehört eigentlich nicht hierher, wird uns aber von einem Leser wärmstens empfohlen – wegen der phantastischen Aussicht, der luftigen, komfortablen Zimmer und des liebenswürdigen Empfangs. Restaurant im Hotel.

■ 62 Avenue du Général de Gaulle, 83980 Le Lavandou (Var) **Tel.:** (04)94710596 **Fax:** (04)94712012 **Mahlzeiten:** Frühstück, Mittag- und Abendessen **Preise:** Zimmer 500-1050 FF; Frühstück 55 FF, Menü 180 FF **Zimmer:** 38, alle mit Bad oder Dusche, Zentralheizung, Telefon, TV **Kreditkarten:** AE, DC, MC, V **Geschlossen:** Nov. bis Mitte März; Restaurant Ende Okt., Mi außerhalb der Saison

Süden

L'Oustaloun

Die dörfliche *hostellerie* hat einen herrlich altmodischen Charme. Das Restaurant besteht aus drei gewölbten Stuben aus dem 16. Jh. und einer Terrasse; unverfälschte Regionalküche. Einfache Zimmer mit hübschen, alten Stücken. Berichte willkommen.

■ Place de l'Église, 13520 Maussane-les-Alpilles (Bouches-du-Rhône) **Tel.:** (04)90543219 **Fax:** (04)90544557 **Mahlzeiten:** Frühstück, Mittag- und Abendessen **Preise:** Zimmer 280-395 FF; Frühstück 30 FF, Menüs ab 120 FF (Jan. bis Juni und Okt. bis Dez.), 150 FF (Juni bis Okt.) **Zimmer:** 9, alle mit Bad oder Dusche, Telefon, TV **Kreditkarten:** MC, V **Geschlossen:** Jan. bis Mitte Febr.; Restaurant Mi von Jan. bis Juni und Okt. bis Dez.; Do von Juni bis Sept.

La Capitelle

Das urige Steinhaus in dem befestigten mittelalterlichen Dorf an einem toten Flußarm ist ein idealer Zwischenhalt. Die Einrichtung zeugt von solidem Geschmack, die Zimmer sind elegant und individuell gestaltet, ebenso der Speiseraum.

■ Le Rempart, 26270 Mirmande (Drôme) **Tel.:** (04)75630272 **Fax:** (04)75630250 **Mahlzeiten:** Frühstück, Mittag- und Abendessen **Preise:** Zimmer 260-550 FF; DB&B 327-457 FF; Frühstück 47 FF, Menüs 135-260 FF, Kindergerichte 55 FF **Zimmer:** 11, alle mit Bad oder Dusche, Zentralheizung, Telefon **Kreditkarten:** AE, DC, MC, V **Geschlossen:** Mitte Dez. bis Mitte Febr.; Restaurant Di und Mi Mittag

---

La Calanco

Ganz neues Hotel in einem 400 Jahre alten Haus abseits der großen Massen. Sechs »reizende«, mit Geschmack und Sorgfalt eingerichtete Zimmer.

■ Rue du docteur Rayol, 83131 Montferrat (Var) **Tel.:** (04)94709310 **Fax:** (04)94709149 **Mahlzeiten:** Frühstück; Abendessen auf Wunsch **Preise:** Zimmer 280-450 FF mit Frühstück; Abendessen ab 100 FF **Zimmer:** 6, alle mit Bad, Fön **Kreditkarten:** MC, V **Geschlossen:** nie

---

Le Mas Candille

Zauberhaftes altes Bauernhaus, das heute zu den ansprechendsten Hotels des Modeortes Mougins gehört, aber knapp außerhalb liegt. Balkendecken und ockerfarbene Wände, nette Speiseterrassen am Haus und an den beiden Pools, großes Gelände.

■ Boulevard Rebuffel, 06250 Mougins (Alpes-Maritimes) **Tel.:** (04)93900085 **Fax:** (04)92928556 **Mahlzeiten:** Frühstück, Mittag- und Abendessen **Preise:** Zimmer 680-980 FF, Suiten 2100 FF; Frühstück 85 FF, Menüs 165-280 FF **Zimmer:** 24, alle mit Bad oder Dusche, Telefon **Kreditkarten:** AE, DC, MC, V **Geschlossen:** Nov. bis Mitte März; Restaurant Di, Mi Mittag

Süden

Domaine de Chateauneuf

Für golfspielende Genießer: Das kleine Relais & Châteaux-Hotel liegt neben dem Golfplatz von Sainte-Baume. Das massive, weiße Haus aus dem 17. Jh. mit rotem Dach ist von Pinien umgeben. Aufenthaltsräume von traditioneller Eleganz, Zimmer in frischem Designerstil. Es gibt auch Tennisplätze und ein Schwimmbad.

■ Au Logis de Nans, 83860 Nans-les-Pins (Var) **Tel.:** (04)94789006 **Fax:** (04)94786330 **Mahlzeiten:** Frühstück, Mittag- und Abendessen **Preise:** Zimmer 620-1700 FF; Frühstück 75 FF, Menüs 170-230 FF **Zimmer:** 30, alle mit Bad oder Dusche, Telefon, Sat-TV, Minibar, Fön **Kreditkarten:** AE, DC, MC, V **Geschlossen:** Dez. bis Anfang März

---

Auberge de Noves

Luxuriös, teuer (keineswegs eine Auberge) und tief in der Provence gelegen. Die Zimmer sind schön und individuell, die Küche ist ausgezeichnet (Michelin-Stern). Der reizende M. Lalleman ist allen Gästen gegenüber gleichermaßen zuvorkommend.

■ 13550 Noves (Bouche-du-Rhône) **Tel.:** (04)90941921 **Fax:** (04)90944776 **Mahlzeiten:** Frühstück, Mittag- und Abendessen **Preise:** Zimmer 1150-1500 FF; Frühstück 100 FF, Menüs 210-495 FF **Zimmer:** 19, 4 Suiten, alle mit Bad, Zentralheizung, Klimaanlage, Telefon TV **Kreditkarten:** AE, DC, V **Geschlossen:** nie

---

Domaine de Rieumegé

Ein Leser brachte uns auf dieses friedlich-ländliche Haus (17. Jh.) in den Ausläufern des Nationalparks Haut-Languedoc. Gutes Essen im scheunenartigen Restaurant, behaglich eingerichteter Wohnraum, schlichte Zimmer. Üppiger Garten, Pool, Tennis.

■ Rte de St-Pons, 34390 Olargues (Hérault) **Tel.:** (04)67977399 **Fax:** (04)67977852 **Mahlzeiten:** Frühstück, Mittag- und Abendessen, Imbisse **Preise:** Zimmer 285-510 FF; Frühstück 55 FF, Menüs 100-165 FF **Zimmer:** 14, alle mit Bad oder Dusche, Zentralheizung, Telefon, TV auf Wunsch **Kreditkarten:** AE, MC, V **Geschlossen:** Nov. bis Ostern

---

Relais du Val d'Orbieu

Schöne alte Mühle, umgeben von Bäumen; einfache, hübsch möblierte Zimmer, die meisten im Erdgeschoß mit Zugang zum Innenhofrasen. Ausgezeichnetes Festpreis-Menü, »phantastische« Karte; herzlicher Empfang. Berichte willkommen.

■ 11200 Ornaisons (Aude) **Tel.:** (04)68271027 **Fax:** (04)68275244 **Mahlzeiten:** Frühstück, Mittag- und Abendessen **Preise:** Zimmer 420-750 FF, Suiten 750-1100 FF; Frühstück 70 FF, Menüs 195-375 FF, Kindergerichte 95 FF **Zimmer:** 20, alle mit Bad, Zentralheizung, Telefon, TV, Radio, Minibar, Fön **Kreditkarten:** AE, DC, MC, V **Geschlossen:** Jan., Restaurant Mittag Nov. bis März

Süden

Le Bosquet

Das moderne Hotel mit großem Garten, aber ohne Restaurant ist speziell bei ausländischen Gästen beliebt; angenehm entspannte Atmosphäre, für die Provence mäßige Preise. Schwimmbad, Tennis. Unser letzter Gutachter fühlte sich »sehr wohl« hier.

■ 74 Chemin des Perissols, 06580 Pégomas (Alpes-Maritimes) **Tel.:** (04)92602120 **Fax:** (04)92602149 **Mahlzeiten:** Frühstück **Preise:** Zimmer 160-320 FF, Studios 340-430 FF; Frühstück 30 FF **Zimmer:** 24, alle mit Bad oder Dusche, Zentralheizung, Telefon **Kreditkarten:** keine **Geschlossen:** 15. Febr. bis 4. März

---

Le Manoir

Das große Landhaus aus dem 19. Jh. mit grünen Läden steht auf einer Insel (Naturreservat) vor der Südküste. Das Hotel wirkt sehr familiär. Die Zimmer mit weißgetünchten Wänden sind schlicht, aber vornehm und bequem (Stücke aus dem 19. Jh.). Gute Meeresfrüchte-Küche.

■ Ile de Port-Cros, 83400 Hyères (Var) **Tel.:** (04)94059052 **Fax:** (04)94059089 **Mahlzeiten:** Frühstück, Mittag- und Abendessen **Preise:** DB&B 690-960 FF **Zimmer:** 23, alle mit Bad oder Dusche, Zentralheizung, Telefon **Kreditkarten:** MC, V **Geschlossen:** Okt. bis April

---

Château de Rochegude

Wegen seiner herrlichen Lage mit Blick auf die Weinberge der Rhône-Ebene und der großartigen Küche (Michelin-Stern) haben wir dieses sehr teure, luxuriöse Schloß aufgenommen. Fürstliche Zimmer; Relais & Châteaux.

■ 26790 Rochegude (Drôme) **Tel:** (04)75972110 **Fax:** (04)75048987 **Mahlzeiten:** Frühstück, Mittag- und Abendessen **Preise:** Zimmer 500-2500 FF; Frühstück 95 FF, Menüs 200-490 FF **Zimmer:** 29, alle mit Bad, Zentralheizung, Klimaanlage, Telefon, TV, die meisten mit Minibar **Kreditkarten:** AE, DC, MC, V **Geschlossen:** Mitte Jan. bis Mitte März

---

Hôtel Belle-Vue

Gar nicht förmlich wirkendes Hotel in üppigen Blumengärten mit herrlichem Blick über die Bucht. Komfortable, aber ganz unprätentiöse Ausstattung; unterschiedliche Zimmer, die besten hell und groß mit neuen Bädern, manche mit Meeresblick. Soll etwas laut sein, Berichte willkommen.

■ Blvd du Four des Maures, St-Clair, 83980 Le Lavandou (Var) **Tel.:** (04)94710106 **Fax:** (04)94716472 **Mahlzeiten:** Frühstück, Mittag- und Abendessen **Preise:** Zimmer 350-750 FF; Menüs 170-250 FF **Zimmer:** 19, alle mit Bad oder Dusche, Zentralheizung, Telefon, TV **Kreditkarten:** AE, DC, MC, V **Geschlossen:** Nov. bis März

Süden

Gästehaus in einer Villa, St-Jean-Cap-Ferrat

Clair Logis

In dieser exklusiven Gegend wird man kaum ein zweites Haus mit solchen Preisen finden, noch dazu eines mit dem Charme einer Privatvilla und in herrlichen Gärten gelegen. Die Zimmer sind schlicht (die im Anbau nicht sehr groß); vier sind für Familien geeignet. Kein Restaurant.

■ 12 Ave Centrale, 06230 St-Jean-Cap-Ferrat (Alpes-Maritimes) **Tel.:** (04)93760457 **Fax:** (04)93761185 **Mahlzeiten:** Frühstück **Preise:** Zimmer 290-690 FF; Frühstück 45 FF **Zimmer:** 18, alle mit Bad, Zentralheizung, Telefon; die meisten mit TV, Minibar **Kreditkarten:** AE, DC, MC, V **Geschlossen:** 15. Jan. bis Ende April, Mitte Nov. bis Mitte Dez.

Dorfhotel, St-Paul-de-Vence

La Colombe d'Or

Berühmtes, kleines, elegantes Hotel mit einer Sammlung moderner Kunst. In dem reizenden Haus ist alles schlicht, zeugt aber von exquisitem »ländlichem« Geschmack. Schön bewachsene Terrasse. Daß die Küche nicht aufregend ist, vergißt man hier.

■ Place de Gaulle, 06570 St-Paul-de-Vence (Alpes-Maritimes) **Tel.:** (04)93328002 **Fax:** (04)93327778 **Mahlzeiten:** Frühstück, Mittag- und Abendessen **Preise:** Zimmer 1150-1400 FF; Frühstück 60 FF, Menüs 250-400 FF **Zimmer:** 25, alle mit Bad, einige mit Thermalbad, Zentralheizung, Klimaanlage, Telefon, TV, Radio **Kreditkarten:** AE, DC, MC, V **Geschlossen:** Mitte Nov. bis Mitte Dez.

Ländliche Villa, St-Paul-de-Vence

Les Orangers

Traditionelles, provenzalisches Haus in Hügellage, gute Aussicht, schlichte, geschmackvolle Ausstattung, sehr gepflegt. Aufenthaltsraum mit Balkendecke, Antiquitäten und Blumen, Zimmer mit Balkon oder Terrasse. »Reizvoll, trotz lauter Straße.«

■ Chemin des Fumerates, 06570 St-Paul-de-Vence (Alpes-Maritimes) **Tel.:** (04)93328095 **Fax:** (04)93320032 **Mahlzeiten:** Frühstück **Preise:** Zimmer 410-730 FF; Frühstück 45 FF **Zimmer:** 10, alle mit Bad, Zentralheizung, Telefon **Kreditkarten:** MC, V **Geschlossen:** nie

---

Ländliches Hotel, St-Pierre-dels-Forcats

Mouli del Riu

St-Pierre liegt in dem bedeutenden Skigebiet der Pyrenäen um Font-Romeu. Das Mouli ist trotz des traditionellen Namens ein ganz normales, modernes Haus, schlicht und unkonventionell. Da es seit langem in diesem Führer erscheint, sind neuere Berichte erwünscht.

■ St-Pierre-dels-Forcats, 66210 Mont-Louis (Pyrénées-Orientales) **Tel.:** (04)68042036 **Fax:** (04)68042025 **Mahlzeiten:** Frühstück, Mittag- und Abendessen **Preise:** Zimmer 230-280 FF; Menüs 90-165 FF **Zimmer:** 15, alle mit Bad, Zentralheizung **Kreditkarten:** AE, MC, V **Geschlossen:** Nov. bis Mitte Dez.; Restaurant Mi

Süden

Hôtel des Arts

Seit langem sitzt man gern im Schatten vor dem freundlichen Hotel und läßt das provenzalische Leben an sich vorüberziehen. Im Restaurant gibt es gute, einfache, mit Kräutern der Region gewürzte Gerichte zu vernünftigen Preisen. Hübsche Zimmer in ländlichem Stil.

■ 30 Blvd Victor-Hugo, 13210 St-Rémy-de-Provence (Bouches-du-Rhône) **Tel.:** (04)90920850 **Fax:** (04)90925509 **Mahlzeiten:** Frühstück, Mittag- und Abendessen **Preise:** Zimmer 190-350 FF; Menüs 105-140 FF **Zimmer:** 17, alle mit Zentralheizung, Telefon **Kreditkarten:** AE, MC, V **Geschlossen:** Febr.; Restaurant Di

---

Château des Alpilles

Elegantes Herrenhaus des 19. Jh. mit einer Atmosphäre von gediegenem Wohlleben und modernem Luxus. Große, mit Antiquitäten ausgestattete Zimmer, moderne Marmorbäder. Kleine Mahlzeiten sind immer zu haben.

■ Route Départementale 31, 13210 St-Rémy-de-Provence (Bouches-du-Rhône) **Tel.:** (04)90920333 **Fax:** (04)90924517 **Mahlzeiten:** Frühstück **Preise:** Zimmer 860-1080 FF, Suite 1290-2000 FF; Frühstück 78 FF, Menü 190 FF **Zimmer:** 20, alle mit Bad, Zentralheizung, Telefon, Sat-TV, Radio, Minibar **Kreditkarten:** AE, DC, MC, V **Geschlossen:** 7. Jan. bis 17. Febr.

Domaine de Valmouraine

Die McHugos, heute auf Château de Roussan, bieten in ihrem eigenen reizenden Bauernhaus, das in den späten 80er Jahren zum stilvollen Hotel umgebaut wurde, ein besonderes Verwöhnerlebnis. Schöne Einrichtung in ländlichem Stil, Blumengarten mit hübschem Pool; kreative Küche.

■ Petite Route des Baux, 13210 St-Rémy-de-Provence (Bouches-du-Rhône) **Tel.:** (04)90924462 **Fax:** (04)90923732 **Mahlzeiten:** Frühstück, Mittag- und Abendessen **Preise:** Zimmer 590-1310 FF; Frühstück 65 FF, Menüs 220-330 FF **Zimmer:** 14, alle mit Bad, Klimaanlage, Telefon, TV, Minibar, Fön **Kreditkarten:** AE, DC, MC, V **Geschlossen:** nie

---

Mas des Carassins

Eines der wenigen Hotels in einem originalen Bauernhaus (*mas*) von 1854, das still und friedlich in einem ausgedehnten Garten liegt. Von fast allen Zimmern sieht man die felsigen Alpilles. Gemütlicher Wohnraum mit Büchern und Informationen über die Region.

■ 1 Chemin Gaulois, 13210 St-Rémy-de-Provence (Bouches-du-Rhône) **Tel.:** (04)90921548 **Fax:** (04)90926347 **Mahlzeiten:** Frühstück, einfacher Imbiß am Abend auf Wunsch **Preise:** Zimmer 390-550 FF, Frühstück 50 FF **Zimmer:** 15, alle mit Bad, Zentralheizung, Telefon **Kreditkarten:** MC, V **Geschlossen:** Nov. bis April

Süden

Le Saint-Paul

Wenn Sie es sich leisten können, ist das teure St-Paul in einem schön restaurierten Haus (16. Jh.) sehr reizvoll. Die Zimmer sind höchst aufwendig, die Aufenthaltsräume wirklich einladend; kleine Speiseterrasse, bemerkenswerte Küche.

■ 86 Rue Grande, 06570 St-Paul-de-Vence (Alpes-Maritimes) **Tel.:** (04)93326525 **Fax:** (04)93325294 **Mahlzeiten:** Frühstück, Mittag- und Abendessen **Preise:** Zimmer 700-1700 FF; Frühstück 90 FF, Menüs 185-290 FF **Zimmer:** 18, alle mit Bad, Klimaanlage, Sat-TV, Minibar, Safe **Kreditkarten:** AE, DC, MC, V **Geschlossen:** 8. Jan. bis 16. Febr.

Auberge des Quatres Saisons

Die von Wein umrankte Auberge in einem Bergdorf zeigt, wie reizvoll der Umbau alter Häuser gelingen kann. Viele Steinmauern blieben erhalten. Ruhige, etwas dunkle, aber gemütliche Zimmer, schweres, provenzalisches Mobiliar. Gute Regionalküche.

■ Place de l'Église, 26130 St-Restitut (Drôme) **Tel.:** (04)75047188 **Fax:** (04)75047088 **Mahlzeiten:** Frühstück, Mittag- und Abendessen **Preise:** Zimmer 325-450 FF; Menüs 130-215 FF **Zimmer:** 10, alle mit Bad oder Dusche, Telefon **Kreditkarten:** AE, DC, MC, V **Geschlossen:** Jan.; Restaurant Sa Mittag

---

L'Abbaye de Sainte-Croix

Das frühere Kloster wurde von Familie Bossard 1969 vor dem Verfall bewahrt. Wunderbare Aussicht; gemütlicher Salon mit Gewölbe und riesigem Kamin; solide Ausstattung. Verschieden große Zimmer (einige sind frühere Mönchszellen). Das Essen ist ein Genuß (Michelin-Stern).

■ Route du Val de Cuech, 13300 Salon-de-Provence (Bouches-du-Rhône) **Tel.:** (04) 90562455 **Fax:** (04)90563112 **Mahlzeiten:** Frühstück, Mittag- und Abendessen **Preise:** Zimmer 615-1145 FF; Frühstück 75-110 FF; Menüs 190-400 FF **Zimmer:** 19 mit Bad oder Dusche, Zentralheizung, Telefon, TV, Minibar **Kreditkarten:** AE, DC, MC, V **Geschlossen:** Nov. bis März; Restaurant Mo Mittag

---

Table du Comtat

Von dem Hotel an einem Hang über dem winzigen, unberührten mittelalterlichen Dorf hat man eine herrliche Aussicht. Die modernisierten Räume sind hell, luftig, geräumig, hübsch ausgestattet und möbliert. Ausgezeichnete, variable Küche mit Michelin-Stern.

■ Séguret, 84110 Vaison-la-Romaine (Vaucluse) **Tel.:** (04)90469149 **Fax:** (04)90469427 **Mahlzeiten:** Frühstück, Mittag- und Abendessen **Preise:** Zimmer 450-600 FF; Menüs 250-450 FF **Zimmer:** 8, alle mit Bad, Zentralheizung, Telefon, TV **Kreditkarten:** AE, DC, MC, V **Geschlossen:** Febr.; 23. Nov. bis 11. Dez.; Restaurant Di abend, Mi (außer von April bis Ende Dez.)

Süden

Hostellerie du Seigneur

Das sympathische, kleine Restaurant ist sehr gemütlich; von der Terrasse überblickt man einen Platz. Durch die Rezeption mit Bar gelangt man in den Speiseraum mit Deckengewölbe; das Essen ist gutbürgerlich. Die Zimmer sind altmodisch, aber ausreichend.

■ Place du Seigneur, 30126 Tavel (Gard) **Tel.:** (04)66500426 **Mahlzeiten:** Frühstück, Mittag- und Abendessen **Preise:** Zimmer 180-300 FF; Menüs 95-138 FF **Zimmer:** 7, alle mit Zentralheizung **Kreditkarten:** MC, V **Geschlossen:** Mitte Dez. bis Mitte Jan.

La Bastide de Tourtour

Das neue Hotel im traditionellen Stil bietet Komfort und guten Service (Relais & Châteaux), die Küche ist ausgezeichnet. Für die meisten aber ist die Lage hoch oben inmitten von Pinienwäldern die Hauptattraktion. Swimmingpool.

■ Rte de Draguignan, Tourtour, 83690 Salernes (Var) **Tel.:** (04)94705730 **Fax:** (04)94705490 **Mahlzeiten:** Frühstück, Mittag- und Abendessen **Preise:** Zimmer 420-1400 FF; Mittagessen 160 FF, Menüs 290-360 FF **Zimmer:** 25, alle mit Bad, Zentralheizung, Telefon, TV, Minibar **Kreditkarten:** AE, DC, V **Geschlossen:** Nov. bis Mitte März

---

L'Auberge Saint-Pierre

Das Landhaus aus dem 16. Jh., das von den Marcellins als freundliches Hotel betrieben wird, ist ein erholsamer Ort. Die Räume wirken beinahe mittelalterlich, die großen Zimmer sind frisch renoviert. Zutaten für die Küche kommen vom eigenen Hof; das Essen wird auf der Terrasse serviert. Pool, Sauna; Tennis, Bogenschießen, Radfahren, Angeln.

■ Tourtour, 83690 Salernes (Var) **Tel.:** (04)94705717 **Fax:** (04)94705904 **Mahlzeiten:** Frühstück, Mittag- und Abendessen **Preise:** Zimmer 400-520 FF; Frühstück 50 FF, Menüs 170-200 FF **Zimmer:** 16, alle mit Bad oder Dusche, Zentralheizung, Telefon **Kreditkarten:** V **Geschlossen:** Okt. bis Ende März; Restaurant Mi

---

Pic

Das Essen ist hier die Hauptsache. Auch nach dem Tod von Jacques Pic (1992) ist das Restaurant unter Sohn Alain eines der besten im Lande – und dabei absolut nicht snobistisch. Kürzlich wurde das stets gut besuchte Haus, Mitglied von Relais & Châteaux, um ein kleines Restaurant und 9 komfortable Zimmer erweitert.

■ 285 Ave Victo-Hugo, 26001 Valence (Drôme) **Tel.:** (04)75441532 **Fax:** (04)75409603 **Mahlzeiten:** Frühstück, Mittag- und Abendessen **Preise:** Zimmer 700-1000 FF; Frühstück 100 FF, Menüs 290-660 FF **Zimmer:** 14, alle mit Bad, Zentralheizung, Telefon, TV **Kreditkarten:** AE, DC, MC, V **Geschlossen:** 2 Wochen im Aug.; Restaurant So abend

Süden

Dorfhotel, Vénasque

Auberge la Fontaine

Zuerst ein ausgezeichnetes Restaurant, dann fünf reizende Suiten, 1993 ein alternatives Bistro – die Soelkes sind weiterhin aktiv. Die Zimmer in dem dörflichen Haus des 18. Jh. sind in ländlichem Stil mit Steinfußböden, viel Holz und Trockenblumen ausgestattet.

Place de la Fontaine, Vénasque, 84210 Carpentras (Vaucluse) **Tel.:** (04)90660296 **Fax:** (04)90661314 **Mahlzeiten:** Frühstück, Mittagessen (im Bistro), Abendessen **Preise:** Zimmer 700 FF; Frühstück ab 50 FF, Mittagessen 80 FF, Abendessen 200 FF **Zimmer:** 5, alle mit Bad, Zentralheizung, Klimaanlage, Telefon, TV, Radio, Minibar, Fön **Kreditkarten:** MC, V **Geschlossen:** Restaurant und Bistro Mitte Nov. bis Mitte Dez.

Stadtvilla, Vence

La Roseraie

Eine Flut von Briefen zum Lob des Hotels und die Neugestaltung der letzten Jahre haben uns veranlaßt, die Jugendstilvilla wieder aufzunehmen. Die Ganiers werden als »reizend und entgegenkommend«, die Zimmer als »klein, aber komfortabel«, das Ganze als »Oase der Ruhe« geschildert. Hübscher Pool.

Ave Henri Giraud, 06140 Vence (Alpes-Maritimes) **Tel.:** (04)93580220 **Fax:** (04)93589931 **Mahlzeiten:** Frühstück **Preise:** Zimmer 395-550 FF; Frühstück 55 FF **Zimmer:** 12, alle mit Bad, Zentralheizung, Telefon, TV, Radio, Minibar, Fön **Kreditkarten:** AE, MC, V **Geschlossen:** nie

---

Stadthotel, Villeneuve-lès-Avignon

Hôtel de l'Atelier

Das alte Stadthaus wurde sorgsam und mit Bedacht restauriert, die alten Mauern sind erhalten geblieben. Dahinter stehen mehrere alte Gebäude um einen hübschen Hof, in dem man sitzen und seinen Aperitif genießen kann.

5 Rue de la Foire, 30400 Villeneuve-lès-Avignon (Gard) **Tel.:** (04)90250184 **Fax:** (04)90258006 **Mahlzeiten:** Frühstück **Preise:** Zimmer 240-450 FF; Frühstück 38-42 FF **Zimmer:** 19, alle mit Bad oder Dusche, Zentralheizung, Telefon, einige mit TV **Kreditkarten:** AE, DC, MC, V **Geschlossen:** Nov. bis Dez.

Dorfhotel, Villeneuve-lès-Avignon

Hostellerie la Magnaneraie

Das schöne Haus in einem Nobelviertel von Villeneuve-lès-Avignon wurde in den letzten Jahren immer höher bewertet. Die Prayals sind stolz auf die gelassene Eleganz ihres Hotels, doch wir vermissen hier ein wenig das Persönliche.

Rue du Camp-de-Bataille, 30400 Villeneuve-lès-Avignon (Gard) **Tel.:** (04)90251111 **Fax:** (04) 90254637 **Mahlzeiten:** Frühstück, Mittag- und Abendessen **Preise:** Zimmer 500-1000 FF; Frühstück 70 FF; Menüs 180-350 FF **Zimmer:** 25, alle mit Bad, Zentralheizung, Telefon, Kabel-TV, Minibar; manche Zimmer mit Terrasse und/oder Klimaanlage **Kreditkarten:** AE, DC, MC, V **Geschlossen:** nie

Korsika

Einführung in die Region

Für Korsika ist unser Angebot nicht groß. Berichte von unseren Lesern über korsische Hotels können wir an einer Hand abzählen.

Anwärter auf Korsika

Pioggiola, Auberge de l'Aghjola (04)95619048; von Kletterpflanzen umranktes Gasthaus, Familienbetrieb.

Porticcio, Le Maquis (04)95250555; anspruchsvolles, ziemlich teures, aber besonderes Hotel am Strand.

St-Florent, Hôtel Bellevue (04)95370006; schickes, frisch renoviertes, modernes Hotel mit Meeresblick und ambitionierter Küche.

Strandhotel, Barcaggio

La Giraglia

Die Zimmer in dem dichtbewachsenen Steinhaus sind gerade ausreichend, manche Betten durchgelegen, aber die Lage über dem Meer ist prachtvoll und die Atmosphäre einladend. Dieser schöne, wilde Teil der Insel ist kaum vom Tourismus berührt.

■ Barcaggio, 20275 Essa (Corse) **Tel.:** (04)95356054 **Fax:** (04)95356592 **Mahlzeiten:** Frühstück **Preise:** Zimmer 320-420 FF mit Frühstück **Zimmer:** 12, alle mit Zentralheizung, Telefon **Kreditkarten:** keine **Geschlossen:** Ende Sept. bis Mitte April

---

Ländliches Hotel, Calvi

La Signoria

Eine willkommene Ergänzung des Abschnitts Korsika ist dieses Landhaus in üppigen Gärten, das schlicht, aber stilvoll ausgestattet ist. Das phantasievolle, vorzügliche Essen wird im ockerfarbenen Speiseraum mit Balkendecke oder unter Palmen auf der Terrasse am hübschen Pool serviert. Tennis.

■ Route de la Forêt de Bonifato, 20260 Calvi (Corse) **Tel.:** (04)95652373 **Fax:** (04)95653877 **Mahlzeiten:** Frühstück, Mittagessen (außer Juli/Aug.), Abendessen **Preise:** Zimmer 450-2000 FF; Frühstück 70 FF, Mahlzeiten 300-350 FF **Zimmer:** 10, alle mit Bad, Klimaanlage, Telefon, Fön, TV, Safe **Kreditkarten:** AE, MC, V **Geschlossen:** Nov. bis März

---

Dorfgasthof, Monticello

A Pasturella

Neuere Berichte belegen die Beliebtheit dieses bescheidenen »Juwels« im Zentrum des verschlafenen Bergdorfes. Die Bar des Hauses ist Mittelpunkt des Dorflebens. Hübsche, meist geräumige Zimmer, Terrassen und Balkone mit schönem Blick. Gehaltvolle, reichliche Mahlzeiten.

■ Monticello, 20220 l'Ile-Rousse (Corse) **Tel.:** (04)95600565 **Fax:** (04)95602178 **Mahlzeiten:** Frühstück, Mittag- und Abendessen **Preise:** Zimmer 300-320 FF; Menü 140 FF **Zimmer:** 12, alle mit Bad oder Dusche, Telefon **Kreditkarten:** DC, MC, V **Geschlossen:** Nov.; Restaurant So Abend Dez. bis März

Register der Hotels

In diesem Register sind die Hotels nach dem wichtigsten Bestandteil ihres Namens alphabetisch geordnet; in vielen Fällen werden sehr häufige Bezeichnungen wie »Hotel«, »Gasthof« u. ä. und der Artikel weggelassen.

Register der Hotels

Register der Hotels

Register der Hotels

Register der Orte

In diesem Register sind die Hotels nach dem Namen des Ortes, in denen oder in deren Nähe sie liegen, alphabetisch geordnet. Liegt ein Hotel in einem sehr kleinen Ort, so wird es möglicherweise unter dem Namen des nächstgrößeren Ortes aufgeführt.

Register der Orte

Register der Orte

Register der Orte